入門・社会統計学
▶2ステップで基礎から〔Rで〕学ぶ

杉野 勇 著
Sugino Isamu

An Introduction to Social Statistics

法律文化社

はじめに

　本書は，Rの初心者教員である筆者が，Rの初心者学生に向けて統計学を説明する教科書である。筆者は統計学にもそれほど詳しくない。しかしいくつかの大学で社会調査士や専門社会調査士の社会統計学の授業を担当する中でちょうど良い教科書がなかなか見つからず，無理をして自分で書くことにした。まず，Rでの実習を想定して執筆することにした理由について説明する。

　統計学の学習において何よりも重要だと思ったのは，学生が自分のコンピュータでいつでも自習できることである。有名な商用の統計ソフトはどれも高額で，学生や院生が個人で買えるものではない。学生用の廉価版も存在するが，機能制限があったり，期限付きライセンスだったりする。卒業して学生でなくなると継続して使用できない。最初から無料ソフトに習熟しておけばそうした心配の必要もない。無料で，インストールできるPCの台数にも制限はない。学生は，自分のPCさえあれば，好きなときに好きなだけ統計の学習ができる。自宅で気になった時にすぐに予習や復習ができる。わざわざ大学に来て共用PCを使わなくてもよい。文系学生にとって統計学の学習はとかくハードルが高い。日常的に気楽に実習ができることは，非常に魅力的である。

　費用がかからないことは，教員や大学・講座にとっても，市販の統計パッケージの高額な費用をすべて節約することができるので大きなメリットとなる。特に現在は，大学や講座は経済的にますます厳しくなっていく一方であり，高額な統計ソフトを潤沢に整備することは限られた予算を大幅に圧迫する。小規模大学ではそもそも統計ソフトの整備を断念せざるを得ないことも生じる。教員自身も，決して多くない研究費のかなりを定期的な固定費用のように統計ソフトの更新に支出することになる。Rよりも必ずしも性能が高いわけでもなく，「操作のしやすさ」も多くは見た目のユーザ・インターフェイスだけであるような統計ソフトに毎年のように高額な支出をすることは，限られた予算の有効活用という意味で非常にもったいない。毎年のように多額の固定費用を支

出する必要がなくなれば，もっと研究や教育に実質的に役立てることができるのではないか。研究経費の面からも教育効果の面からも明らかにRのような無料アプリの方が優れており，「一見とっつきにくい」というだけで多くの人がそれを選ばない現状を何とか改善したいと思った。しかもRは統計分析だけのソフトウェアでもない。市販の表計算ソフトよりもはるかに自由に好きなグラフを描くことができるので，公的統計・社会統計などをレポートや論文で活用する場合でも，目的にあった綺麗なグラフを作成することができる。計算機能においても，調査データの分析だけでなく，シミュレイションや情報処理にも極めて強力な能力を発揮する。最初のハードルさえ頑張って乗り越えれば，楽しんで統計分析やグラフ作成ができるようになるだろう。

　まるで筆者は以前からRを活用していて詳しく知っているかのように書いたが，筆者はごく最近Rを使い始めた初心者である。最初に統計分析を覚えたのはSASであるが，その後，所属大学の予算の関係からSASが使いにくくなり，SPSS（現IBM-SPSS）に移行せざるをえなくなった。近年さらに大学予算の緊縮化から，定期的な更新が難しくなった。使い慣れた統計ソフトを乗り換えるにはそれなりの移行コストがかかって面倒である。学生教育環境ともなればなおさら重大な問題である。学生にとっても，大学を卒業すると使えなくなってしまう統計ソフトの習熟に多大な労力を費やすのはもったいない。せっかく身に付けた技能であれば，卒業後もそのまま活用したい。

　しかし，心理学や経済学以外の文系学生にとってRはややハードルが高いだろう。実際に始めると恐れていたほどではないのだが，最初のハードルをクリアするのに手間と時間がかかる。Rについての書籍は近年爆発的に増えているが，筆者の目にはまだやや難しく感じられる。Rについても統計学についても素人の筆者が教科書を書こうと思ったのは，「とくに優秀ではないが，勉強が分かると嬉しい」という（かつての自分と同じような）多くの文系学生に向けて，彼ら彼女らと同じくらいの目線からの統計学の教科書・Rの導入書があるとよいのではと考えたからである。

　このような訳であるから，本書（および連動するサポートウェブ）には少なからず間違いがあるだろう。巻末の文献リストには，直接引用した文献以外にも，Rや統計学，あるいは社会科学方法論の書籍を含めた。本書で導入的な学

習を終えたあとは，より本格的で信頼性の高い書籍で本書の有り得る誤りを修正し，学習を継続してほしい。ちなみに，目次を一見すると，90分×15回，通常2単位の授業ですべてを扱うように見えるだろうが，筆者の経験からすると，本書の全部を一般的な（社会学などの）文系学部・学科できちんと理解できるように教えるためには，学部で2単位×2科目，大学院修士課程で2単位1科目くらいは必要だろう。社会調査士カリキュラムで言えば，学部のD科目・E科目と大学院のI科目で本書のすべて+αをこなすのが適切なペースだと思う。学生はそのつもりで，無理せず学習してくれればよい。第10章までは章末に練習問題を設け，サポートウェブに解答を掲載した。第11章から第13章は本文の内容が難しいので練習問題は省略した。他の参考書やウェブサイトを参考にしながら，本文の内容を実際に確認したり真似して実習するだけで十分な演習になるだろう。

　統計学を自習しはじめてから今まで，ほんとうに多くの方々から学ばせていただいた。すべての方のお名前を挙げることはできないが，稲葉昭英先生，鹿又伸夫先生，盛山和夫先生，常松淳先生，轟亮先生，野宮大志郎先生，平沢和司先生（五十音順）には長年にわたって初歩的な疑問に付き合っていただいた。特に感謝申し上げたい。『入門・社会調査法』の執筆者の方々，通称「モード比較科研」のメンバーの方々にも多大な御協力をいただいた。

　本書もまた，『入門・社会調査法』以上に，法律文化社の掛川直之氏の御尽力のたまものである。非常にわがままで読みにくい原稿を大変な手間暇をかけて整理・編集していただいた。なんとか刊行することができるのはひとえに掛川氏のおかげである。心より感謝申し上げたい。

2017年1月

杉野　勇

　※本書は，JSPS科研費 JP25380661，JP25285147，JP16H03689 の助成を受けたものです。

目次

はじめに

準　備

第1章
1変量の記述統計の基礎
❖ 代表値，散布度，標準化 ❖

基　礎

1　1変量についての要約統計量 …………………………………… 002
　　尺度水準と変数の分類法／代表値（中心傾向）／偏差平方和と分散／標準偏差

2　1変量の全体像の把握 …………………………………………… 007
　　カテゴリカル変数の度数分布表／1変量のグラフ表現

3　正規分布と標準化 ………………………………………………… 009
　　正規分布と標準正規分布／変数の標準化

発　展

1　平均と分散の理解を広げる …………………………………… 013
　　分散と不偏分散／最小二乗和推定量としての算術平均／Rにおける欠損値

第2章
2変数の関連の記述統計
❖ 相関係数と分割表 ❖

基　礎

1　ピアソンの積率相関係数 ……………………………………… 017
　　散布図と相関関係／偏差積和と共分散／ピアソンの積率相関係数／相関係数と線形変換／相関係数行列と散布図行列

2　分割表（クロス表） …………………………………………… 022
　　分割表の構成と読み取り／分割表を表現するグラフ／名義尺度の連関係数／独立性とカイ二乗統計量／順序尺度の連関係数

発展

1 関連の有無について注意すべきこと……………………………… 032
　生態学的誤謬／シンプソンのパラドクス／スピアマンの順位相関係数

第3章
推測統計の基礎
母集団と標本

基礎

1 母集団と標本………………………………………………………… 036
　無作為抽出と可能な標本の数／標本統計量の標本抽出分布／母平均の区間推定／区間推定シミュレイション

発展

1 母比率の区間推定…………………………………………………… 046
2 無回答誤差…………………………………………………………… 050

第4章
統計的検定の一般型
ゼロ仮説有意性検定

基礎

1 統計的検定（ゼロ仮説有意性検定）一般の論理………………… 054
　背理法（帰謬法）／母集団についての推測としてのゼロ仮説／検定統計量と確率分布／有意水準と有意確率
2 統計的検定における過誤………………………………………… 059
　2種類の過誤と検定力／標本サイズと検定力

発展

1 検定の理解を深める……………………………………………… 063
　片側検定と両側検定／区間推定と検定／母分散が未知の場合の検定力

第5章
2変数の関連の推定と検定
❖ 相関係数と分割表 ❖

基礎

1 積率相関係数についての推測統計 …………………………………… 068
積率相関係数の t 検定／標本サイズと有意確率／母相関係数の区間推定

2 分割表の独立性についてのカイ二乗検定 ……………………………… 073
カイ二乗分布／カイ二乗検定の前提条件／データに対するモデルの適合度検定

発 展

1 分割表のさらなる検定 …………………………………………………… 079
分割表の残差分析／イェーツの連続性修正とフィッシャーの正確検定

第6章
2群の母平均の差の t 検定
❖ 検定の条件と効果サイズ ❖

基礎

1 2群の母平均差の検定の基本 …………………………………………… 083
2群の母分散が等しいかどうかの F 検定／母分散が等しい2群の母平均差の t 検定／母分散が異なる2群の母平均差のウェルチ検定

2 区間推定と効果サイズ …………………………………………………… 089
母平均の差の区間推定／効果サイズと検定力

発 展

1 正規性の検定 ……………………………………………………………… 094

第7章
平均値の差の分散分析
❖ 偏差平方和の分解 ❖

基礎

1 1要因分散分析 …………………………………………………………… 097
偏差平方和の分解／ゼロ仮説と F 統計量／4群の母平均差の F 検定／多重比較／等分散性の前提とウェルチ検定

2　2要因分散分析………………………………………………… *109*
      平方和の分解／交互作用項

　発　展

   1　2群の母平均の差の t 検定と1要因分散分析………………… *113*

第8章
単回帰分析
❈ 直線近似と最小二乗和法 ❈

　基　礎

   1　単回帰分析の基礎……………………………………………… *116*
      最小二乗和法／回帰係数の t 検定と区間推定／回帰モデルの F 検定／決定係数（分散説明率）
   2　回帰係数についての検討……………………………………… *123*
      相関係数と回帰係数／標準化回帰係数

　発　展

   1　2群の母平均の差の t 検定と単回帰分析…………………… *127*
   2　偏相関係数……………………………………………………… *128*

第9章
重回帰分析(I)
❈ t 検定と F 検定，効果の比較 ❈

　基　礎

   1　重回帰モデル…………………………………………………… *132*
      偏回帰係数の t 検定と区間推定／分散説明率 R^2 の増分の F 検定／標準化偏回帰係数／分析結果の提示方法／自由度調整済み分散説明率

　発　展

   1　1要因分散分析とダミー変数を用いた重回帰分析…………… *144*

第10章 重回帰分析(Ⅱ)
モデルの複雑化と注意点

基礎

1 重回帰モデルの複雑化 …………………………………………… *148*
　二乗項／交互作用項／多重共線性／変数のコントロールとは

発展

1 一般線型モデル …………………………………………………… *160*
2 '良い'モデルの検討 ……………………………………………… *161*
　変数選択／誤差減少率

第11章 主成分分析と因子分析
非観測変数を含む線型モデル

基礎

1 主成分分析 ………………………………………………………… *166*
　データが有する情報量の次元の縮約／主成分の選出／主成分と元の変数の関係の解釈
2 探索的因子分析 …………………………………………………… *172*
　潜在変数から観測変数への影響／因子の選出／因子負荷量と寄与率／因子の解釈

発展

1 構造方程式モデリング …………………………………………… *180*
　確証的因子分析と構造方程式モデリング／構造方程式モデリングとパス解析

第12章 ロジスティック回帰分析
一般化線型モデル

基礎

1 一般化線型モデル ………………………………………………… *187*
　ロジスティック関数／最尤法／対数オッズ比と2項ロジットモデル／適合度検定と疑似決定係数

2 ロジットモデル………………………………………………… *197*
      多項ロジット／順序ロジット

   発　展

   1 ログリニアモデル……………………………………………… *202*

第13章 階層構造のあるデータの分析
❈ マルチレヴェルとイヴェントヒストリー ❈

   基　礎

   1 マルチレヴェル分析…………………………………………… *206*
      級内相関係数／マルチレヴェルモデル
   2 イヴェントヒストリー分析…………………………………… *210*
      パーソンピリオドデータ／離散時間ロジスティック回帰モデル

   発　展

   1 マルチレヴェルロジットモデル……………………………… *215*
   2 統計的因果推論………………………………………………… *216*

〔サポートウェブの URL〕
　　http://sgn.sakura.ne.jp/text/textbook.html

準備

Rのインストールと操作の基本

　Rは，ソフトの基本部分をインストールした後も，さまざまな関数や機能を「パッケージのインストール」で自由に追加することができる。関数や分析手法だけではなく，ユーザ・インターフェイス（ソフトの見た目）や操作スタイルを大きく変えるようなサポート・アプリケイションの類も多く開発されている。R Commander, R Studio などはその代表的なものである［大森ほか 2014；石田 2012］。このように多くの人々の努力によって日々機能が充実していく点がRの大きな利点の1つであるが，他方で，そうした異なったものを後からいろいろとインストールしなければならないのは，初心者によってはかえってハードルを高くしているようにも思える。また，どこでどんなパッケイジやアプリケイションが開発されているのか，その全貌を把握するのは大変である。そこで本書では，Rは基本プログラム以外は極力追加インストールしないようにして，できる限りシンプルでプレーンな状態で学習していく方法を選択した。読者は，最初だけは頑張ってRをダウンロードとインストールをしてくれれば，あとはただそれを起動して文中に書いてある通りに使用していってくれればよい。いくつかやむを得ず追加パッケイジをインストールするが，全体にわたって極力控え目としている。

　ただし，できればR Commander は是非最初にインストールしておくとよい。最初はR Commander を使いながら覚えていくと，Rの学習が効率的にできるかもしれない。筆者も最初はR Commander のメニューから選択するという操作をしながら，それが生成するスクリプトを少しずつ解読する形でRに慣れていった。

I　インストール

　すでにいろいろなウェブサイトや書籍にてインストール方法は解説されているのでそれらを参照すれば大丈夫であるが，初心者向けのインストールガイドを作成した（http://sgn.sakura.ne.jp/R/Rinstall.html）。

　基本的には，統計数理研究所のアーカイヴサイト（https://cran.ism.ac.jp/）などで "Download R for Windows" をクリックし（Windows OSの場合），さらに "install R for the first time." をクリックすればよい。ヴァージョンは2017年2月14日現在で3.3.2である。基本的には言われるままに次へ進んでいけばよいが，のちにR Commander を使用するのであれば「MDI」と「SDI」の選択で「SDI」を選んでおくとよい。無事にインストールが済むとデスクトップに青いRという文字をデザインしたアイコンが作成されているので，それをダブルクリックすれば起動する。

2 コンソール画面

起動すると，"R Console" というウィンドウが開き，あなたが何かを入力するまで待機している．画面のメッセージを読んで，終了の仕方だけでも覚えておこう．

コンソール画面に直接入力することはあまり多くないが，まずは慣れるためにいくつか試してみよう．以下のように入力して，どうなるか確認してみよう．

> 1+2 Enter
> 2+3*4+2*3^2 Enter # 演算の順序に注意
> (1+2)*(3+4)/sqrt(5) Enter # sqrt( ) とは $\sqrt{\ }$ の関数である

このように，コンソール画面はとりあえず電卓として使用できる．単なる電卓とは違って，次のようなこともできる．数列（ヴェクトル）をそのまま扱えるのである．

> 1:6 Enter
> 1:6*2 Enter

さらに，次のようなコマンドも今後は頻繁に使うようになる．

> x <- 1:6 Enter # <- は「代入する」という意味
> x^2 Enter

代入文はそのままでは代入の結果を表示しないので，結果を確認したい場合には単に x Enter とするか，あるいは次のように代入文全体を（ ）で挟む．

> (x <- 1:6) Enter

さらに，複数のコマンドは ; で連結して一行に書くことができる．

> x <- 1:6; x Enter

とはいっても，コンソール画面では，あまり長い複雑な命令を書くことはできないし，間違えた場合の修正なども不便である．よって，命令（コマンド，スクリプト）を書く専用の画面「R エディタ」を開く．

なお，コンソール画面で上下のカーソルキーを使うと，それまでの入力の履歴が順に表示される．一度書いたコマンドを再利用したい場合には便利である．また，すべて消去したい場合には Ctrl + L とする．

3 R エディタ

コンソール画面のメニューバーの「ファイル」から「新しいスクリプト」を選ぶと，「無題 - R エディタ」というウィンドウが開く．今後はこのウィンドウにコマンド（スク

リプト）を書いてから適宜実行することにする。試しにこのRエディタに以下のように入力してみよう。エディタでは Enter を押しても改行されるだけで実行されない。入力したらその範囲を選択して Ctrl + R とすると，R Console の画面で実行される。一行だけ実行するならその行のどこかで Ctrl + R とすればよい。

```
x <- c(1:5, 10, 20, 30)
x^2
```

残しておきたいスクリプトは，Rエディタのメニューバーの「ファイル」→「保存」や「別名で保存」でファイル保存しておくと，次から「スクリプトを開く」で再利用できる。苦労して書いたスクリプトはすべて保存しておこう。

4 スクリプトの基礎

ここからは，スクリプトのごく初歩を紹介する。ウェブで豊富な情報が提供されているので，自分で積極的に調べてとにかく試して慣れるのがよい。筆者のサイトでも画面入りで基本的なコマンドやスクリプトを紹介しているので，一通り試してみるとよい(http://sgn.sakura.ne.jp/R/Rscript.html)。

● 代　入

Rは数字や数列を変数に代入できるだけでなく，計算結果や分析結果などさまざまなもの（オブジェクト）を x や y などの記号に代入して格納しておくことができる。言い換えれば，計算結果や分析結果というオブジェクトに名前をつけるということである。これは分かってくると非常に便利な機能なので，とにかく代入しておくという習慣をつけるとよい。長くて複雑な計算式は，計算式をそのまま実行するのではなく，計算式（オブジェクト）を記号に代入して，そのオブジェクトの内容を表示させるようにする。

高校数学で登場する数列の和を例にとってスクリプトの書き方を説明しよう。

$$1 \cdot 2 + 2 \cdot 3 + 3 \cdot 4 + \cdots + n(n+1) = \frac{n(n+1)(n+2)}{3}$$

$n=100$ として，あまりうまくない例，より汎用的な例の順に紹介する。

```
x <- 100*(100+1)*(100+2)/3; x
                    # 実行すれば計算・表示されるが，汎用的でない
n <- 100; x-n*(n+1)*(n+2)/3; x
                    # 最初のnを書き換えるだけで再利用できる
```

● ヴェクトル

ここでは単純に，複数の数字がセットになっているものをヴェクトルと呼ぶ。c(2, 5, 10) は長さ3のヴェクトルである。ヴェクトルが理解できると，Rは飛躍的に便利にな

る。次のような規則的なヴェクトルの作成法がある。

```
x <- 2:9; x
y1 <- seq(0, 100, by=10); y1
y2 <- seq(0, 100, length=11); y2
z <- rep(c(1, 3, 5), times=4); z
```

ヴェクトル x の長さ（含まれている要素の個数）を調べるには length(x) とする。

ヴェクトルの要素を指定する方法は覚えた方が良い。例えば，x[2]; y1[3:5]; z[c(2, 5, 7)] などとして，元のヴェクトルと見比べながら結果を理解しよう。

● 行　列

行（row）と列（col）の 2 つの方向をもった 2 次元ヴェクトルを行列と呼ぶ。

```
m <- matrix(1:12, nrow=4, ncol=3); m   # 行数 nrow と列数 ncol を指定
```

次の例は，1 次元ヴェクトルを元に，各要素を 2 倍して，行数だけを指定して行列を作成している。行数が決まれば列数は自動的に決まる。

```
v <- c(1:12); m2 <- matrix(v*2, nrow=3); m2
```

次の例は，同じ 1 次元ヴェクトルの常用対数の値を，列数だけを指定して行列化する。

```
m3 <- matrix(log10(v), ncol=3); m3
```

行数と列数が等しい行列同士の単純な四則演算は，行列としての計算ではなく，行列の要素同士の四則演算になる。

```
m*m3   # 対応する各要素の掛け算になる
```

ヴェクトルと同様，行列の一部分を指定することができるが，行列の要素を取り出す際には，行と列の 2 次元があることに注意する。順番も，行―列の順である。

```
m[2, 2]; m2[2:3, 1:2]; m3[c(1, 4), c(1, 3)]
```

● ファイルの読み込みとデータフレイム

おそらく，社会学・社会科学系の学生にとって必要でありながら非常に分かりにくいのが，データの読み込みと，それによってできるデータフレイムであろう。

社会調査実習の授業など，実際にデータを収集して演習を行う場合，データは Microsoft Excel ファイル（*.xls, *.xlsx）形式か，csv ファイル（comma separated values の略）で作成することが多い。csv ファイルは普通 Microsoft Excel などの表計算ソフトで開

かれるが，中身は数字などのデータが","（カンマ）で区切られているだけの単なるテキストファイルである。Microsoft Excel ファイル形式のデータを csv 形式に変換するのは簡単なので，以降では csv 形式でデータファイルが存在しているものとする。csv ファイルの先頭行には，変数名が（できる限り半角英数文字だけで）入力されているとする。

```
 1|id,mode,sex,age,q0101,q0102,q0103,q0200,q0301,q0302,q0401,q0402,q0403,edu
 2|105,1,1,39,1,1,7,2,4,3,5,5,1,0,2,14,1,1,2,1,1,5,1,3,5,1,5,2,2,3,7,3,3,NA,
 3|107,1,1,40,3,5,7,5,2,1,3,5,1,NA,NA,NA,3,2,1,3,2,4,3,4,7,2,3,3,2,3,3,2,3,N
 4|108,1,1,48,1,1,8,4,3,3,5,5,5,1,3,16,1,3,3,1,1,1,1,2,4,1,1,1,5,7,3,3,NA,
 5|114,1,2,52,1,5,7,5,2,4,5,4,1,0,2,14,1,2,2,2,1,4,3,3,6,2,3,2,5,3,6,2,2,NA,
 6|115,1,2,48,2,5,1,3,2,3,5,5,1,0,1,12,1,1,1,2,1,2,3,3,5,2,2,2,1,2,7,1,2,NA,
 7|117,1,1,55,3,5,8,3,3,5,5,3,1,0,1,12,1,1,2,1,1,5,1,2,4,1,4,5,2,1,9,1,3,4,1
 8|207,1,2,56,2,4,7,5,2,2,1,5,4,0,2,14,2,1,2,2,3,4,2,3,5,2,4,3,3,2,7,3,2,NA,
 9|208,1,1,54,1,5,7,2,5,3,5,5,1,0,1,12,1,1,3,1,3,5,2,2,4,2,3,2,1,7,1,2,2,1
10|216,1,1,39,2,1,8,1,5,5,5,5,1,0,1,12,2,2,2,1,2,5,5,4,8,3,4,1,5,4,2,1,2,NA,
11|302,1,2,39,3,5,2,3,3,2,3,1,0,2,14,2,2,2,1,1,5,1,2,5,1,4,1,2,1,7,1,1,4,1
12|303,1,2,43,3,5,7,3,2,5,1,5,1,0,2,14,4,NA,2,3,2,4,2,2,4,2,2,2,2,3,7,1,2,NA
13|305,1,2,34,2,5,7,3,3,5,3,5,1,0,2,14,4,NA,2,2,1,4,2,2,4,3,3,2,4,2,9,2,2,2,
14|307,1,1,43,2,4,7,3,2,5,5,3,1,1,3,16,1,1,2,1,3,5,1,3,5,1,5,3,3,1,10,1,1,NA
15|308,1,2,45,2,5,7,6,2,5,5,5,1,1,3,16,2,2,3,3,2,5,2,2,7,1,4,3,3,3,9,1,1,3,1
16|309,1,2,36,3,5,4,6,2,4,3,5,1,1,3,16,4,NA,3,2,2,4,1,2,5,2,2,3,2,2,8,2,3,NA
17|310,1,2,38,3,5,7,3,5,5,1,5,1,1,3,16,4,NA,1,3,1,5,2,2,4,1,3,2,4,4,8,1,1,1,
```

上はある csv ファイルをテキストエディタで開いた例である。[1]

こうした csv 形式のデータファイル（ファイル名を仮に practice.csv とする）を R で分析可能なデータとするには，「データフレイム」として読み込む必要がある。

まず，データファイルを R の作業フォルダにコピーする必要がある。R の作業フォルダは，getwd( ) とすれば分かる。個人の PC の場合は "C:/Users/*****/Documents" であることが多いだろう（大学のネットワークに接続した共用 PC の場合はネットワーク上の個人領域であることもある）。このフォルダの下に R の専用フォルダをあらかじめ作成してあるとして，そこに作業フォルダを変更したい場合は，setwd("C:/Users/*****/Documents/R") とすればよい。

作業フォルダの指定と csv データファイルのコピーが無事できたとすると，

```
data01 <- read.csv("practice.csv", header=TRUE)
```

とすれば，R の内部のデータフレイム data01 として，practice.csv ファイルの中のデータを読み込むことができる。header=TRUE は，先頭行に変数名が含まれているか否かを区別する。変数名が存在しない場合は header=FALSE となるが，できる限り先頭行

---

[1] 単なるテキストファイルを開くにも Microsoft Word を使用する人がいるが，無料で高性能のテキストエディタがネット上にいくつも公開されているので，テキストファイル（装飾などの一切ない数字や記号，文字だけのファイル）の閲覧・編集にはテキストエディタの使用を薦める。動作が軽いだけでなく，特に検索や置換などはずっと高性能で，仕事の効率が格段に上がる。

に変数名を格納しておくようにしよう。なお，TRUE や FALSE はこの通りすべて大文字でなければならないが，それぞれ header=T や header=F と略記することはできる。TRUE，FALSE はほかにも色々なオプション指定で登場する。

names(data01) とすると変数名の一覧が，head(data01) とすると冒頭 6 ケース分のデータが表示される。特に最初に読み込んだ後は必ず names( ) で確認するのがよい。

データフレイムの中に含まれている変数と，データフレイム中にない変数・ヴェクトルとは区別されるので注意しよう。例えば先の画例には q0101 という変数が見える。その**度数分布表**（どんな値をとるケースがそれぞれいくつあるかを示す表）を表示しようとして table(q0101) としても，「以下にエラー table(q0101)：オブジェクト 'q0101' がありません」となる。データフレイム内の変数は，データフレイムの名前の後に，$ に続けて変数名を書かなければならない。つまり，table(data01$q0101) としなければならない。この規則は最初は無駄に面倒に思えるが，こうすると同時に複数のデータフレイム内の変数を自由に操作できる。いちいち「データフレイム名 $ 変数名」としなくてもよいようにもできるが（attach( )，detach( ) 関数の使用），かえって混乱する場合もあるので，本書ではデータフレイム中の変数は原則として「データフレイム名 $ 変数名」とする。

● ケースの選択

分析を，例えば女性だけとか，若者だけに限定したいような場合がある。いくつか方法があるが，ここではデータフレイムの部分集合を作成する方法を示そう。data01 というデータフレイムに sex という名前で性別を表す変数が含まれていて，そのうち女性 (sex=2) のケースだけを選び出して分析したいとする。その場合，新しいデータフレイム dataF を次のように作成することができる。

```
dataF <- data01[data01$sex==2,]
                          # [行の番号・条件, 列の番号・条件] で指定
```

性別 (sex) が女性 (2) であるような行（ケース）だけを選択して，dataF に保存するという意味になる。列（変数）には何も指定していないので，存在する変数すべてが保存される。このように，変数の値が何かに等しいという条件を指定する場合は，等号記号を 2 つつなげる (=ではなく==とする) 点に気をつけよう。

欠損値をまったく含まないケースだけに限定したい場合もあるだろう（完備ケース分析）。個人年収 (income) と世帯年収 (fincome) の双方が有効である（欠損値 NA でない）ケースだけに限定する場合には，次のように complete.cases( ) 関数を使う。この操作の意味が知りたければ，Boolean の中身を見てみればよいだろう。

```
Boolean <- complete.cases(data01$income, data01$fincome)
data02 <- data01[Boolean==TRUE,]
```

最初の行で，2つの変数が完備なケースか否かの識別変数を作成し，2行目で，data01のケース（行）のうち，その識別変数が TRUE である（つまり完備ケースである）行だけを選出して新たなデータフレイム data02 に格納させている。この Boolean==TRUE の部分は単に Boolean としても同じ結果になる。

● 変数値の書き換え（再コード，リコード）

　元のデータファイル中の変数の値を別の値に書き換えたいことはよくある。通常これをリコード（再コード）と呼んだりするが，このやり方が分からない限り実際の統計分析を行うことは難しい。しかし，初心者向けの広く使われている統計ソフトとはかなり考え方が違う部分があって，慣れるまではちょっと難しい。R は基本的にヴェクトル，行列として考えるということをしっかり理解する必要がある。

　さまざまな方法・工夫がありうるが，最初に，直接的な考え方でのやり方を紹介しよう。データフレイム名は data01 とする。次のコマンドを実行すると，データフレイム data01 の中の q0103 という変数の度数分布表が出力される。

```
table(data01$q0103, useNA="always")
```

この質問項目はブログや SNS への書き込みをどの程度の頻度で行うかを尋ねたもので，これを見ると q0103 には1から9までの値と，無回答（欠損値）NA が存在することが分かる。そして9の値は「わからない」（Don't Know の略で DK と呼ぶ）を意味している。

　変数 q0103 の9（「わからない」）という値を欠損値（NA）にする。

```
data01$q0103[data01$q0103==9] <- NA
```

変数 q0103 の6〜8の値をひとまとめにして6とする。

```
data01$q0103[data01$q0103 >= 6 & data01$q0103 <= 8] <- 6
```

何かの事情で欠損値（NA）を別の数字に置き換えたい場合は，==NA としてもだめであり，is.na( ) という関数を使う。

```
data01$q0103[is.na(data01$q0103)] <- 99
```

　元の変数をリコードする場合は，なるべく変数名を新しくつけて新変数として作成する。そうすれば元の情報も保存され，後から間違いを発見したり再加工したりできる。

　以上の方法は初心者には分かりやすいがやや面倒である。ヴェクトルの写像の考え方から次のようにもできる。理解できればこの方がずっと楽である。例えば，蔵書数を尋ねた q0200 には1から7の値と NA が存在する。この q0200 について，1から3を合わせて新しく1とし，4と5を合わせて新しく2に，6を3に変換し，「わからない」を

意味する7はNAに，もとから存在するNAもそのままNAとリコードするには次のようにするとよい．

```
x <- c(1, 1, 1, 2, 2, 3)   # 元の選択肢番号をどう変換するかのヴェクトル
data01$book <- x[data01$q0200]   # 新変数名を book とする
table(data01$q0200, data01$book, useNA="always")
                                          # 意図した通りか確認
```

同じ発想で男性ダミー変数を作成する場合，こう書ける．

```
data01$male <- c(1, 0) [data01$sex]
```

カテゴリ数が多いほど，あるいは同じリコードを施す変数が多いほど，このやり方が便利になるだろう．

● オブジェクト

　数字，ヴェクトル，行列，データフレイム，分析結果など，Rが操作・生成したものをオブジェクトと呼ぶ．分析結果というオブジェクトを記号に代入する（＝オブジェクトに名前をつける）ということがどういうことか，1つだけ例を示しておこう．**クロス表**（**分割表**）のカイ二乗検定の例である．

```
t <- matrix(c(6, 3, 3, 17, 15, 19, 26, 21, 15, 25, 22, 31), ncol=4) ; t
                                          # 行列を作成して表示
chi <- chisq.test(t)   # 行列tを分割表として，独立性のカイ二乗検定をする
```

この段階ではtの表示と，「警告メッセージ：In chisq.test(t)：カイ自乗近似は不正確かもしれません」という警告だけが表示されている．いまはとりあえずこの警告は無視しておく（第5章で触れる）．

　ここでchiとすると，このオブジェクトの中身が表示される．ただしこれは結果の主な部分のみであり，実際はもっと豊富な情報を格納している．情報の一覧を見るには，names(chi)もしくはsummary(chi)とする．これでは情報の名前が表示されるだけなので，その情報の中身を見たければ，オブジェクトの名前の後に$で項目名を指定する．例えば "expected" が何かを見たければ，chi$expectedとする．すると，「期待度数」の表（第2，5章参照）が表示される．これは情報一覧の7番目にあるので，chi[7]として表示させることもできる．

　このように，オブジェクトに名前をつけて保存し，その部分に必要に応じて自由にアクセスすることを身に付けると，他の統計ソフトにはできないRならではの活用ができるようになる．グラフの中に統計分析結果の数値を自由に挿入することもできるようになる．いろいろと試行錯誤して徐々に馴染んでいこう．

1 1変量の記述統計の基礎

代表値，散布度，標準化

> 基　礎　*Basic*

　統計学は，記述統計と推測統計の2つに分けることができる。**記述統計**の役割は，手元にあるデータを分かりやすく特徴づけること，**推測統計**の役割は手元にあるデータから不可視の全体についての手がかりを得ることである。

　われわれが数字の集合の全体的特徴を直接捉える能力は一般的に高くない。数字が数十も集まれば，いくつからいくつまでの数字が含まれているのか（**範囲**），最も多く含まれている数字はいくつか（**最頻値**），真ん中にある数字はいくつか（**中央値**），狭い範囲に集中しているのかそれともかなり広い範囲に散らばっているのか（**散布度**），そういった全体的な特徴を見抜くのは極めて難しい。

　そこで，数字の集合全体のそうした特徴を，1つもしくは数少ない数字で表現することで，大雑把ではあるが全貌を把握することを目指す。これが記述統計の目的である。全体的な特徴を把握すると言っても，"昨年1年間の収入"のような一種類の数字の集合（1変量）の特徴を表す場合，"教育年数"（学校に通った通算年数；最終学歴の数的表現）と"年収"といった2種類の数字の集合（2変量）の関係の特徴を表す場合，多変量の関係を表す場合などがある。最も基礎的なのはもちろん1変量の特徴づけである。

　さっそく，数字の集合（変数）全体を特徴づける数字，すなわち**要約統計量**の説明に入りたいところだが，変数の性質によって用いることのできる要約統計量が異なってくる。そこでまずは変数の種類の区別の仕方から説明する。以下については，『入門・社会調査法』第10章において丁寧に説明しているので参照して欲しい。

① 1変量についての要約統計量

Ⅰ-1 尺度水準と変数の分類法

　心理統計学では，変数を尺度水準によって区別する。通常は，低次の尺度から，名義尺度，順序尺度，間隔尺度，比率尺度の4つに分類する（**表1-1**）。
　似たような分類に，名義尺度／順序尺度／離散尺度／連続尺度もある。社会学などでは，名義尺度と順序尺度を合わせて「質的変数」，間隔尺度と比率尺度を合わせて「量的変数」と呼ぶことも多いが，「質的／量的」の2項図式には批判も多いので本書では採用しない（『入門・社会調査法』第2章）。同様に，名義と順序を「離散変数」，間隔と比率を「連続変数」と呼ぶものも少なくないが，離散尺度／連続尺度あるいは**離散分布**／**連続分布**といった厳密な概念とはまったく別物であり混乱の元にしかならないのでこれも採用しない。離散と連続の違いは，いかなる2つの値のあいだにも必ず別の値が存在するのが連続的であり，そう言えないのは離散的である。例えば，実数は連続的であるが，整数は離散的である。「カテゴリカル変数／連続変数」という2分類もあるが，この連続変数も，離散分布と連続分布を含むのであまり適切ではない。あえて2分類で呼ぶならば「**カテゴリカル変数**／**数量変数**」と呼ぶのが無難かもしれないが，カテゴリカル変数に含まれる名義尺度と順序尺度では，適用する統計的分析法がしばしば異なるので，社会学においても必ずしも2分類で十分なわけではない。他方で，間隔尺度と比率尺度，離散分布と連続分布はそれぞれあまり区別する場面が多くないのでひとまとめにしておく方が便利である。名義尺度，順序尺度（一括したい時はカテゴリカル変数），間隔尺度以上（数量変数）の3分類（ないし2分類）が最も都合が良いだろう。

Ⅰ-2 代表値（中心傾向）

　1つの種類の数値の集合（1変数）を，たった1つの数字で代表させることがある。それが**代表値**（あるいは**中心傾向**）である。代表値には通常，集合の中に最も頻繁に表れる値である最頻値，小さいものから順番に並べた時にちょう

表1-1　尺度の4水準

尺度水準	性　質	主な要約統計量
名義尺度	分類するのみ	最頻値
順序尺度	順序も意味を持つ	中央値
間隔尺度	値と値の差も意味を持つ	算術平均，分散
比率尺度	値と値の比も意味を持つ	幾何平均，変動係数

ど真ん中にくる値である中央値，数値の集合の重心を表す**算術平均**が含まれる。それ以外に**幾何平均**などもあるが，社会学では用いることは稀である[1]。

Rでは，xを変数のヴェクトルだとするとき，median(x)で中央値を求めることができる。最頻値は直接求めることができず，例えばnames(table(x)[table(x)==max(table(x))])として求めることができるが，table(x)[table(x)==max(table(x))]としたほうが単純であり，度数の最大値も一緒に表示されるので便利であろう。

一般に単に「平均，平均値」と呼ばれている算術平均であるが，簡単な計算で求めることができる。数値をすべて足して，数値の個数で割ればよい。これは数値全体の重心という意味をもつ。Rではmean(x)で求められるが，「合計を個数で割る」を式で表現してsum(x)/length(x)としても同じ結果になる。

$$\bar{x} = \frac{x_1 + x_2 + x_3 + \cdots + x_i \cdots + x_{n-1} + x_n}{n} = \frac{1}{n}\sum_{i=1}^{n} x_i$$

上の定義式において，x_1とは，1番目のケースにおける変数xの値を意味している。nはケースの数（データの個数）である。下付き文字で書かれている1, 2, 3, …, i, …, nはケースに付けられた通し番号を表す「添え字」であり，iは特に何番目であるかを特定せず一般的に表記する場合に使う。iでもjでもkでも良いが，最後の大文字のシグマ（Σ）の式における2か所のiの部分は同じ文字でなければ意味が通らなくなるので注意してほしい。算術平均については 発展 1-2 も参照してほしい。

各値の算術平均からの距離・ズレ，すなわち各値から算術平均を引いた値

---

1) Rでは，prod(x)^(1/length(x))もしくはexp(sum(log(x))/length(x))とすると幾何平均が求められる。このほか，調和平均や**調整平均**（**トリム平均**）といったものも存在する。調和平均は1/(sum(1/x)/length(x))，10%トリム平均はmean(x, trim=0.05)で求めることができる。

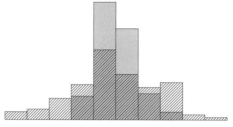

図 1-1　バラツキの異なる 2 つの分布

を，（算術平均からの）**偏差**と呼ぶ．R では x-mean(x) である．偏差の合計 sum(x-mean(x)) はいかなる変数についても定義上必ず 0 になる[2]．

1-3　偏差平方和と分散

次に散布度を表す分散の説明をする．中央値や算術平均で集合を 1 つの数値で代表させられるのは 1 つの前進であるが，中央値や算術平均が一致しても，集合としての特徴に大きな違いがある場合がある．

図 1-1 の塗り潰されたヒストグラムと斜線のヒストグラムは，中央値や最頻値，算術平均では区別されないが，塗り潰された方は中央に集中し，斜線はそれより明らかにバラツキが大きい．この違いは代表値では表現できない．

この違いは，中心から遠いところに位置する値が多いか少ないかの違いだと考えることができる．中心としては中央値と算術平均が考えられるが，通常は算術平均を中心として話を進める．すると，塗り潰し群は多くの値が算術平均からそう遠くないところにあるのに対し，斜線群は算術平均から遠いところにもそれなりに値が存在している．つまり，塗り潰し群は偏差の絶対値が小さいものが多く，斜線群は偏差の絶対値が大きいものが少なくない．

先述の通り，偏差をそのまま足し合わせると，いずれの群でも 0 になってしまう．プラスの偏差とマイナスの偏差が打ち消し合わないようにするためには偏差の絶対値を使う方法があるが，絶対値は扱いが不便で発展可能性が限られてしまう[3]．そこで，絶対値の代わりに，偏差を二乗することとする．これを**偏差平方**と呼ぶ．偏差平方は非負であるから，足し合わせても相殺しない．

2）　R で計算すると厳密には 0 にならず，3.552714e-15 などと表示されることもあるが，これは 3.55×10^{-15} すなわち $3.55 \div 10^{15}$ を意味し，誤差の範囲で 0 に一致すると考えてよい．

偏差平方は個々の値が平均からどの程度遠いかの1つの指標であるから、これをすべてのケースについて合計すれば、全体として平均からどの程度遠いかの指標になる。これを**偏差平方和**(Sum of Squares；SS)と呼ぶ。偏差平方和でもって、バラつき・散らばりの違いはかなりうまく表現し分けることができる。もちろん、バラつきが大きい方が偏差平方和は大きい[4]。偏差平方和は、のちの分散分析や回帰分析で再び登場する重要概念である。

$$SS = \sum_{i=1}^{n}(x_i - \bar{x})^2$$

ただし、偏差平方和はケースの数に左右される。同じバラつき方の100個($n=100$)の数字の集合が2つあった場合、それを合併した200個の数字の集合も、数字の個数は2倍になるがバラつき方は同じである。しかし、同程度の偏差平方和が2つ足し合わされるので、合併した後の偏差平方和は元のそれぞれの2倍になる。バラつき方だけの指標としてはこの性質はあまり好ましくない。

ケースの数に影響されるのを防ぐためには、ケースの数で割ってやれば良い。これを**分散**(variance)と呼ぶ[5]。

$$\text{variance} = \frac{1}{n}\sum_{i=1}^{n}(x_i - \bar{x})^2$$

分散は、偏差平方和をケース数で割ったものであるが、別の言い方をすれば、偏差平方の平均でもある。偏差や偏差平方は、個々のケースが算術平均からどれくらい離れているかの指標である。個々のケースについてそれぞれ異なる偏差平方が計算され、平均に近ければ小さく、平均から遠ければ大きくなる。偏差平方はケースによって異なり、大小さまざまの値が存在するが、平均すれば1ケースあたり偏差平方はどの程度の大きさなのか、を表しているのが分散なのである。

何であれ、すべてを足し合わせてケース数で割るという操作は、何かの平均

---

3) 偏差の絶対値の平均を**平均偏差**という。R では mean(abs(x-mean(x))) とすると計算できる。
4) R では、sum((x-mean(x))^2) で求められる。
5) mean((x-mean(x))^2) で求められる。R で分散を求める関数は var(x) となっているが、この2つの計算結果は一致しない。R に限らず統計ソフトの分散は「不偏分散」となっていることが少なくないので注意が必要である。詳しくは 発展 1-1。

1変量の記述統計の基礎　　*005*

を求めるということに他ならない。

$$\text{何かを平均するという演算子} = \frac{1}{n}\sum_{i=1}^{n}[\quad]$$

分散の場合は，**「偏差平方」の平均**を求めているのである。分散は変数のバラつき・散らばりを表す重要な概念である。あえて乱暴な言い方をすれば，分散が小さいということは「皆が似通っている」ということであり，分散が大きいということは，「皆の違いが大きい」ということである。通常統計学ではこのような表現はしないが，分散が大きいということは，（その1次元の尺度の上で）多様性が大きいということだと考えて良いだろう。人々の多様性という角度から分散を見ると，社会学的なデータ分析における分散の意義が摑みやすくなるかもしれない。

1-4　標準偏差

バラつき，散らばり（散布度）を数字で表現するという目的のためには分散があれば十分であるが，分散には，元の測定値や算術平均とは単位が異なるという問題点がある。（算術平均からの）偏差までは単位は同じだが，偏差を二乗した時点で元の単位の二乗という単位をもつことになり，偏差平方和や偏差平方の平均などもすべてこの「元の単位の二乗」という単位になる。例えば身長（cm）という変数の分散は cm^2 という単位をもつ。これは日常的な意味で言えば面積を表す単位である。年収（円）という変数の分散は $円^2$（円の二乗）という単位をもつが，これにいたっては一般的には意味が不明である。

この問題を解決するには，「二乗したら分散になるもの」，すなわち平方根を求めればよい。正と負の平方根が有りうるが，負の統計量を考える理由はないので，分散の正の平方根をもう1つの散布度の指標とする。これを**標準偏差**と呼ぶ。英語では standard deviation といい，s.d. や SD などと略記する。

$$\text{s.d.} = \sqrt{\frac{1}{n}\sum_{i=1}^{n}(x_i - \bar{x})^2}$$

標準偏差を単に s，もしくは変数 x の標準偏差であることを明示して s_x などと書くことも一般的であるが，その場合には分散は標準偏差の二乗である s_x^2 と表記することになる。ただし，分散の求め方を理解すれば明らかなよう

に，分散自体は何かの値を二乗したものではないことに注意が必要である。

標準偏差は元の測定値や算術平均と同じ単位をもつものであり，1つの変数を特徴づける場合に，平均と標準偏差を示す場合が多い。

1変量の全体像の把握

次に，1変量の全体を概括的に把握する方法を紹介する。カテゴリカル変数（名義尺度・順序尺度）と数量変数（間隔尺度・比率尺度）に分けて適切な方法を説明する。カテゴリカル変数は，**度数分布表**を作成するのが基本である。数量変数は，場合によっては取りうる値が多過ぎて度数分布表の行数が多くなり過ぎるので，グラフで図示するのがよいだろう。

2-1 カテゴリカル変数の度数分布表

変数（特にカテゴリカル変数）の全貌をつかむにはまずは度数分布表を作成するのが基本である。度数分布表は，その変数が取りうる値のリスト，それぞれの値を取るケース数（度数，頻度），累積度数（最小値からある値までの度数の小計），相対度数（百分率，パーセント），累積相対度数からなる。Rの基本の度数分布計算関数はtable（ ）であるが，これはシンプルに度数だけを集計するものであり，そこから必要に応じて相対度数 prop.table（ ）や累積度数 cumsum（ ）を求める。

演習用データをデータフレーム data として読みこみ，その中の従業上の地位変数 job の度数分布表の作成を例示してみよう。var1 <- data$job として集計する変数を var1 という変数に転写しておくと，それ以降のスクリプトの汎用性が高くなって便利である。table(var1)で有効度数の度数分布表，table(var1, useNA="always")で欠損値 NA も含めた総度数の度数分布表が作成される。useNA=" "のオプション（他に ifany を指定することができる）には注意が必要である。すでに作成してオブジェクトに保存した度数分布表 t0 に対して，prop.table(t0)は相対度数（比率）の表，cumsum(t0)は累積度数の表を作成する。これらを組み合せて利用すると，**表1-2**のように度数分布表を作成することができる（作り方は→サポートウェブ）。

表 1-2 度数分布表の例

		度数	累積度数	%	累積%	有効%	累積有効%
1	正規雇用	182	182	47.4	47.4	47.9	47.9
2	非正規雇用	92	274	24.0	71.4	24.2	72.1
3	自営	38	312	9.9	81.2	10.0	82.1
4	無職・学生	68	380	17.7	99.0	17.9	100.0
NA	欠損値	4	384	1.0	100.0	0.0	0.0

レポートなどに掲載する表は，これを MS-Excel などに貼り付けて清書をすればよいだろう．

2-2　1変量のグラフ表現

数の集合（変数）の散らばり方の様子を分布と呼ぶ．分布の特徴を表現するには，**1**のような要約統計量で数値で示す以外に，特に数量変数の場合にはグラフを用いて視覚的に示すことも有効である．

代表的なグラフである**ヒストグラム**は，棒グラフ（バー・チャート）と混同されることも多いが，横軸が数量変数であること，本質的には高さではなく面積が度数を表すこと，したがってバー（棒）とバーの間には隙間がないこと，などの特徴がある．**図1-2**の2つのヒストグラムは同一のデータについて2通りの図示をしたものである．すべてのバーの幅が等しい場合には左図のように高さで度数を表現できるが，右図のようにバーの区切り幅が一定でない場合には，高さは密度を表し，バーの面積がその区間に該当する度数を表現する[6]．

ヒストグラムの次に代表的なグラフとして**箱ひげ図**がある．箱ひげ図は縦軸が変数の値を表示し，**下側ヒンジ**から**上側ヒンジ**の範囲を示す箱[7]，中央値を示す箱の中の横線，箱の上または下の端から，上側ヒンジと下側ヒンジの差の1.5倍の範囲内に存在する値を示すヒゲ，その範囲の外に存在する値を示す丸印から構成される．箱の中に，全体の半数のケースが含まれる．

---

6) 変数ヴェクトル x のヒストグラムは，最も単純なものは hist(x) で描ける（オプションなどは→サポートウェブ）．
7) 一般的には下側ヒンジは第1四分位数（25%点），上側ヒンジは第3四分位数（75%）とされているが，R のデフォルトでは少し計算方法が異なるため，ヒンジと四分位数が正確には一致しないことがある．

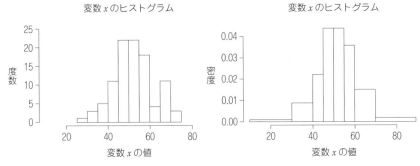

図1-2　同じデータについてのヒストグラム

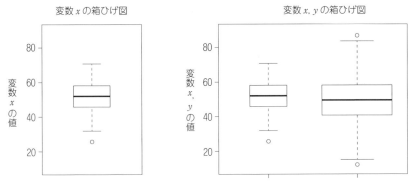

図1-3　箱ひげ図による情報の縮約

　箱ひげ図は，1変数の分布を捉えるだけでなく，複数の変数（または複数のグループ）の分布を視覚的に比べる場合にも有用である。**図1-3**の右図は，$n=100$ の群の分布と，それよりやや散布度の大きい $n=400$ の群の分布を並べて描いている[8]。

③　正規分布と標準化

　算術平均と標準偏差，そして変数の分布という概念を学んだら，次に重要なのは（標準）正規分布と標準化の操作である。正規分布，特に標準正規分布

---

8) 最も単純なものは boxplot(x) で描ける（オプションなどは→サポートウェブ）。

は，本書で解説する統計学において中心的な位置を占める。また，その標準正規分布を多くの場合に活用可能にするのが標準化という操作であり，テキストによってはこの標準化の重要性についてあまり強調していないが，じつは統計学のさまざまな場所でこの標準化は使われている。

3-1　正規分布と標準正規分布

実際のデータの分布は必ずしもなめらかできれいなグラフにはならないが，統計学の基礎には非常に重要な理論的分布がいくつか存在する。中でも最も重要なのが**標準正規分布**である。標準正規分布の前に，**正規分布**一般について説明する。

正規分布は，平均 μ と標準偏差 σ によって一意に定まる釣鐘上の分布である。その形からベルカーヴとも呼ばれる。

図1-4は，平均と分散の異なる3つの正規分布から発生させた $n=1000$ のデータのヒストグラムを重ねて描いたものである。理論的な正規分布は左右対称になる。上のように正規分布は平均と分散によってさまざまなものが存在しうるが，その中で最も中心的な正規分布が，平均が0，分散が1の標準正規分布である。図1-5は，縦軸を確率密度として描いた標準正規分布の理論的なヒストグラムである。

面積は度数ではなく割合・比率を表すことになり，面積の合計は比率の合計，すなわち1（あるいは100％）となる。

以後は，確率分布のグラフは原則として図1-6のように，ヒストグラムのバーの頂点を線で連結した折れ線・曲線として描くが，意味は図1-5のヒストグラムと同一である。

さて，この標準正規分布は，のちに登場してくるカイ二乗分布，t分布，F分布などの元になる重要な確率分布であるのでしっかりと馴染んでおく必要がある。自然界に存在する偶然の誤差はこの標準正規分布に従うと考えられるため，誤差分布とも呼ばれる。極めて重要な分布であるが，実際に使用するのは3つ程度の性質である。およそ -1.64 から $+1.64$ の間に全体の90％が含まれること，およそ -1.96 から $+1.96$ の間に全体の95％が含まれること，およそ -2.58 から $+2.58$ の間に全体の99％が含まれることである。標準正規分布を

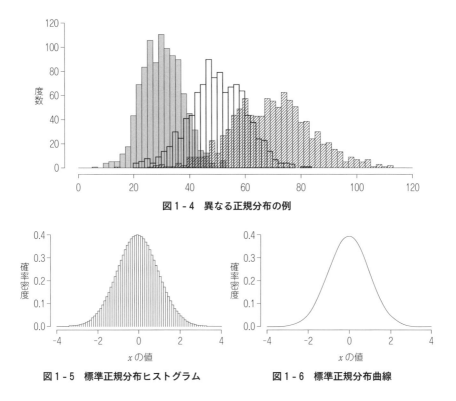

図1-4 異なる正規分布の例

図1-5 標準正規分布ヒストグラム　　　図1-6 標準正規分布曲線

はじめとした理論的な確率分布は，どこからどこまでの区間に全体の何％が含まれるかを求めるという使い方が大半である。そこで一般的な統計学のテクストは，0からuまでの間に全体の何％が含まれるかを読み取るための（標準）正規分布表などを掲載している。しかし本書ではあえて表を掲載せず，その代わりにRで必要な数値を求める方法を紹介する。

マイナス無限大からxまでに含まれる割合（累積確率）は，Rコンソール画面でpnorm(x, mean=0, sd=1)と入力すれば表示される。マイナス∞からxまでの範囲の割合であり，0からxまでの範囲ではないことにさえ注意すれば難しくはない。またmean=とsd=は省略することができる。これを利用すると，−1.64から＋1.64の間に含まれる割合は，pnorm(1.64, 0, 1)- pnorm(-1.64, 0, 1)より0.8989948，約89.9％であることが分かる。厳密には90％ではないので，厳密に90％となる範囲を求めるためにqnorm(.95, 0, 1)と入力す

ると，1.644854と返される。これを四捨五入して1.64としているのである。qnorm(p, mean, sd) はマイナス∞から x までの範囲の割合が全体の p になるような x を返す関数である。同様に，厳密に95%となる範囲を求めるために qnorm(.975, 0, 1) と入力すると1.959964が返される。qnorm(.995, 0, 1) に対しては2.575829である。このように，pnorm と qnorm を使いこなせるようになれば，標準正規分布表は必要ない[9]。

3-2　変数の標準化

標準正規分布をきちんと理解すればするほど，これが何の役に立つのか分からなくなるかもしれない。左右対称の形状も人工的だが，中心が 0 になるような変数が社会学・社会科学の扱うデータの中にたくさんあるようには思えないからである。標準正規分布が本格的に活用されるのは推測統計学の範囲なので，それまで待ってもらうのが一番良いが，ここで 1 つだけ解説しておこう。

いかなる変数も，その平均と標準偏差を使った一次変換により，平均が 0，標準偏差が 1（分散も 1）の新変数に変換することができる。この操作を**標準化**とよぶ。次の式が，変数 x から新変数 z を作り出すためのものである。

$$z_i = \frac{x_i - \bar{x}}{s_x}$$

加えて，変換元の変数 x が何らかの正規分布に従うならば，新変数 z も正規分布に従うと言える。その場合，z は平均 0，標準偏差 1 の正規分布，すなわち標準正規分布に従うことになる。言い換えれば，x が正規分布さえしていれば，標準化することによって標準正規変量 z に変換することができ，各ケースは，z の値によって，分布全体における相対的位置を調べることができるのである。先にみたように，z_i が +1.64 であれば，そのケースは全体において上から 5 ％の位置にあると言える。標準化した後の数値を，標準化得点，z スコアなどと呼ぶ。受験業界で使用される「偏差値」もある試験の受験者全体の中での相対的位置を表示するものであるが，偏差値は，素点を標準化した

---

[9] 関連するコマンドには他に，確率密度を求める dnorm(x, mean, sd)，指定した正規分布に従う n 個の乱数を発生させる rnorm(n, mean, sd) がある。dnorm は作図をする際に使用し，rnorm は模擬データを生成する時に便利である。

標準化得点をさらに10倍して50を足すという一次変換を施したものである。

$$y_i = 10z_i + 50 = 10 \cdot \frac{x_i - \overline{x}}{s_x} + 50$$

したがって，偏差値から50を引いた後10で割れば標準化スコアが得られる。これを標準正規分布に照らせば全体における相対的位置を知ることができる。

変換元の変数 x が正規分布していることが前提になっている点を忘れてはならないが，いかなる正規変量でも，標準化を通して標準正規分布に結び付けることができるのは重要である。だからこそ，標準正規分布の性質（いくつの値なら相対的な位置はどのあたりかということ）さえ調べ上げれば，すべての正規分布についてその知識を延長することができるのである。

標準化は，特に明示されずにさまざまなところで活用されているので，ここでしっかりと理解しておくのがよい。

発 展　Advanced

① 平均と分散の理解を広げる

1-1　分散と不偏分散

不偏分散については『入門・社会調査法』第11章も参照されたい。ケース数で割るものを単に分散もしくは**標本分散**と呼ぶこととする。

$$s_x^2 = \frac{1}{n} \sum_{i=1}^{n} (x_i - \overline{x})^2$$

記述統計においては，すなわち手元のデータのバラつきそのものを表現したいのであればこの分散を使用すればよいが，標本から母集団についての推測を行う推測統計学においては，母分散 σ_x^2（母集団における分散）の**不偏推定量**（平均的には**母数**に一致すると期待できる**標本統計量**）として不偏分散を用いる。不偏分散は，偏差平方和をケース数 n ではなくケース数マイナス1で割る。

$$\hat{\sigma}_x^2 = \frac{1}{n-1} \sum_{i=1}^{n} (x_i - \overline{x})^2$$

SPSSやRなどの統計ソフトは，分散といえば自動的にこの不偏分散を計算することを知っておく必要がある。Rでは変数 x の分散を var(x) で計算するが，これは不偏分散である。変数 x のケース数（ヴェクトルの長さ）は length(x) で求められるので，var (x)*(length(x)-1)/length(x) とすると標本分散になる。定義式に従って mean((x-mean (x))^2) で求めたものと同じ値になる。

SPSSやRは，標準偏差も不偏分散の正の平方根を計算する。ちなみにこれは平均的に母標準偏差に一致すると期待できないので，不偏標準偏差とは呼べない。Rで標準偏差を求める関数は sd(x) であるが，これは var(x) の平方根になっている。よって標本標準偏差を求めるには，sqrt(mean((x-mean(x))^2))，もしくは sqrt(var(x1)*(length(x1)-1)/length(x1)) で求めることができる。sqrt(　) は平方根（square root）を求める関数である。ケース数 n が多いときは，標本分散と不偏分散の違いはわずかであり，実際の計算上はあまり気にしなくてもよい。

1-2　最小二乗和推定量としての算術平均

　算術平均について，さらに∑の計算について馴染むために，ここで算術平均の1つの性質について考えていこう。一つひとつ数式を丁寧に追ったり，Rで計算したりしていくと，ぐっと理解度が高まるのではないかと思われる。

　数の集合（変数）を1つの数字で代表させる代表値としてどのようなものが適切かを考えよう。仮に代表値を a とすると，それぞれの値 x_i と a とのズレは $x_i - a$ である。このズレ（偏差）はケース数 n だけあるので，その全体を最小化しなければならない。したがってまずズレの総和を求める。個々の偏差をそのまま足し合わせてはプラスとマイナスが相殺してしまうので，1つの方法としては絶対値を合計することが考えられる。

$$\sum_{i=1}^{n} |x_i - a|$$

　これが最小になるような a を代表値として定めることが考えられる。実は，中央値がそれである。中央値は，平均偏差（偏差の絶対値の平均）を最小にする代表値である。

　しかし，統計学のテキストでしばしばいわれるように，絶対値は扱いが不便であり，数式の展開可能性が制限される。そこで他の方法を探したい。正負が打ち消し合うのが不都合だが絶対値は使いたくないとすると，絶対値をとる代わりに二乗するのが定石である。この a からの偏差平方和が最小になる a は，簡単な式変形で求めることができる。ポイントは，未知数 a についての2次式とみて平方完成すること，「和の∑」は「∑の和」に書き換えられること，添え字 i によって変化しない部分は∑の外に出せること，である。a からのズレは代表値からの誤差と見なせるので，a からの偏差平方和は，その代表値に対する**誤差平方和**と考えることもできる。また，この誤差平方和をケース数 n で割ると**誤差の平均平方**となる。[10]

$$\sum_{i=1}^{n}(x_i - a)^2 = \sum_{i=1}^{n}(x_i^2 - 2ax_i + a^2) = \sum_{i=1}^{n}(a^2 - 2ax_i + x_i^2)$$

---

[10]　誤差を意味する偏差平方の合計をケース数 n で割るので誤差の平均平方と呼ぶが，推測統計の範囲では，偏差平方和をその自由度で割った値を平均平方と呼ぶ（第7章 **基礎** 1-2を参照）。第3章 **基礎** 1-3で説明するように，標本分散は平方和をケース数 n で割るが，母分散の不偏推定量である不偏分散は自由度 $n-1$ で割る。第8章 **基礎** 1-1で説明するように，回帰分析の残差平均平方は残差平方和をその自由度 $n-p-1$ で割る。

$$= \sum_{i=1}^{n} a^2 - \sum_{i=1}^{n} 2ax_i + \sum_{i=1}^{n} x_i^2 = a^2 \sum_{i=1}^{n} 1 - 2a \sum_{i=1}^{n} x_i + \sum_{i=1}^{n} x_i^2$$

$$= na^2 - 2a \sum_{i=1}^{n} x_i + \sum_{i=1}^{n} x_i^2 = n\left(a^2 - 2a \frac{1}{n} \sum_{i=1}^{n} x_i\right) + \sum_{i=1}^{n} x_i^2$$

$$= n\left(a - \frac{1}{n} \sum_{i=1}^{n} x_i\right)^2 - n\left(\frac{1}{n} \sum_{i=1}^{n} x_i\right)^2 + \sum_{i=1}^{n} x_i^2$$

これは a について下に凸の放物線を意味するので，頂点において最小値をとる。すなわち $a = \frac{1}{n} \sum_{i=1}^{n} x_i$ の時であり，これは算術平均にほかならない。すなわち，算術平均は，偏差平方和（もしくは平均平方）を最小にする代表値である。これを，**最小二乗和推定量**と呼ぶことができる。二乗和を最小にする値という意味である。一般的にはこの方法は「**最小二乗法**（Least Squares Method）」と呼ばれているが，何かの二乗を最小化するのではなく二乗項の和を最小にすることを明示したいので本書ではあえて**最小二乗和法**，最小二乗和推定量と表記することとする。

$a = \frac{1}{n} \sum_{i=1}^{n} x_i$ としたときの誤差の平均平方は以下の通りであり，これは分散に等しい。算術平均で代表させきれない個別性・多様性が分散なのである。

$$\frac{1}{n} \sum_{i=1}^{n} x_i^2 - \left(\frac{1}{n} \sum_{i=1}^{n} x_i\right)^2$$

「二乗の平均」マイナス「平均の二乗」という形になっている。ただしこの式で覚えようとせずに，導出の仕方がすべて式に表れている最初の定義式で理解することを薦める。

1-3　Rにおける欠損値

実際のデータにはしばしば**欠損値**が含まれる。Rでは必ずしも欠損値を自動的に除外して計算してくれないので，しばしば欠損値の処理に頭を悩ませる。

次のスクリプトをRエディタに入力して，選択・実行をしてみてほしい。NAがRにおける欠損値を示している。

```
x <- c(1, 2, 3, 4, 5, 6, 7, NA, 8, 9, 10)
mean(x)
```

Rコンソール画面に [1] NA と出力される。欠損値を含むヴェクトルの平均は欠損値になる。var(x)，sd(x) も同様である。これを防ぐには，次のようにオプションを指定する。"remove NA" の意味である。TRUE はそのオプションを付けるという意味で，FALSE はその反対である。TRUE と書く代わりに T，FALSE と書く代わりに F と略記しても良い。ただし必ず大文字でなければならない。

```
mean(x, na.rm=TRUE)
```

すべての関数で na.rm が使えるわけではないので，それぞれの関数において欠損値を除外したり含めたりする方法を，最初にウェブ検索などで調べるとよい．

練習問題

① 標準正規分布において，$x=-1.00$ と $x=1.00$ の区間の面積を，R を用いて求めよ．
② 標準正規分布において，上位10％にあたる x の値を求めよ．
③ 平均50，標準偏差10の正規分布において，70の値は上位何％に当たるか求めよ．
④ 演習用データフレームの中の変数 income について，最大値と最小値，中央値，最頻値，算術平均，標本標準偏差を求めよ．
⑤ 分散の定義式 $\frac{1}{n}\sum_{i=1}^{n}(x_i-\bar{x})^2$ を変形して以下の式になることを示せ．ポイントは，x の平均は添え字 i に依存しないので，$\sum$ に対しては定数として扱える点である．

$$\frac{1}{n}\sum_{i=1}^{n}x_i^2 - \left(\frac{1}{n}\sum_{i=1}^{n}x_i\right)^2$$

2 変数の関連の記述統計

相関係数と分割表

> 基　礎　*Basic*

　第 2 章では，2 つの変数の関連についての記述統計について復習をする（『入門・社会調査法』の第12章参照）。2 つの変数の関連は大きく 2 つに分けられる。まずは間隔尺度以上の数量変数同士の最も基礎的な関係である相関関係について復習し，次にカテゴリカル変数同士の連関の指標について説明する。カテゴリカル変数同士の連関の指標はさらに，名義尺度同士の連関の指標と順序尺度同士の連関の指標に分けられる。

① ピアソンの積率相関係数

　最初は，2 つの変数がいずれも間隔尺度または比率尺度（数量変数）である場合の最も単純で基礎的な関連の指標である**ピアソンの積率相関係数**について簡単に確認を行う。一般に単に「相関係数」という場合にはピアソンの積率相関係数のことを指す。2012年度高校入学生より，数学Ⅰにおいて「データの分析」が必修となり，その中でピアソンの積率相関係数も扱われることになった。したがって本書でも基礎的な部分は簡潔に復習するにとどめる。

1-1　散布図と相関関係

　2 つの数量変数の関係を調べるには，まず**散布図**と呼ばれるグラフを作成することから始めるのが基本とされている。2 つの変数があるので，各ケースがそれぞれ 2 つの変数値を持っている。一方の値を横軸に，他方の値を縦軸にとって平面座標内に各ケースを点描してゆく。散布図に表れる関係のうち最も単

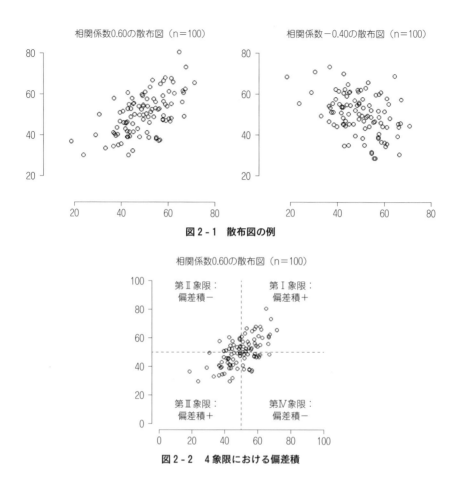

図2-1 散布図の例

図2-2 4象限における偏差積

純な関係は直線的な（線型の）関係であり，**図2-1**の左図のように全体としては右上がりの傾向を「正の相関」，右図のように全体として右下がりの傾向を「負の相関」と呼ぶ。

こうした相関関係を数値化するには，それぞれの点の x 座標と y 座標おのおのの平均からの偏差を考えるとよい。散布図は，x の平均と y の平均を表す直線によって4つの象限に分割される（**図2-2**）。x の（平均からの）偏差 $(x_i - \bar{x})$ は第Ⅰ象限と第Ⅳ象限でプラスとなり，他方 y の（平均からの）偏差 $(y_i - \bar{y})$ は第Ⅰ象限と第Ⅱ象限でプラスとなる。正の相関の場合は，第Ⅰ象限と第Ⅲ象限に点が多く，かつ $(\bar{x}, \bar{y})$ から遠い点（散布図の右上と左下に近い点）

も少なくない。負の相関の場合は逆に，第Ⅱ象限と第Ⅳ象限の点が多くなる。第Ⅰ象限と第Ⅲ象限，第Ⅱ象限と第Ⅳ象限の2グループは，2つの偏差の掛け算である**偏差積** $(x_i-\bar{x})(y_i-\bar{y})$ の符号によって分かれる。

1-2　偏差積和と共分散

　個々のケースすべてに対して偏差積を計算することができ，この偏差積をすべて足し合わせれば，正の相関が強いほど差し引きでプラスで絶対値が大きくなり，負の相関が強いほど差し引きでマイナスで絶対値が大きくなる。これを**偏差積和** $\sum_{i=1}^{n}(x_i-\bar{x})(y_i-\bar{y})$ と呼ぶ。偏差積和によって相関関係はかなりうまく表現できるが，散布図の形状が同じであっても，ケース数 n が多いとそれだけで偏差積和の絶対値も比例して大きくなる。散布図の形状だけを指標化したい場合にはこれは不都合であり，そのため偏差積和をケース数で割って調整を行う。これを**共分散**とよぶ。共分散は，ケース数の多寡に左右されずに相関関係を表現できる指標となる。

$$s_{xy}=\frac{1}{n}\sum_{i=1}^{n}(x_i-\bar{x})(y_i-\bar{y})$$

　式の y を x で置き換えると分散の定義式になることからも分かるように，分散と共分散は関係が深く，分散は共分散の特殊ケースと見なすこともできる。また，この式は第1章で述べた「何かを平均するという演算子」で始まっており，偏差積の平均であることが分かる。つまり，偏差積はプラスやマイナス，大きな絶対値や小さな絶対値などいろいろな値をとるが，1ケースあたりの平均はどの程度になるかを表しているのが共分散である。

1-3　ピアソンの積率相関係数

　散布図に見られる相関関係を数字で表現するためには，共分散でも実はまだ1つ不便なところがある。例えば，正の相関が強ければ共分散がプラスで大きな値になることは分かるが，逆に，共分散がいくつになれば正の相関が強いといえるかは明らかではないのである。結論からいうと，共分散の最大値（最小値）は変数 x と y の標準偏差に依存し，相関が強いか弱いかについて一律の基

準が設定できない。

相関関係が最大になるのは，散布図の点がすべて右上がりの一直線上に並ぶ時であり，$y_i=|a|x_i+b$（但し $a \neq 0$）とおける。y の平均が $\overline{y}=|a|\overline{x}+b$ であることはすぐに簡単に導けるはずである。y の標準偏差は，

$$s_y=\sqrt{\frac{1}{n}\sum_{i=1}^{n}(y_i-\overline{y})^2}=\sqrt{\frac{1}{n}\sum_{i=1}^{n}(|a|x_i-|a|\overline{x})^2}$$

$$=|a|\sqrt{\frac{1}{n}\sum_{i=1}^{n}(x_i-\overline{x})^2}=|a|s_x$$

これらを共分散の定義式に代入すると，

$$s_{xy}=\frac{1}{n}\sum_{i=1}^{n}(x_i-\overline{x})(|a|x_i-|a|\overline{x})=|a|\frac{1}{n}\sum_{i=1}^{n}(x_i-\overline{x})^2=|a|s_x^2=|a|s_x \cdot s_x$$

$$=s_y \cdot s_x$$

となり，共分散の最大値は x の標準偏差と y の標準偏差の積であることが分かる。

相関関係が最小になるのは，散布図の点がすべて右下がりの一直線上に並ぶ時であり，$y_i=-|a|x_i+b$（但し $a \neq 0$）とおける。この場合，上と同様に式変形を行うと，$s_{xy}=-|a|s_x \cdot s_x=-s_y \cdot s_x$ となることが示される。したがって共分散のとりうる値の範囲は $-s_x \cdot s_y \leq s_{xy} \leq s_x \cdot s_y$ となり，上限と下限が各標準偏差に依存し，共分散の値が大きいかどうか（相関関係が強いかどうか）はその上限・下限との相対的な比較によって初めて判断できることになる。

そこで，共分散を2つの標準偏差で割った値を相関関係の指標とすれば，2つの変数の散布度がどうであろうと常に絶対値が1以下となり，その値を見るだけで相関関係の強さが読み取れるようになる。これを**ピアソンの積率相関係数** r_{xy} という。[1]

$$-1 \leq \frac{s_{xy}}{s_x \cdot s_y}=r_{xy} \leq 1$$

先の散布図には相関係数の値が書き込まれているので，そこから相関係数の

---

1) Rで変数xとyの相関係数を計算するには，cor(x, y, use="complete") とすればよいが，第5章で使用する cor.test(x, y) の方が便利だろう。いずれも，method="spearman" や method="kendall" というオプションで，ピアソンの積率相関係数以外の係数を計算できる。xとyの共分散は cov(x, y, use="complete") で求められる。

値と相関関係の強さの関係をイメージしてほしい。

　相関係数は非常に基本的で重要な統計量であるが，あくまで数量変数同士の最も単純な関係，すなわち直線的な（線型の）関係の方向と強さを表示しうるのみであることにも留意が必要である。x と y の間にはっきりとした曲線的関係（例えば放物線的関係）があったとしても，相関係数の値はほぼゼロになり，関係の存在をまったく示しえないことがある。x と y の間にいかなる関係もなければ（直線的関係もないことになるので）相関係数も 0 になるが，相関係数が 0 であっても，直線的な関係はないと言えるだけで，いかなる関係もないとは言えない。放物線関係などの曲線的関係があるかもしれないのである。

1-4　相関係数と線形変換

　相関係数には，元の 2 つの変数に線形変換（1 次変換）を施しても，2 変数の相関係数（の絶対値）は変化しないという性質がある。

　例えば，気温の測定単位である摂氏温度（日本で使用）と華氏温度（アメリカ合衆国で使用）はいずれも間隔尺度であり[2]，摂氏温度 C と華氏温度 F の間には次の線形変換の関係がある。

$$F = 1.8C + 32$$

　月平均気温とエネルギー消費には相関関係がある。複数の地点の月平均気温 C（℃）とその地点のエネルギー消費額の世帯平均 y（円）について，$\overline{C}=15$, $s_C=2$, $\overline{y}=3000$, $s_y=1000$, $r_{Cy}=0.60$ であったとする。このとき共分散は $s_{Cy}=s_C \cdot s_y \cdot r_{Cy}=2 \times 1000 \times 0.60 = 1200$ となる。

　今，データの摂氏温度を華氏温度に変換し，y 円を d ドルに変換する。便宜上，1 ドル 100 円とする。すなわち，$d=y/100$ である。

　この時，簡単な式変形によって $\overline{F}=59$, $s_F=3.6$, $\overline{d}=30$, $s_d=10$ であることは確認できる（1-3 のように自分で定義式に代入して確認せよ）。つまり，デー

---

[2]　間隔尺度と比率尺度の区別は難しいが，0 を任意に設定できるのが間隔尺度であり，比率尺度の場合には 0 は実体的な意味を持ち，自由に設定できるものではない。長さ，重さ，時間の長さなどの 0 は「存在しない」という意味を持ち，任意に設定できない。0 が任意に設定できるということはマイナスの値が特に違和感なく想定できるということでもあり，自然な意味でマイナスの値を考えられないものは比率尺度と判断してよいだろう。

タ自体には実質的に何も変化がないのに，測定単位を変えただけで平均も標準偏差も変化してしまう．共分散はどうであろうか．

$$s_{Fd}=\frac{1}{n}\sum_{i=1}^{n}(F_i-\overline{F})(d_i-\overline{d})=\frac{1.8}{100}\cdot\frac{1}{n}\sum_{i=1}^{n}(C_i-\overline{C})(y_i-\overline{y})=\frac{1.8}{100}s_{Cy}=21.6$$

となり，共分散も単位変更に左右されることが分かる．もしも相関係数の値も変わってしまうならば，実際の2変数の関連以外の非本質的な理由によって左右されることになり，あまり好ましくない．しかし以下の通り，2変数の直線的関係を示す相関係数は，変数を線形変換しても変化しない[3]．

$$r_{Fd}=\frac{s_{Fd}}{s_F\cdot s_d}=\frac{21.6}{3.6\times 10}=0.60$$

1-5 相関係数行列と散布図行列

3つ以上の変数の相関関係を一度に確認したい場合がある．3つ変数があれば相関係数は3つ，4つ変数があれば相関係数は6つ計算されるが，これらを1つの表に示したものを**相関係数行列**と呼ぶ．同様に，3つ以上の変数の散布図をグラフの行列形式で表示したものを散布図行列と呼ぶ．

Rで，演習用データをデータフレーム data に読み込んであるとする．その中の年齢，教育年数，本人年収，世帯年収の4つの変数について，相関係数行列と散布図行列を求める方法を示す．変数が3つ以上ある場合には，use= の "pairwise" と "complete" では欠損値の処理が異なるので注意しよう．結果は，自分で実行してみて確認してほしい．

```
x <- data[, c("age", "edu", "income", "fincome")]
cor(x, use="pairwise")   # 相関係数行列
plot(x)   # 散布図行列
```

② 分割表（クロス表）

次は，2つのカテゴリカル変数の連関について考える．数量変数の場合には

---

[3] 一方の変数にのみマイナスをかけて線形変換した場合は相関係数の符号は逆転する．

散布図を描くことから始めたが，カテゴリカル変数の場合には**分割表**（連関表，クロス表とも呼ぶ）を作成することから始める。

2-1　分割表の構成と読み取り

　分割表は，一方の変数 x が I カテゴリ（水準ともいう），他方の変数 y が J カテゴリの場合，I 行×J 列の表となる。変数名や値ラベル，周辺度数などが付加されていて一見もっと行数・列数が多く見えることもあるが，分割表の本体は行変数のカテゴリ数 I×列変数のカテゴリ数 J の部分である。各セルの中には，そこに該当するケース数（度数），全体％，行％，列％などが入りうる。

　実習用データの性別変数（sex）と性別役割分業への賛成（そう思う・どちらかといえばそう思う）／反対（どちらかといえばそう思わない・そう思わない）（q1900）から 2×2 の分割表を例示した[4]（**表 2-1**）。あえて 3 種のパーセンテイジをすべて掲載している。（男性，賛成）のセル（マス目）を 1 行 1 列のセル，（女性，反対）のセルを 2 行 2 列のセルと呼ぶ。**行周辺度数**や**列周辺度数**は便宜上合計を書き添えたものであり，表の本体の行数・列数には含めない。一番右下の 208 という数値は表中の回答者の総数であり，行周辺度数の合計，列周辺度数の合計は必然的にこれに一致する。

　ここから例えば，男性より女性の方が「賛成」の人数が多いから，女性の方が性別役割分業に賛成の傾向が強いと言えないことは明らかである。「反対」においても女性の方が多く，これはそもそも男性総数（行周辺度数 90）よりも女性総数（行周辺度数 118）の方が多いことの反映にすぎないかもしれない。全体パーセントはすべての度数を同じ回答者総数の 208 で除しているので度数そのものと大小関係は一切変化しない。よって，注目すべきは行もしくは列のパーセントのいずれかである。いずれに注目すべきかは機械的には決められないが，2 つの変数の間に「一方は他方に影響しうるが，逆の影響関係はない」という非対称な関係が想定される場合には，他方に影響しうる側の変数を軸と

---

4) R で変数 x と y の分割表を計算するには，table(x, y) とする。t <- table(x, y) としてオブジェクト t に計算結果を代入できる。代入は慣れると非常に便利である。代入文の結果の表示，周辺度数を付加する関数 addmargins（　），比率の表を作成する関数 prop.table（　）については→サポートウェブ。

表2-1 分割表の例

	賛成	反対	行周辺度数
男性	31	59	90
全体%	14.9	28.4	43.3
行%	34.4	65.6	100
列%	48.4	41.0	
女性	33	85	118
全体%	15.9	40.9	56.7
行%	28.0	72.0	100
列%	51.6	59.0	
列周辺度数	64	144	208
全体%	30.8	69.2	100
列%	100	100	

して考える。この例では，性別によって性別役割分業意識が変化することはありうるが，性別役割分業意識がその人の性別に影響することは（これまでの社会ではほとんど）考えられない。よって，男性／女性を軸として，男性の中での賛否の分布（1行目の行%）と女性の中での賛否の分布（2行目の行%）を比較することになる。言い換えれば，男性というグループと女性というグループの2つのグループの比較を行うのである。一般に属性変数と呼ばれる性別，年齢，人種や，最終学歴や職業などの基本的な社会経済的地位は，軸となる変数とされやすい。非対称な関係は，**因果関係**と言い換えてもよい。2つの変数の間に**原因**と**結果**の関係が想定されるのであれば，原因となる変数によってグルーピングして，そのグループの中での結果変数の分布（比率）を比較する。2つの変数のあいだに非対称な影響関係の可能性を想定できない場合には，行%と列%のどちらに注目すべきかは一概には言えない。

上の分割表では，男性で性別役割分業に賛成の人は34.4%（90人中の31人）と3分の1強であり，女性の28.0%（118人中の33人）とくらべると6.4ポイント高く，男性の方がやや性別役割分業意識が強いと言える。

2-2 分割表を表現するグラフ

分割表のグラフ表示はいくつも方法が考えられるが，ここでは3つのグラフを紹介しよう。**図2-3**のグラフは度数の違いが分かるように描いた（積み上げ）**棒グラフ**，**図2-4**のグラフは，性別内部での比率の違いが分かるように描い

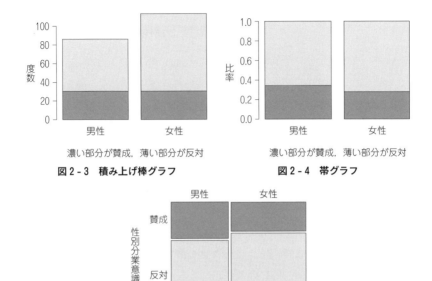

図 2 - 3　積み上げ棒グラフ　　　　図 2 - 4　帯グラフ

図 2 - 5　モザイクプロット

た**帯グラフ**である。

　目的によってどんなグラフが適切かは変わりうる。積み上げ棒グラフは男女の回答者の数の違いを表現しているが，それぞれの比率差については読み取りやすいとはいえない。帯グラフは比率の差を表現するためのものであるが，それぞれの度数を数字で付記しなければ回答者数の違いは分からない。

　図 2 - 5 に示したのは**モザイクプロット**と呼ばれるものであり，分割表をそのまま視覚化したものということができる。[5]

---

5)　x0 <- table（行変数，列変数）とした場合，この 3 種類のグラフの最も簡素な描き方は，積み上げ棒グラフ barplot(t(x0))，帯グラフ barplot(t(prop.table(x0, margin=1)))，モザイクプロット mosaicplot(x0) である。これらに，main=" " や xlab=" "，ylab=" "，sub=" " でグラフタイトルや x 軸ラベル，y 軸ラベル，サブタイトルを付けることができる。barplot に beside=T のオプションを付けると横に並んだ棒グラフを描ける。

表 2-2 度数の記号表記

	$y=y_1$	$y=y_2$
$x=x_1$	a	b
$x=x_2$	c	d

2-3　名義尺度の連関係数

　上記の2行2列の分割表に基づいて，名義尺度同士の連関の指標を説明しよう。表2-2のように，具体的な度数を一般的な記号で置き換えて解説する。

　ユールの Q 係数は，以下の式で定義され，最小値 −1 から最大値 1 までの値をとり，2つの変数に関連がないとき（2つの変数が独立であるとき）0 となる。

$$Q=\frac{ad-bc}{ad+bc}$$

最大値 1 となるのは $b=0$ または $c=0$ のときであり，最小値 −1 となるのは $a=0$ または $d=0$ のときである。このときを**最大連関**という。1になるか −1 になるかは，あるいは一般的に係数が正になるか負になるかは，それぞれの変数の値の大小（x_1 か x_2 か，y_1 か y_2 か）をどう設定するかに依存する。先の性別と性別役割分業意識の分割表で計算すると 0.1501528 となる。

　ϕ 係数（ファイ係数）はユールの Q とよく似ていて，最小値 −1 から最大値 1 までの値をとり，2つの変数が独立であるとき 0 となる。

$$\phi=\frac{ad-bc}{\sqrt{(a+b)(c+d)(a+c)(b+d)}}$$

ユールの Q と異なるのは最大値，最小値になる条件で，ϕ 係数は $b=c=0$ のときにのみ 1 となり，$a=d=0$ のときにのみ −1 となる。この場合を**完全連関**と呼ぶ。最大連関と比べて完全連関になりうる場合はより限定される。正負の符号が変数値の設定の仕方に依存するのは Q と同じである。また，いずれも 2 変数が独立の場合には 0 となる。このとき，$ad=bc$ である。

　ϕ 係数は 2×2 の分割表でピアソンの積率相関係数を計算した場合に一致する。上の性別と性別役割分業意識の分割表から定義式に従って計算すると 0.06954324，cor(x, y, use="complete") 関数で計算しても 0.06954324 となる。ϕ 係数は，ユールの Q よりも絶対値が小さくなる。

　また，上記の定義式は 2×2 の分割表の場合のものであり，もっと行数・列数の多い分割表の場合の一般的な ϕ 係数の定義式も存在する。

最後に紹介する**オッズ比**は，Q や ϕ とは若干異なり，マイナスの値は取らず，一義的な上限もない。オッズ比は2つのオッズ（倍率，比）の比である。

$$\text{odds ratio} = \frac{\frac{a}{b}}{\frac{c}{d}} = \frac{ad}{bc}$$

2つのオッズとは，先の例で言えば，男性における性別役割意識オッズと，女性における性別役割意識オッズである。性別役割意識オッズとは，性別役割意識を持たない人の数に対する性別役割意識を持つ人の数の比率・倍率であり，男性であれば $a/b=31/59$，女性であれば $c/d=33/85$ となる。b に対して a は何倍か，という意味になる。この場合男性でも女性でもオッズは1より小さい，つまり性別役割意識を持つ人は少数派であるが，男性のオッズは女性のオッズの約1.35倍（$(31/59)/(33/85)$）であり，男性の方が女性よりはやや性別役割意識が強いことを示している。仮に2つの変数が独立であったならば，男性と女性で性別役割意識の傾向に違いがない（男性であれ女性であれ性別役割意識の傾向は等しい）ことになる。これは男性のオッズと女性のオッズが等しいということなので，オッズ比は1になる。このときやはり $ad=bc$ となる。

オッズ比は，カテゴリカル変数についての多変量解析の代表的手法であるロジスティック回帰分析（ロジットモデル）において再び登場する（→第12章）。

2-4 独立性とカイ二乗統計量

以上の係数はいずれも2行×2列の分割表についてのものだが，もっと大きな分割表については，「**独立状態**からどれくらい離れているか」という指標を考える。**表2-3**の分割表は，学歴3区分と性別役割分業意識4件法の3行×4列の分割表である。

独立状態とは，一方の変数の値によって他方の変数の分布に違いが生じない状態のことであり，この表に即して言えば，学歴がどれであれ，性別役割分業意識の分布（つまり各値の構成比率）に違いがない，ということである。ここで，総ケース数の203や行周辺度数，列周辺度数を固定すると，性別役割分業意識の「そう思う」「どちらかといえばそう思う」「どちらかといえばそう思わない」「そう思わない」の比率が，「高校まで」カテゴリでも「短大・高専」カ

表2-3 2行2列より大きな分割表の例

	そう思う	どちらかといえばそう思う	どちらかといえばそう思わない	そう思わない	行周辺度数
高校まで	6	17	26	25	74
行%	8.1	23.0	35.1	33.8	100
短大・高専	3	15	21	22	61
行%	4.9	24.6	34.4	36.1	100
大学・院	3	19	15	31	68
行%	4.4	27.9	22.1	45.6	100
列周辺度数	12	51	62	78	203
	5.9	25.1	30.5	38.4	100

テゴリでも「大学・院」カテゴリでもすべて5.9：25.1：30.5：38.4になるというのが独立状態である。調査データの集計結果である実際の度数を**観測度数**（または**実現度数**）と呼ぶが，観測度数が完全に独立になることは普通はほぼないだろう。

もし2変数が独立な状態が出現していたら，各セルの度数はいくつになっていただろうかという，「2変数の独立」というモデルの下での反実仮想の度数を**期待度数**（または**理論度数**）という。観測度数，周辺度数，総ケース数，期待度数を**表2-4**のような記号で表記することにする。i行j列の観測度数はn_{ij}であり，期待度数はf_{ij}である。期待度数の表において，周辺度数と総ケース数は観測度数のものを制約条件としてそのまま使用する。

1行目の期待度数については，1行目の行周辺度数$n_{1\cdot}$のうちの$n_{\cdot 1}/n$がf_{11}に，$n_{\cdot 2}/n$がf_{12}に，$n_{\cdot 3}/n$がf_{13}に，$n_{\cdot 4}/n$がf_{14}に割り振られれば独立状態の条件を充たす。2行目，3行目も同様である。よって一般的に，i行j列の期待度数は以下の式で計算できる。

$$f_{ij} = \frac{n_{i\cdot} \times n_{\cdot j}}{n}$$

あるセルの期待度数を計算したい場合，そのセルの右端（⇒）の行周辺度数とそのセルの下端（⇓）の列周辺度数を掛けて総ケース数で割ればよい。規則性さえ把握できれば計算方法は簡単である。

各セルにおいて観測度数と期待度数を比べれば，個々のセルの観測度数が独

表 2-4　各度数の記号表記

観測度数 n_{ij} 期待度数 f_{ij}	そう思う	どちらかといえばそう思う	どちらかといえばそう思わない	そう思わない	行周辺度数
高校まで	n_{11} f_{11}	n_{12} f_{12}	n_{13} f_{13}	n_{14} f_{14}	$n_{1\cdot}$
短大・高専	n_{21} f_{21}	n_{22} f_{22}	n_{23} f_{23}	n_{24} f_{24}	$n_{2\cdot}$
大学・院	n_{31} f_{31}	n_{32} f_{32}	n_{33} f_{33}	n_{34} f_{34}	$n_{3\cdot}$
列周辺度数	$n_{\cdot 1}$	$n_{\cdot 2}$	$n_{\cdot 3}$	$n_{\cdot 4}$	n

立状態からどれくらいズレているかは分かる。観測度数から期待度数を引いた値を**残差**と呼ぶ。指標化したいのは，表全体として独立状態からどの程度ズレているかであるが，各セルの残差をそのまま合計するとプラスとマイナスで相殺されてしまう。それを防ぐには，絶対値をとる方法と二乗する方法があるが，第1章の分散のときと同様，絶対値記号は扱いづらいので二乗する方法を考える。ただし，残差をそのまま二乗してしまうと，それぞれのセルの"サイズ"の違いを考慮できない。仮に残差が同じ1.6程度だとしても，期待度数が4余りのセルと19近くのセルとでは，そのズレの重みが違う。しかし残差や残差の二乗ではそうしたズレの重みを表現できない。そこで，残差を期待度数の平方根で割ってセルのサイズを調整する。この残差／（期待度数の平方根）を**標準化残差**と呼ぶ。標準化残差をすべてのセルで二乗してその総計を求めると，表全体としての観測度数と期待度数のズレの大きさの指標となる。これを**カイ二乗統計量**と呼ぶ[6]。

$$\chi^2 = \sum_{i=1}^{I}\sum_{j=1}^{J}\left(\frac{n_{ij}-f_{ij}}{\sqrt{f_{ij}}}\right)^2 = \sum_{i=1}^{I}\sum_{j=1}^{J}\frac{(n_{ij}-f_{ij})^2}{f_{ij}}$$

観測データが2変数独立モデルと完全に一致するときにカイ二乗統計量は0となり，独立モデルとのズレが大きいほどカイ二乗統計量の値は大きくなる。

先の例について，観測度数，期待度数，残差，標準化残差を1つの表にし

---

[6] カイ二乗値，カイ自乗値，χ^2 値などの書き方がある。分割表の独立性に限らずさまざまなところでカイ二乗統計量が登場するが，おおよそ「モデルとデータのズレ（乖離）」の指標だと思っておけばよいだろう。

表2-5 度数と残差の計算結果

観測度数 期待度数 残　　差 標準化残差	そう思う	どちらかと いえばそう 思う	どちらかと いえばそう 思わない	そう思わない	行周辺度数
高校まで	6 4.374384 1.625615 0.7772477	17 18.59113 −1.5911330 −0.3690231	26 22.6009 3.3990148 0.7149725	25 28.4335 −3.4334975 −0.6439047	74
短大・高専	3 3.60591 −0.6059113 −0.3190814	15 15.3251 −0.3251232 −0.0830512	21 18.6305 2.3694581 0.5489544	22 23.4384 −1.4384236 −0.2971137	61
大学・院	3 4.01970 −1.0197044 −0.5086010	19 17.08374 1.9162562 0.4636199	15 20.7684 −5.7684729 −1.2657810	31 26.1280 4.8719212 0.9531177	68
列周辺度数	12	51	62	78	203

た[7]（**表2-5**）。それぞれのセルについて実際に計算して確かめてみるとよい。例えば2行3列のセルの期待度数は $61 \times 62 \div 203 = 18.63054$，観測度数21から期待度数を引くと残差は2.36946，期待度数の平方根で除すと0.5489549となり，四捨五入誤差の範囲内で表の数値と一致する[8]。

　第5章の準備も兼ねてカイ二乗統計量についてやや詳しく説明したが，共分散に似て，カイ二乗統計量も独立状態からの乖離の指標としてはかなりよいが，一律に最大値が定まらないという不便さがある。実例の分割表のカイ二乗統計量は5.1487となるが，これが果たして大きいのか小さいのか初学者には分からない[9]。カイ二乗統計量の最大値は行数や列数とケース数に依存し，$n \times min(I-1, J-1)$ で表される。$min(\ )$ はカッコ内の数値のなかの最小値を意味する。$I=3, J=4$ であれば，$min(I-1, J-1) = min(2, 3) = 2$ となる。ケース数が203ならカイ二乗値の最大値は406である。0から406の間の

---

[7] 表の数値はRの出力をそのまま貼り込んでいる。Rでの求め方は→サポートウェブ。

[8] この例では期待度数が5未満のセルが3つ（全体の25%）存在し，カイ二乗検定を行うための必要条件を充たしているとはいいがたい。詳しくは第5章を参照。

[9] chisq.test(x0) とすると X-squared=5.1487 と出力される。c0 <- chisq.test(x0); c0 でもよいし，c0$statistic とすることもできる。

値をとる指標が5.1487であるならばあまり大きな値ではないと判断することができる。これを一目で分かるようにしたのが，クラメール（クラマーと書くこともある）のVという指標である。

$$\text{Cramér's V} = \sqrt{\frac{\chi^2}{n \times min(I-1,\ J-1)}}$$

クラメールのVは0から1の間の値をとり，独立であれば0，独立状態からの乖離が大きいほど1に近づく。ただし，Vの値が大きくてもどのようなズレ・偏りがあるのかはVからは分からないので，もとのクロス表に戻って行％や列％などをよく見なければならない。上の例ではV=0.1126121であまり大きくはない[10]。

2-5 順序尺度の連関係数

以上は名義尺度同士の連関係数であったが，2つのカテゴリカル変数がいずれも順序尺度であれば，双方の順序性を考慮した連関の指標を使用することができる。順序性を考慮するというのは，ピアソンの積率相関係数のように，一方の変数が大きければ他方の変数も大きい，という関係性を指標化するということである。

ケース数が203人であるとき，そこから2人を選びだす組合せの数は$_{203}C_2 = 20503$ペアだけある。順序変数xと順序変数yを考えるとき，この20503ペアのそれぞれは，A．一方が他方よりもxの値もyの値も大きい，B．一方が他方よりもxの値は大きいがyの値は小さい，C．xの値は等しい（xについてタイ）がyの値は異なる，D．xの値は異なるがyの値は等しい（yについてタイ），E．xの値もyの値も等しい（xもyもタイ），のいずれかに排他的に分類される。A群に属するペアの数を$n(A)$と表現することにしよう。他の群も同様である。このとき，−1から1の値をとる**順序連関係数**がいくつか定義される。ここでは，グッドマンとクラスカルのγ（ガンマ），ケンドールのτ_b（タウ）の2つを紹介しよう。

---

10) Rで追加パッケイジなしにクラメールのVを計算するには，分割表x0とそのカイ二乗検定c0を利用して，V <- sqrt(c0\$statistic/(min(dim(x0)-1)*sum(x0))); Vとする。

$$\gamma = \frac{n(A) - n(B)}{n(A) + n(B)}$$

$$\tau_b = \frac{n(A) - n(B)}{\sqrt{n(A) + n(B) + n(C)} \cdot \sqrt{n(A) + n(B) + n(D)}}$$

実例では総ペア数が20503で，$n(\mathrm{A})=5165$，$n(\mathrm{B})=4363$，$n(\mathrm{C})=4740$，$n(\mathrm{D})=4166$，$n(\mathrm{E})=2069$，となる（数え方は→サポートウェブ）．ここから，$\gamma=0.08417296$，$\tau_b=0.05737565$ となる．γ は変数値が1つでも等しいペアはすべて無視するので，同順位が多いと絶対値が大きくなる．式をよく見ると明らかなように，一方の変数が同順位であるペアを分母に含んだ τ_b の方が絶対値が小さくなる．[11]

発 展　*Advanced*

① 関連の有無について注意すべきこと

I-1　生態学的誤謬

相関係数を考えるとき，個人レヴェルでの相関係数と集団レヴェルでの相関係数は区別しなければならない．個人レヴェルで測定されたデータを，例えばクラスや学校，市町村や国などの集団レヴェルで平均することはよくある．クラスの平均点，市町村の平均所得，国別の平均教育年数など，こうしたデータをアグリゲイト・データ（集計データ）と呼ぶ．個人レヴェルでの変数 x と変数 y の相関と，それらを集合レヴェルで平均した変数 X と変数 Y の相関とは論理的には別物であり，例えば集計データ上の相関関係（これを**生態学的相関**と呼ぶ）から，個人レヴェルでの相関関係を推論するとしばしば誤った結論にいたる．これを**生態学的誤謬**という．図2-6は70人の個人データをプロットしたものだが，10人ずつ7つのグループに分かれており，グループごとにマーカーの形を変えてある（これは架空のデータである）．そして，7つのグループごとの平均値すなわちアグリゲイト・データを黒丸でプロットしている．黒丸を見ると明らかに高い相関を示しており，計算すると0.95にも達するが，個人レヴェルでのデータで相関係数を計算すると0.14にも満たないかなり弱い相関である．アグリゲイト・データに意味がないわけではないが，アグリゲイト・データ上での相関から個人レヴェルでの変数間関連を推

[11) 順序連関係数 τ には τ_a，τ_b，τ_c の3種類があるが，ケンドールの τ_b だけは R の標準的関数で計算できる．cor(data\$edu2, data\$q1900, method="kendall", use="complete") または cor.test(data\$edu2, data\$q1900, method="kendall") と入力すると0.05737565と出力され，τ_b と一致する．サポートウェブでは分割表からすべて計算するスクリプトを紹介する．

測する場合には注意が必要である。

1-2　シンプソンのパラドクス

分割表での検討において，本来は存在していると思われる2変数間の関連が，適切な**第3変数で統制**していないために見えなくなってしまうことがある。こうした現象を**シンプソンのパラドクス**と呼ぶ。受験生の性別と試験の合否についての，**表2-6**の架空の分割表で説明しよう。単に受験生の性別と合否の2×2の分割表を見ると，男子も女子も合格率が50％であり，性別による優劣はまったく

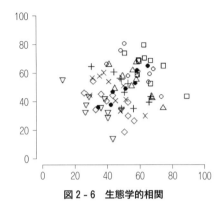

図2-6　生態学的相関

存在しないようにみえる。しかし実はこのデータにはA大学の学生とB大学の学生が混在しており，両者を区別するとそれぞれ右側の分割表の通りであったとする。A大学は相対的に合格率が高く，B大学はそれに比べると低い。A大学では男子の合格率よりも女子の合格率の方が25ポイント高く，B大学でも女子の方が15ポイント高い。つまり，大学別の内訳で見るといずれにしても女子学生の方が優秀なのであるが，両大学を合併した分割表ではそのことがまったく見えなくなってしまうのである。

こうした現象が起こる理由は，相対的に合格率の高いA大学は女子学生に比べて男子学生がかなり多く，合格率の低いB大学は逆に女子学生の方が多いことにある。大学という第3変数が，性別変数と合否変数の両方に関連していることで，性別と合否の関連が抑制されてしまっている。第3変数の統制の重要さを示しているといえる。

1-3　スピアマンの順位相関係数

順序連関係数とともに紹介されることの多い相関係数に，スピアマンの**順位相関係数** ρ がある。変数 x と y があるとき，それぞれの変数値で積率相関係数を計算するのではなく，変数 x についての各ケースの順位（1位，2位，3位，…）と変数 y についての各ケースの順位を新たな変数 x', y' とし，その2つの順位について積率相関係数を計算したものが，スピアマンの順位相関係数である。同順位（タイ）がある場合，平均化された順位を使用する。4位タイが2ケースあった場合には両方に4.5位という値を付与するのである。順位さえつけられれば計算可能なので，順序尺度同士の連関係数として使用することができる。

ただし，分割表にできるような変数の組合せの場合，同順位（タイ）のケースが大量に存在する上，すでに紹介した τ_b などの順序連関係数が存在している。よってここでは，間隔尺度以上の数量変数を順位変数に変換して計算できるという側面に注目する。

図2-7のグラフは，同じ100のケースについて積率相関係数 r と順位相関係数 ρ を求

2変数の関連の記述統計

表2-6 シンプソンのパラドクス

全受験生			うちA大学		うちB大学	
	男子	女子	男子	女子	男子	女子
合　格	600	200	550	80	50	120
不合格	600	200	450	20	150	180
合格率	50%	50%	55%	80%	25%	40%

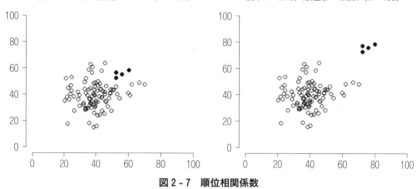

図2-7　順位相関係数

めたものである。左側の図ではrとρには大きな違いはない。この100ケースの中から●で示した4ケースだけを大きく右上に移動させたのが右の図である。残り96ケースはまったく同一である。このように，他のケースから大きく乖離しているケースを**外れ値**と呼ぶ。rはこのたった4つの外れ値によって2倍以上の値に変化している。つまり外れ値に影響されやすい。しかし値の大きさではなく順位のみを反映するρはわずかにしか変化せず，外れ値の影響をあまり受けないことが分かる。[12]

練習問題

① Rで数量変数xとyの散布図を描くには，plot(x, y)で最低限のグラフは描ける。plot(x, y, xlim=c(0, 100))とするとx軸を0から100までの範囲で描くように指定できる。ylim=c(　,　)がy軸の範囲指定である。そのほか，main=" "でタイトルをつけることができる。xlab=" "はx軸のラベル，ylab=" "はy軸のラベルの指定である。本文中の散布図ではbty="n"というオプションもつけている。演習用データの変数incomeとq1700について，これらのオプションを自由に変えながら散布図を描く練習をしてみよ。また，その2変数についてピアソンの積率相関係数と，スピアマン

---

12) Rで数量変数xとyの順位相関係数ρを求めるには，自分で順位変数を作成する必要はなく，cor(x, y, method="spearman", use="complete") または cor.test(x, y, method="spearman") とする。

の順位相関係数を求めよ。
② 演習用データのデータフレーム名を data としたとき，性別変数 data$sex と非大卒／大卒変数 data$edu1 について，2×2 の分割表を作成せよ。分割表の本体，周辺度数付きの表，行％または列％の表も作成してみよ。この分割表についてユールの Q と ϕ 係数，オッズ比を計算してみよ。
③ 演習用データの変数 data$sex と data$edu2 について，table(data$sex, data$edu2) と table(data$sex, data$edu2, useNA="ifany")，table(data$sex, data$edu2, useNA="always") を実行して結果を比較せよ。
④ 演習用データの順序変数 data$edu2 と data$q0101 について，クラメールの V とケンドールの τ_b を求めよ。
⑤ 本文では 2 次元分割表（二重クロス）のみを解説したが，3 次元以上の分割表（三重クロス）を作成することができる。2 次元分割表 table(data$edu2, data$job) と 3 次元分割表 table(data$edu2, data$job, data$sex) を比較せよ。また，3 次元分割表の関数内で変数の順序を入れ替えるとどうなるかを調べてみよ。

3 推測統計の基礎

母集団と標本

> 基 礎 *Basic*

　第3, 4章は,『入門・社会調査法』の第11章で解説した推測統計の基礎について復習する。できればその前著第11章を先に読み,その復習や確認としてこの2章を活用してほしい。基礎的な知識は前著第11章で学んだと想定し,この第3, 4章ではRの操作やシミュレイションなどを交えて理解を深めることを目的とする。前著第11章はやや詰め込み気味になっているので,本書にて詳しく補足する。

　統計学は**記述統計**と**推測統計**に分けられると述べた。推測統計はさらに,**推定**と**検定**に区別され,推定は**点推定**と**区間推定**に分けるのが一般的である。第3章で区間推定を中心とした推定,第4章で検定の基礎について復習する。

① 母集団と標本

　推定であれ検定であれ,推測統計の基本は,手元にデータとして存在している部分(標本,サンプル)から,それを超えた・直接知ることはできない全体(母集団)についての判断を行うことである。常に頭の中に「**母集団／標本**」という枠組みを置いて考えることが重要である。推測統計に関係した論文や書籍,教科書や参考書でも,母集団と標本について明示的に記述されていないことがしばしばあるが,そうした場合でも自分で必ずこの枠組みを念頭に置いて読むことが望ましい。

1-1　無作為抽出と可能な標本の数

　多くの社会学的・社会科学的研究では，「日本人全体」とか「現代の若者」，「働く女性」など，何十万・何千万もの，非常に多くの人々を本来の関心の対象としている。こうした大勢の人々すべてに調査を行って情報を得ること（**全数調査，悉皆調査**）は非常に難しく，莫大な費用がかかる。したがって，その中から一部分だけを取り出し，その一部分について実際に具体的なデータを得る。これが**標本調査**である。しかしその具体的な標本について知ることが最終目的ではなく，あくまで標本は母集団についての知識を得るための手がかりであり，標本調査の目的は，確率論に基づいた**統計的推測**を用いて，母集団について科学的な推測を行うことである。これを**一般化可能な**知識の獲得と表現してもよいが，一般化というのは決して，やみくもに標本調査の結果を全体に当てはめるとか，すべての事例を平均と等置するといったことではない。むしろ，一般化可能な知識の獲得を目指すということは，どの知識は・どこまで一般化可能であるかという，一般化可能性の限界を正しく見極めるということに等しい。その意味では，手続きや方法論に無自覚な社会評論や一般化言明よりもずっと慎ましく禁欲的であるとさえ言える。

　母集団と標本という枠組みをしっかりと頭に据えたあとは，母集団から取り出される標本にはさまざまなものがありうるということを同時に常にイメージして欲しい。現在最も科学的だとされている**標本抽出法**（標本の選び出し方）は，**確率標本抽出法**，いわゆる**無作為抽出法**である。その具体的な方法は『入門・社会調査法』第7章を読んで欲しい。無作為標本抽出法の要点を一言で言えば，「母集団に含まれる人々が，誰もが同じ確率で標本の中に含まれうる」という条件を保証した選び方となる。誰もが同じ確率で選ばれうるので，実際に誰が選ばれたかというのはまったくの偶然でしかない。誰でも好きなように選んでよいのではなく，誰もが等確率で選ばれうるという条件を保証しなければならないということである。

　N 人の母集団から n 人の標本を選ぶ選び方は ${}_N C_n$ だけある。N は母集団の大きさ（母集団サイズ），n は**標本の大きさ**（サンプルサイズ）という。N が n よりずっと大きいとき，1つの母集団からサイズ n の標本をいくつも取り出せ

る。例えば，100人からなる母集団から，10人の部分集合を2つ選び出したとする。このとき，サイズ $n=10$ の標本が2つあるという。この「2つ」というのが**標本の数**である。[1] 可能な標本の数は直観的に思うよりもかなり多く，10人から2人を選ぶ組合せですら $10×9÷2=45$ 通りある。40,000人の市民から100人の調査対象者を選ぶ組合せは約 $1.52×10^{302}$ 通りもある。[2]『入門・社会調査法』第7章で示したように，1億人から千人を選ぶ場合の数は約 $2.47×10^{5432}$ 通りという天文学的な数となる。これが1億人から3千人を選ぶ組合せの数となると，約 $2.3×10^{14869}$ 通りにもなる。[3]

これは何を意味するかというと，標本から計算されるあらゆる数値（**標本統計量**）も，潜在的・可能的には，同じ数だけ存在しうるということである。われわれは標本から多くの**値**（変数値）の平均値（**標本平均**）——例えば平均年収だとか，平均家事時間だとか——を求めたり，内閣支持率や TV 視聴率といった比率・割合（**標本比率**）を求めたりする。実際に手にする標本平均や標本比率は1つだけであるが，しかしその背後には，現実化しなかった潜在的な標本平均や標本比率が約 $2.3×10^{14869}$ 通りもあり，しかもそのいずれが現実化するかは，無作為抽出である限りは，まったく偶然によるのである。われわれはほとんど無数に存在する潜在的・可能的な標本平均から，まったく偶然に1つだけを手にするのである。このことをきちんと理解し，推測統計の学習において常に頭に置くことが重要である。

1-2 標本統計量の標本抽出分布

無作為抽出に基づく標本調査を行っても，このようにほとんど無数の可能的標本平均の中からたった1つの値がまったくの偶然によって手に入るだけだと

1）標本の大きさのことは標本規模，標本サイズ，サンプルサイズなどともいうが，標本の数とはまったく異なるので注意して欲しい。日本では標本サイズのことを標本数，サンプル数と呼ぶ慣習が定着しているが，標本の数とは異なる標本の大きさのことを標本数と呼ぶことは初学者にとっては混乱の元であり，正しい理解を阻害すると本書では考える。

2）R では，choose(40000, 100) とすると [1] 1.521272e+302 と計算される。ちなみに通常は，choose(46000, 100) とするともう計算可能限界を超えて [1] Inf と出力される。

3）そのままでは MS-Excel でも R でも計算してくれないほどの桁数である。サポートウェブにおいて任意の N, n について可能な標本の数を計算するスクリプトを紹介している。

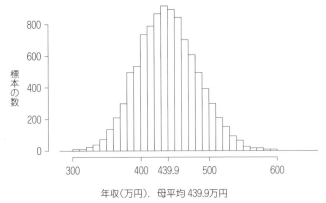

**図3-1 年収の標本平均のヒストグラム
(標本サイズ50人を10000回抽出)**

すれば,一体そのような特定の標本平均にどのような意味があるのだろうか。そもそもそのような標本調査にどのような意義があるのであろうか。

標本統計量は,さまざまな値を取りうるとはいっても,どんな値をとるか見当もつかないということではない。標本平均の場合には,ほとんど無数のありうる標本平均は,母平均 μ を中心とした正規分布になることが分かっている。**図3-1**のヒストグラムは,母集団サイズ4,894人の年収データから50人の無作為標本をRを用いて実際に10,000回抽出して10,000通りの標本平均を求め,図示したものである。10,000回といっと大変な回数に思えるが,4,894人から50人を選ぶ場合の数はおよそ 7.78×10^{119} 通りだけあるので, $10{,}000 = 10^4$ 通りでもまだほんのわずかである。

もしもありうる標本平均をすべて求めて図示すれば,もっとなめらかな正規分布になる。その正規分布のことを,標本平均の**標本抽出分布**と呼ぶ(一般には**標本分布**と呼ばれる)。例えば年収の平均を考えるとする。母集団には N 人がいて, N 個の年収の値があると想定される。この N 個の年収の値が作る分布を**母集団分布**と呼ぶ。この母集団からサイズ n の標本を1つ抽出したとき,標本には n 個の年収の値が含まれる。標本分布という言葉はこの n 個の値の分布のようにイメージしそうだが,そうではなく標本平均の分布である。紛らわしいので,可能な標本平均のなす理論的な分布を標本抽出分布と呼んで混乱

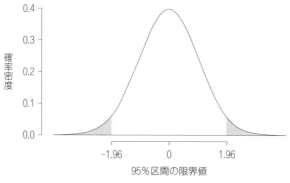

図 3-2　標準正規分布

を避けることにする。英語では sampling distribution であり，直訳すれば標本抽出分布である。標本における n 個の値の分布には特に呼び名はないので，標本における変数値の分布と呼んでおく。

どんな標本統計量にも標本抽出分布が考えられるが，そのすべてが正規分布になるわけではない。標本分散の標本抽出分布はカイ二乗分布の形状になるし，標本比率の標本抽出分布は 2 項分布になる。標本平均の標本抽出分布の場合には母平均を中心とした正規分布となる[4]。そしてその標本抽出分布の標準偏差は，母集団分布の標準偏差（母標準偏差）を σ とすると，近似的に $\frac{\sigma}{\sqrt{n}}$ となる[5]。この標準偏差は，標本平均が母平均からどれくらいズレるかを表す指標なので，**標準誤差**と呼ばれる。

こうして，いろいろな値を取りうる標本平均は，母平均を中心として標準偏

---

4) 正確には，母集団分布が正規分布であれば標本平均の標本抽出分布は正規分布となり，母集団分布が正規分布でない場合には，標本サイズ n が大きくなると，標本平均の標本抽出分布は正規分布に近付いていく（**中心極限定理**）。n が大きくなるにつれて漸近的に正規分布に従う（**漸近正規性**）という。

5) **有限母集団修正項** $\mathrm{fpc} = \sqrt{\frac{N-n}{N-1}}$ を省略せずに表記すると $\sqrt{\frac{N-n}{N-1}} \cdot \frac{\sigma}{\sqrt{n}}$ となるが，全国規模の社会調査のように N が大きい場合は fpc はほぼ 1 なので省略しても大差ない。また fpc は 1 未満で標準誤差を小さくするが，実際には多段抽出や非標本抽出誤差によって誤差が大きくなることを考えれば，厳密に fpc を適用して誤差を小さく計算する必要もないかもしれない。

差（＝標準誤差）が分かっている正規分布に漸近的に従うので，第1章 基礎 3-2で学んだ「標準化」を行えば，標準正規分布に従うと言える（図3-2）。

下の数式中の"〜"は（確率分布に）従うということを意味し，$N\left(\mu, \dfrac{\sigma^2}{n}\right)$ は平均 μ，分散が σ^2/n の（標準偏差が $\sigma/\sqrt{n}$ の）正規分布を意味する。$N(0, 1^2)$ は平均 0，分散 1^2 の正規分布，すなわち標準正規分布を指す。

$$\bar{x} \sim N\left(\mu, \dfrac{\sigma^2}{n}\right) \quad \text{したがって，} \quad \dfrac{\bar{x}-\mu}{\sigma/\sqrt{n}} \sim N(0, 1^2)$$

1-3　母平均の区間推定

標準正規分布に従うということは，95％の確率で ±1.96 の間に存在するということであるから（第1章 基礎 3-1），95％の確率で次の不等式が成り立つということである。

$$-1.96 \leq \dfrac{\bar{x}-\mu}{\sigma/\sqrt{n}} \leq 1.96$$

この不等式を変形すると，（調査実施前の視点から）標本平均が95％の確率で含まれるであろう区間の式（未知数 μ を含むので計算はできない）となったり，

$$\mu - 1.96 \dfrac{\sigma}{\sqrt{n}} \leq \bar{x} \leq \mu + 1.96 \dfrac{\sigma}{\sqrt{n}}$$

同じく調査実施前の視点から，95％の確率で成立することが期待される**母平均の95％信頼区間**の式になったりする。

$$\bar{x} - 1.96 \dfrac{\sigma}{\sqrt{n}} \leq \mu \leq \bar{x} + 1.96 \dfrac{\sigma}{\sqrt{n}}$$

この信頼区間は，（母標準偏差が既知であれば）調査実施後には具体的に計算できる区間となるが，「母平均が95％の確率でこの区間に含まれる」と解釈するのは，**頻度主義**と呼ばれる通常の統計学の立場からは間違いである。母平均は未知ではあるが定数と見なされるので，調査後に求められた具体的な区間には，含まれるか含まれないかのいずれかでしかない。われわれにはそのどちらであるかは分からないので，「100回調査を行って100個の95％信頼区間を求めたら平均してその95個は母平均を含むような手続きを踏んだので，きっと自分が手にした特定の信頼区間も母平均を含んでいるだろう」と期待するだけであ

る。もしかしたら自分の求めた信頼区間は母平均を含んでいないかもしれないが，それは分かりえない。この95％という数値は，調査実施前は確率を表現しているが，調査実施後には確率として解釈すると誤解を招くので，**信頼係数**や**信頼水準**と呼ばれる。

95％信頼区間は，「まったく同じことを100回やったら95回は当たる区間」といえる。5回は外れるかもしれない，しかも自分は知らないうちにその外れた方になるかもしれないということをなるべく防ごうとするならば，信頼係数を高めることができる。99％信頼区間は100回やったら99回は当たるような区間であるから，より安心できるかもしれない。計算は簡単で，95％信頼区間の1.96の部分を2.58で書き換えるだけである。しかし，1.96を2.58で書き換えるということは，区間の幅はその分広くなるということであり，推定の精度は悪くなる。論理的には99.9％信頼区間といったものも求めることはできるが，1.96の部分を3.29で書き換えることになり，安心・安全と引き換えに推定の精度はどんどん悪くなる。あまりに区間の幅が広くなってしまうと，母平均がその間に存在するだろうという知識の価値がなくなってしまいかねないので，むやみに区間の幅を広げるのは望ましくない。

上では，母標準偏差 σ が既知であるという想定で説明したが，通常の社会科学的研究で σ が既知であることはめったにない。その場合は，第1章 発展 **1-1** でも紹介した**不偏分散**で母分散を代用する（不偏分散の平方根で母標準偏差を置き換える）。ただしそれによって，標本平均の標準化の式は厳密には標準正規分布に従わなくなり，代わりに自由度 $n-1$ の t 分布に従うことになる[7]。

$$\frac{\bar{x}-\mu}{\hat{\sigma}/\sqrt{n}} \sim t_{(n-1)}$$

t 分布は標準正規分布に似て，0を中心として左右対称であり，標準正規分布を上から軽く押し潰したような形をしている。自由度が小さいほど大きく潰れている。逆に，自由度が大きくなるほど標準正規分布に近付いてゆき，自由

---

6) 言い換えれば，100の平行世界があって，それぞれに同サイズの異なった標本を得てそれぞれ95％の信頼区間を求めているとき，平均して95の平行世界ではその信頼区間が母平均を間に含んでいるが，5つの平行世界では信頼区間が母平均を含んでいない。そして自分がどの平行世界にいるのかが自分には分からない，という状況である。

7) t 分布で近似できるためには，厳密には母集団分布が正規分布であることが条件となる。

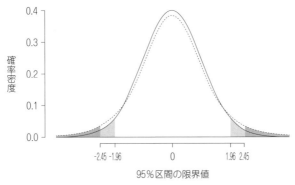

図3-3　標準正規分布（実線）と自由度6のt分布（点線）

度が100を超えれば標準正規分布とほぼ一致すると見なしても問題はない。

図3-3は，自由度の小さなt分布と標準正規分布を重ねて描き，それぞれの95％区間の限界値を記入したものである。95％区間の外側をそれぞれ塗り潰してあるが，t分布の方をより濃く塗り潰してある。t分布は標準正規分布の頂上を少し押し潰した形で，頂点が凹む分裾野が盛り上がって厚くなる。その結果，95％の値が含まれる区間も左右にはみ出してゆく。標準正規分布であれば±1.96の間に全体の95％が含まれるが，自由度6のt分布の場合はおよそ±2.45の間に全体の95％が含まれる。母標準偏差の代わりに誤差を含んだ代用品を用いたために推定の精度が悪くなったとイメージすればよいだろう。

通常の社会調査では標本サイズは小さくても100はある。その場合の95％区間の限界値はqt(.975, df=100)から1.983972となり，標準正規分布のqnorm(.975, 0, 1)⇒1.959964のわずか1.012倍である。自由度が500なら1.96472となり，標準正規分布の限界値とほぼ等しい。母集団分布が正規分布であれば，わざわざt分布から求めなくても標準正規分布の限界値で代用して構わない。[8]

---

8) Rがあればt分布の正確な限界値を簡単に求められるので，標準正規分布で近似する必要もない。通常の統計学の参考書には標準正規分布表やt分布表が付録でついているが，本書では自分でRを用いて正確な値を求められるようになることを目指す。自由度100のt分布でマイナス∞からxまでの範囲の面積を求める関数はpt(x, df=100)，マイナス∞からの面積が全体の97.5％になる座標はqt(.975, df=100)である。"df="は省略可。

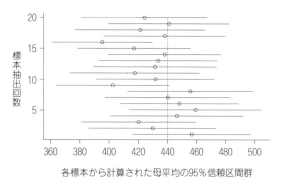

図3-4 年収(万円)の95%区間推定シミュレイション(n=200)

1-4 区間推定シミュレイション

　信頼区間と信頼係数，標本サイズの関係をシミュレイションによって示してみよう．4,894人の年収データから無作為に標本を抽出して，標本平均・不偏分散の平方根，母平均の信頼区間を計算してグラフにする．母平均は439.9（万円）である．まずは，サイズ200の標本を20組抽出して，その20通りの95％信頼区間を図示した（**図3-4**）．横軸が金額（万円）を表し，20通りの信頼区間が縦に積み重なるように描かれている．それぞれの区間の中心の○がその標本の標本平均であり，左右に伸びる線分が信頼区間を表す．中央の点線の垂直線が母平均を示している．

　95％信頼区間とは，100回繰り返せば平均して95回は当たる区間である．逆に言えば20回繰り返せば1回くらいは外れる区間である．**図3-4**のグラフをよく見ると，第16回抽出のときに標本平均が偶然にかなり小さくなり，95％信頼区間の全体が母平均よりも小さな範囲にある．その他の19回は，上の方か下の方かはともかく，区間のどこかに母平均を捉えている．実際に調査で得られるのは1つの標本平均，1つの信頼区間であり，それが当たっている方の19個のどれかなのかそれとも外れている1個なのかは，われわれには分からない．

　次に，同じ20組の標本について，信頼係数を変えた90％信頼区間を計算して図示する（**図3-5**）．標本平均は当然変わらないが，全体に95％信頼区間よりも区間が狭くなっている．そして，先のグラフではぎりぎりで母平均を捉えて

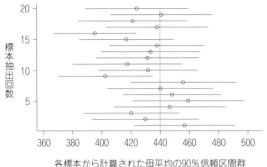

図 3-5　年収（万円）の90％区間推定シミュレイション（$n=200$）

いた第 9 回が母平均を捉えなくなり，20個中ちょうど 2 個が母平均を捉え損なっている。

　これらのグラフから，信頼区間は母平均を含むか含まないかのいずれかであること，信頼係数を低めれば区間の幅は狭くなる（推定の精度は上がる）が，その分推定が外れるリスクが高まるということをよく理解して欲しい。

　最後に，サンプルサイズを200から 4 倍の800に拡大して，20回無作為抽出を行い，20通りの95％信頼区間を計算したものを図示する（**図 3-6**）。

　全体的に，$n=200$ の95％信頼区間の幅よりもかなり狭い。20個中 1 個は母平均を外し，他にもぎりぎりでかろうじて母平均を捉えている区間がいくつもあるが，そもそも信頼区間が非常に狭い，言い換えれば推定の精度がかなり高い。これなら信頼係数を99％にしても区間の幅はそれほど広くならない。

　このように，信頼係数と信頼区間の幅（推定の精度）はトレイド・オフの関係にあるが，サンプルサイズを大きくすることによって，信頼係数を低めることなく信頼区間の幅を狭くすることが可能なのである。信頼区間の式の分母に注目すれば分かる通り，標本サイズが 4 倍になれば，信頼区間の幅は半分にできるのである。

推測統計の基礎

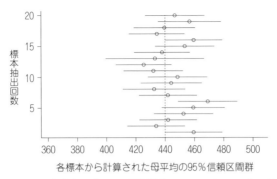

図3-6 年収(万円)の95％区間推定シミュレイション（$n=800$）

発 展　Advanced

❶　母比率の区間推定

　一般社会においてよく知られている標本調査に内閣支持率調査やTV番組の視聴率調査がある。これらはいずれも標本における比率・割合（**標本比率 p**）から，母集団における比率・割合（**母比率 π**）を推測する目的で行われている。

　比率は，0と1の値しか取りえない**2値変数**の平均と考えられる。10人中4人が内閣を支持していたとするとその10人における内閣支持率は40％（0.40）であるが，これは，内閣を支持する人に1の値を，それ以外の人に0の値を割り当てて平均した値に等しい。このように比率は2値変数の平均と考えることもできるので，母比率の区間推定も結果的には母平均の区間推定と同じように求めることができる。結果だけを使いたい人は母平均の信頼区間の式の平均の部分を比率で置き換えれば母比率の信頼区間を求めることができるが，厳密に言えば導き出し方は少し異なっている。以下，内閣支持率を例として考えてみよう。

　総務省の選挙関連資料によれば，2016年7月10日の有権者総数は1億と620万人あまりである。[9]「国民世論」によって内閣が支持されているかどうかは，少なくともこの有権者全体の意向から判断すべきである。しかしもちろん全数調査は困難であるので標本調査によって推測することになる。

　全国の有権者1億620万人（$N=106{,}200{,}000$）全員が，内閣を支持するか（1），それ以

---

[9]　少子高齢化の進行により有権者数は増加傾向にあり，また2016年6月から選挙権年齢が18歳以上に引き下げられた。新たに有権者となった18，19歳は240万人弱であった（http://www.soumu.go.jp/senkyo/senkyo_s/data/sangiin24/，2016年9月25日閲覧）。

外か（0）のいずれかの変数値を持つとする。母集団における支持率（母比率）をπ（$0 \leq \pi \leq 1$）とすると，母集団分布は，1の値が$N\pi$人，0の値が$N(1-\pi)$人という2つのグループから構成されるという極めて単純なものになる。ここから無作為に1人だけを選び出したとき，その人が支持者である確率はπ，支持者でない確率は$1-\pi$である。[10] これを言い換えると，標本比率（標本での支持率）が100％（$p=1$）になる確率がπ，標本比率が0％（$p=0$）になる確率が$1-\pi$ということになる。

無作為に2人を選び出した場合には，2人ともが支持者である（$p=1$）確率は，1人目が支持者である確率がπで，それとは独立に2人目が支持者である確率がπなので，合わせると$\pi \times \pi = \pi^2$となる。2人ともが支持者ではない（$p=0$）確率も同様に$(1-\pi) \times (1-\pi) = (1-\pi)^2$と計算される。2人のうち1人だけが支持者である（$p=0.5$）確率は，1人目が支持者である場合と2人目が支持者である場合の2通りが考えられるので，$\pi(1-\pi) + (1-\pi)\pi = 2\pi(1-\pi)$となる。この3つの確率をすべて足すと1になることを確認せよ。それぞれ排他的な（同時には起こらない）事象の確率の合計が1になるということは，それですべてのありうる場合を尽くしている，それ以外の事態は存在しないということである。仮に$\pi=0.40$だとすると，このサイズ2の標本で$p=1$となる確率は0.16（16％），$p=0.50$となる確率は0.48（48％），$p=0$となる確率は0.36（36％）である。よって，最も起こりやすいのは標本比率$p=0.50$という事象であり，次が標本比率$p=0$，最も起こりにくいのが$p=1$という事象である。

これをより一般的に表現しよう。標本サイズn（人）のとき，そのうちw人（$0 \leq w \leq n$）が支持者である確率はどのように表されるであろうか。まず，w人が支持者となる確率はπ^wである。残りの$n-w$人が支持者ではない確率は$(1-\pi)^{n-w}$である。ただし，2人のうち1人が支持者である場合が2通りあったのと同様に，n人中w人が支持者となる場合も，何人目が支持者であるのかという点から考えると何通りもある。この場合の数は，n人からw人を選ぶ組合せの数に等しいので，${}_nC_w$で求められる。例えば10人中4人であれば，$\mathrm{choose}(10, 4) \Rightarrow 210$通りもある。

これらを合わせると，母比率がπのとき，サイズnの標本において支持者がw人となる確率は，次のようになる。これは，標本比率がw/nとなる確率ともいえる。

$$prob(w) = {}_nC_w \cdot \pi^w (1-\pi)^{n-w} \qquad w = 0, 1, 2, \cdots, n$$

このwの離散確率分布を，試行数n，確率πの**2項分布**と呼ぶ。これがどんな分布であるか，自分でグラフを描いて確認してみよう。グラフを描くために母比率の値を特定しているが，実際には母比率の値は不明である。

---

10) 確率πで1の値を，確率$1-\pi$で0の値をとるこの離散確率分布には**ベルヌーイ分布**という名前がついている。

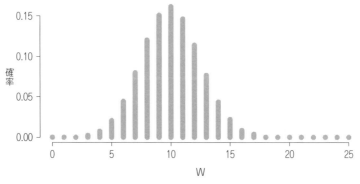

図3-7 $n=25$, $\pi=0.4$ の2項分布グラフ

```
n <- 10; pi <- .4; w <- 0:n   # 標本サイズnと母比率piは自由に設定する
prob <- choose(n, w)*pi^w*(1-pi)^(n-w)   # 2項分布の確率を計算
plot(w, prob, type="h")   # 最低限の，飾り気のないプロット
```

n を1からはじめて徐々に大きな値にしながらグラフを描いていくと，2項分布のグラフが正規分布に似たグラフになっていくことが自分で確認できる。$n\pi$ と $n(1-\pi)$ がいずれも10以上になれば，2項分布は正規分布でよく近似できる。$\pi=0.40$ であれば $n \geqq 25$ である（**図3-7**）。さらに，2項分布の期待値を計算すると $n\pi$ となるので，この正規分布に似た分布の中心は $n\pi$ である。[11]

一般の世論調査のサンプルサイズは数百から千人くらいのものが多いので，せめて $n=100$ にして，グラフの横軸を標本における支持者数ではなく標本比率 w/n で描いてみると**図3-8**のようになる。これが，標本比率の標本抽出分布である。母比率 π を中心とした正規分布で近似でき，標準偏差（＝標準誤差）は $\sqrt{\dfrac{\pi(1-\pi)}{n}}$ となることが分かっている。したがって，さまざまな値をとりうる標本比率を標準化したものは標準正規分布に近似的に従うといえる。

$$\frac{p-\pi}{\sqrt{\dfrac{\pi(1-\pi)}{n}}} \sim N(0,\ 1^2)$$

ここから，母平均の区間推定と同じように，母比率の区間推定を行うことができる。

---

11) 2項分布の期待値は sum(w*prob) で計算できる。また，Rには2項分布の関数が用意されており，本文のスクリプト2行目の choose(n, w)*pi^w*(1-pi)^(n-w) は dbinom(w, n, pi) と書けば同じ結果になる。

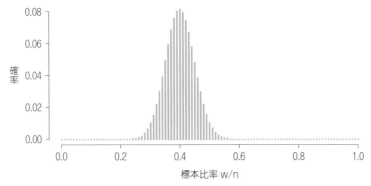

図3-8 標本サイズ n=100，母比率 π=0.4 の2項分布グラフ

標準誤差は標本分散 $p(1-p)$ を利用して置き換え $\left(\sqrt{\dfrac{\pi(1-\pi)}{n}} \cong \sqrt{\dfrac{p(1-p)}{n}}\right)$，標準正規分布の性質を利用して母比率の信頼区間を求めることができる[12]。以下の式は，母比率の95%信頼区間である。

$$p - 1.96\sqrt{\dfrac{p(1-p)}{n}} \leq \pi \leq p + 1.96\sqrt{\dfrac{p(1-p)}{n}}$$

2015年12月のある世論調査では，内閣支持率は41.2%（$p=.412$）であった。標本サイズは $n=1,248$ 人（設計標本サイズ2,000人で回答率62.4%）。このとき，2項分布が正規分布で近似できるとして上の信頼区間の式を利用し，母集団における支持率を求めよう[13]。

```
p <- .412; n <- 1248   # 標本比率と標本サイズの指定
lwr<-p-qnorm(.975, 0, 1)*sqrt(p*(1-p)/n)
                       # 標準正規分布を用いて95%信頼区間下限の計算
upr <- p+qnorm(.975, 0, 1)*sqrt(p*(1-p)/n)   # 95%信頼区間の上限の計算
lwr; upr   # 計算結果の表示
```

これを実行すると，$0.3846927 \leq \pi \leq 0.4393073$ が得られる。おおよそ，38.4%から44.0%の間であるという結果になる[14]。

通常はこのように，2項分布が正規分布で近似できるとして母比率の信頼区間を計算

---

12) 0と1の値しかとらない2値変数の平均（比率）は1以下の小数であり，偏差や偏差平方，偏差平方の平均である分散も1以下の小数になる。母分散は $\pi(1-\pi)$，標本分散は $p(1-p)$ となる。0以上1以下の小数なのでわざわざ不偏分散にせずに標本分散のままで代用するが，Rで2値変数の分散を計算するとやはり不偏分散が出力される。

13) 信頼区間の式でも有限母集団修正項は省略しているが，試しに計算しても0.999994程度なので計算結果にはほぼまったく影響しない。

するが，nが十分に大きくなかったりπが0または1に近かったりすると，左右対称な正規分布での近似の当てはまりが悪くなる。例えば$n=10$, $p=.20$のとき，標準正規分布を利用した95％信頼区間は$-0.0479 \leq \pi \leq 0.4479$程度となる。下限がマイナスになるのは明らかに不適切である。比率の正確な信頼区間は，F分布やベータ分布を利用して計算することになっているが，ここでは詳細は省略して結果だけ記すと，F分布を利用した95％信頼区間は$0.0252 \leq \pi \leq 0.5561$となる[15]。同じ結果を，あまりスクリプトが洗練されていないが，2項分布そのものを使って求めてみる。

```
pi <- seq(0, 1, by=0.0001)   # 母比率を.01％単位で変化させる
lower <- min(pi[pbinom(x, n, pi) >=.025 & pbinom(max(0, x-1), n, pi)
       <=.975])   # 下限値
upper <- max(pi[pbinom(x, n, pi) >=.025 & pbinom(max(0, x-1), n, pi)
       <=.975])   # 上限値
```

こうすると，母比率を0から1まで.01％単位で連続的に変化させながら，95％信頼区間に含まれる部分だけを取り出し，その下限と上限を示すことができる。上記の数値例では0.0253から0.556となり，F分布を用いた結果にかなり近いものが得られる[16]。

② 無回答誤差

社会統計学の初歩的なテクストでは，調査の回答率（回収率）が100％であるかのように説明するが，発展2-1の世論調査のように通常は多くの無回答者が存在し，それによって偏った調査結果となる危険性がある。回答者と無回答者の傾向の違いによって生じる偏り（バイアス）を**無回答バイアス**と呼ぶ。無回答バイアスの大きさは，①回答率と，②回答者と無回答者の間での傾向の差の2つによって決まる［Groves et al.［2004］2009：59］。回答者と無回答者のいずれのグループの方が比率が高いかなどはある程度推論できるかもしれないが，実際の調査結果を見る際には，回答率が低いと無回答バイアスの懸念が強まることにも留意しよう。

本書もそうだが，初級社会統計学では，欠損値はすべて分析から除外し，用いる変数

---

14) 有限母集団修正項を省略せず，かつ母平均の区間推定のように不偏分散とt分布を用いたとしても，計算結果は$0.3846554 \leq \pi \leq 0.4393446$となり，ほぼ完全に一致する。

15) $x=np$とすると，正確な95％信頼区間の下限は$2^*x/(2^*x+2^*(n-x+1)^*qf(.975, 2^*(n-x+1), 2^*x))$，上限は$2^*(x+1)^*qf(.975, 2^*(x+1), 2^*(n-x))/(2^*(n-x)+2^*(x+1)^*qf(.975, 2^*(x+1), 2^*(n-x)))$である。

16) 先の内閣支持率標本調査の例で計算すると，標本1,248人中514人が支持者であった場合，正規分布近似の95％信頼区間は$0.3845531 \leq \pi \leq 0.4391648$，$F$分布利用では$0.3843875 \leq \pi \leq 0.4397467$，上記のスクリプトでは$0.3844 \leq \pi \leq 0.4397$であり，どれもほぼ等しい。

すべてが有効であるケースに限って分析を行うのが通例である（**リストワイズ削除**，あるいは**完備ケース分析**）。しかし，こうした方法は本来は，欠損値（欠測）が分析結果に違いをもたらさないような条件下でのみ適切なものである。そうした条件には MCAR（Missing Completely At Random）や MAR（Missing At Random）があるが，欠測の多くはそれとは異なる MNAR（Missing Not At Random）もしくは Non Ignorable であり，リストワイズ削除で分析するとバイアスのある結果をもたらすことになる。この問題に対して，実査（データ収集）の場面では，回答率を上げる，回答者の代表性を高めるなどの対策が必要になるが，統計学（データ分析）の場面では，リストワイズ削除に代わって，何らかの方法で欠損値を数値で置き換えること（**補定**）も行われる。例えば，その変数の平均値で置換する**平均値補定**，いくつかの予測変数を用いた回帰分析による予測値で置換する**回帰補定**，他の変数値について最も共通性の高いケースの値で置換する**ホットデック補定**などは，欠損値のない 1 つのデータセットを作成する。それ以外に，欠測部分を，確率的誤差を入れた予測値で置換したデータセットを複数作成して，その複数のデータセットすべてに同一の分析を実施し，その結果を統合するという，**多重代入法**（多重補定）という手法もある（欠損値分析については，保田［2000, 2006］，村山［2011］，より専門的には Little and Rubin［[1987] 2002］，Groves et al.［2002］など）。

因果推論に際しては，平行世界を行き来するのでもない限りは，本当に比較したい 2 つの値（状態）のうち実際に観測しうるのは 1 つだけであるという，**因果推論の根本問題**がある（『入門・社会調査法』の第 4 章，第 9 章）。その見方からすると，欠測の問題は因果推論の核心にある問題である［星野 2009］。学習を始めたばかりのうちはじゃまなゴミのようにしか思えず，とりあえず削除してしまえばよいと考えがちかもしれないが，（統計的）因果推論においては実は欠測は非常に深刻でありかつ奥深いものであると知っておこう。

練習問題

① 自由度200の t 分布において，$x=-1.00$ と $x=2.00$ の区間の面積を，R を用いて求めよ（通常はこのような左右非対称の区間の面積を求める必要はないが，t 分布についての理解や R の操作に慣れるためにやってみよう）。

② 自由度1000の t 分布において，全体の95％が含まれる区間（0 を中心として左右対称）を求めよ。

③ 標本平均が60，不偏分散が120，標本サイズが285のとき，母平均の90％信頼区間を R を用いて求めよ（母集団分布は正規分布とし，有限母集団修正項は省略する）。

④ 例えば内閣支持率についての調査をイメージしながら，標本比率が45％，標本サイズが800のとき，母比率の95％信頼区間を求めよ。

⑤ R を用いて標本抽出のシミュレイションを行ってみよう。
　　まず population <- rnorm(n=10000, mean=50, sd=10) として仮想母集団を作成す

る。

　mean(population); sd(population); quantile(population)

　hist(population); boxplot(population) などで母集団の分布をよく確認しておく。

　次に，n <- 100; s1 <- sample(population, n) としてサイズ n の無作為標本を1つ作成する。そして以下の計算をさせ，上で求めた母平均との関係を確認しよう。

```
mean(s1)    # 標本平均を求める
mean(s1)-qnorm(.975, 0, 1)*sd(s1)/sqrt(n)
                              # 母平均の95%信頼区間の下限
mean(s1)+qnorm(.975, 0, 1)*sd(s1)/sqrt(n)
                              # 母平均の95%信頼区間の上限
```

s1 <- sample(population, n) 以降だけを何度も繰り返すと，何度も同一の標本調査をやり直していることと等しくなる。繰り返しているうちに時々信頼区間が母平均を含まないことがあるはずである。

統計的検定の一般型

ゼロ仮説有意性検定

基 礎 *Basic*

　第3章での推定に続いて，第4章では統計的検定の基本について説明する。『入門・社会調査法』第11章と同様に，さまざまな統計的検定の個別的な部分（検定統計量の計算の仕方や参照する確率分布）に目を奪われずに，最初はすべての統計的検定に共通する一般的ロジックを理解することを目標とする。一般型をきちんと理解すれば，その枠の中でそれぞれの個別的な部分を理解することが可能となる。

　ここで説明するのは，**帰無仮説**（ゼロ仮説，零仮説[1]）の**有意性検定**手続き（Null Hypothesis Significance Testing Procedure; NHSTP）と呼ばれるものである。近年は NHSTP，あるいは**頻度主義**・頻度論と呼ばれるこれまでの統計学の主流派に対する批判が強まっており，「統計改革」と呼ばれる動きにもなっている［大久保・岡田 2012；南風原 2014］。海外の学術誌の中には，NHSTPを禁止するものも登場している［Trafimow and Marks 2015］。2016年3月にはアメリカ統計学会が，有意確率 p 値についての声明を発表し，p 値や統計的有意性の正確な意味とその限定性について注意を促した［Wasserstein and Lazar

---

1）　帰無仮説とは null hypothesis の訳である。現在はほぼ帰無仮説の訳語で統一されているが，かつては零仮説，ゼロ仮説という訳語も使われていた。null の直訳としてはその方が近く，記号表記でも H_0 と書くのが通例である。また帰無仮説という言葉は，「無に帰する」ことが期待されている仮説，否定（棄却）されることが分析者にとって好ましい仮説という理解につながるが，すべての検定において帰無仮説が棄却されることが目指されているわけでも，分析者にとって好ましいわけでもない。例えばモデルの適合度検定では帰無仮説が棄却されないことを目指すことが多い。本書では，「棄却されることを目指す」という含意を弱めるために，ゼロ仮説という表現を使用する。

2016]。頻度主義に代わってますます注目を集めている統計学派が**ベイズ統計学**あるいは**ベイジアン統計学**である。

　しかし現在のところ，特に社会学・社会科学系の統計教育は依然として頻度主義に基づくものが多く，頻度主義を否定する立場が多数派とはなっていない。本書では，批判するにせよ今後も継続的に活用するにせよ，従来の頻度主義が正確にはどのような論理であったのかを初学者レヴェルでも正しく理解することを目指す。頻度主義に対する批判の中には，実際に頻度主義が持つ以上の高い能力があるかのように誤解されていることへの批判もあるように思う。頻度主義がいいうることやその限界を一般のユーザーが正しく理解すれば，意義と問題点を見極めることができ，相応の範囲内で頻度主義的知見を活用することも可能になるだろう。

統計的検定（ゼロ仮説有意性検定）一般の論理

　本書では『入門・社会調査法』第11章をすでに学習していることを想定するので，ここでは最初に統計的検定（NHSTP）の基本を単純明快に述べたあとで，詳しい説明に入っていくこととする。

　統計的検定を乱暴に一言で表現するならば，

　　　　"ゼロ仮説を，捨てるのか，それとも残すのかを判断する手続き"

となる。検定統計量の計算の仕方などに幻惑されてしまうとこの基本がついついおろそかにされてしまうが，検定が何をやっているのかを一言で言えばこうなる。ここから明らかなように，ゼロ仮説が何であるかが分からないと，検定の結果何が言えるのかがまったく分からないことになる。したがって統計的検定と呼ぶよりもゼロ仮説有意性検定と呼んだ方がより内容を表現している。

　さすがにこれではやや省略し過ぎなので少し言葉を補うと，「**母集団について**の推測であるゼロ仮説を，捨てるのかそれとも残すのかを，標本統計量の計算結果が偶然の範囲内だと言えるか否かをもとに，判断する手続き」となろう。

　『入門・社会調査法』第11章基礎5－2のまとめを表現しなおすと，検定の一般型は次のようになる。

① (母集団についての) ゼロ仮説を正しいものと仮定し，
② 「あまりにも稀すぎるので何かがおかしい」と判断する境目の確率である有意水準を設定し，
③ ゼロ仮説の下で，何らかの既知の確率分布に従うと考えられる検定統計量を標本データから計算し，偶然にそのような値になる確率（有意確率）を求める。
④ 有意確率が有意水準よりも小さければ（≒検定統計量が，有意水準に対応する限界値よりも大きな絶対値になれば），そんな稀なことが今たまたま起こったとは考えにくいとしてゼロ仮説を棄却し，
⑤ 有意確率が有意水準よりも大きければ，そんなこともあるだろうと考えて，ゼロ仮説も棄却しない。

このように，ゼロ仮説有意性検定は，やや遠回りな，あまり素直ではない論証方法と言える。それを意識せず自然で素朴な考え方の延長上で理解しようとすると分からなくなるというのが初学者にとっての障壁ではないだろうか。[2]

1-1 背理法（帰謬法）

統計的検定を理解するために，背理法という証明の方法と比べると分かりやすい。統計的検定（ゼロ仮説有意性検定）は，背理法とかなり類似する部分がある。背理法の最も単純な例は，「$\sqrt{2}$ は無理数である」ことの証明であろう。

背理法ではまず，「$\sqrt{2}$ は有理数である」と仮定する。この仮定が正しいという前提のもとで数式で表現して変形してゆくと，最初の仮定と矛盾する結果が導かれる（詳しくは→サポートウェブ）。矛盾が生じたということは，どこかに間違いがあったということである。どこに間違いがあったかというと，最初に「$\sqrt{2}$ は有理数である」と仮定したところ以外にはない。よって「$\sqrt{2}$ は有理数である」は間違いとして否定され，$\sqrt{2}$ は無理数であることが証明される。

以上が，「理に背く」結果に導くという意味で背理法，もしくは誤謬に帰す

---

[2] 頻度主義に代わって支持を広げているベイズ統計学は，一般の人々の自然な考え方をより反映していると言われる。客観的確率に対して主観的確率という視角や，事前確率が獲得された情報によって事後確率に更新されるという考え方は，頻度主義とはかなり異なる。

るという意味で帰謬法と呼ばれる証明方法である。

1-2　母集団についての推測としてのゼロ仮説

　ゼロ仮説有意性検定も背理法に似ていて，最初に，本当は正しいかどうか分からない仮説を，正しいと仮定するところから話を始める（先の①）。議論の出発点，ゼロ地点に置く仮定と考えてこれをゼロ仮説（零仮説）H_0と呼ぼう。一般に帰無仮説と呼ばれているものである。

　第3章で述べたように，統計的推測は，データとして手に入る標本から，不可知の母集団について推測を行うのが目的である。調査を実施すれば標本についてはデータが得られるので，標本について推測を行う必要はない。推測はあくまで母集団について行い，出発点に置くゼロ仮説も，母集団についての推測をその内容とする。未知の母集団について何らかの仮定を正しいとみなして議論を始め，「その仮説が正しいとするとどうなるか？」と考えるのである。

　すでに『入門・社会調査法』を通読しているものとして，ゼロ仮説の例をいくつか挙げてみよう。「　」内がゼロ仮説であるが，分かりやすくするためにその前に（　）のように標本統計量についての記述を書き添えておく。

　　（標本においては平均は33万5千円だったかもしれないが）「母集団における平均（母平均）は35万円である」〔母平均についての仮説〕
　　（標本相関係数は0.1だったかもしれないが）「母相関係数は0である」〔母相関係数についての仮説〕
　　（標本偏回帰係数は3.2だったかもしれないが）「母偏回帰係数は0である」〔母偏回帰係数についての仮説〕

1-3　検定統計量と確率分布

　ゼロ仮説を仮定した後は，②の有意水準p_0の設定を行うが，この境目の確率は5％か1％が用いられることが多い。有意水準については次の基礎1-4で論じることにし，先に③の標本統計量・検定統計量と確率分布の話をしよう。最も単純な具体例として，母平均についての推測を例にとる。

　演習用の標本調査データには11段階幸福感変数（q1700）が含まれている。

最低の0から最高の10までの11段階で幸福度を尋ねており，中間の値は5である。母集団は1都3県の30〜59歳の日本人男女であり，母集団サイズは十分に大きいので有限母集団修正項は限りなく1に近いとみて無視する。

ここで，この幸福感の母平均μが中間の5に等しいと言えるかどうかを検定しよう。① ゼロ仮説は「H_0：母平均$\mu=5.0$」，② 有意水準は慣習的に5％と設定しておく。

標本平均$\bar{x}$は標本によって変化しうる確率変数であるが，第3章で見た通り，標本平均を標準化した値は標準正規分布に近似的に従い，標準誤差を推定値で置き換えた標本統計量は自由度$n-1$のt分布に従う。

$$\frac{\bar{x}-\mu}{\hat{\sigma}/\sqrt{n}} \sim t_{(n-1)}$$

これが母平均の検定の検定統計量の元になる。それが近似的に従う確率分布もt分布であると判明している。標本データを得た後は，$\bar{x}$, n, $\hat{\sigma}$ は具体的な値として求めることができる。しかしμはそもそも知りたい値そのものであり未知である。よってこのt統計量はこのままでは計算できない。

しかし，ここでμについての仮定であるゼロ仮説を用いれば，このt検定統計量から未知数を消去して，具体的な数値として求めることができる。データから$\bar{x}=6.68$, $n=378$, $\hat{\sigma}=1.891$ である。$\mu=5$ と合わせて代入すると，$t=17.3$ となる。

t分布は，標準正規分布を上からそっと押し潰したような形をしている（→第3章 **基礎** 1-3）。自由度$n-1$が377ともなると，ほぼ標準正規分布に重なっていると見なせる。つまり，偶然±1.96の外側の値になる確率は5％程度しかない。この「±1.96の外側」を**棄却域**，±1.96を**限界値**（棄却限界値，臨界値）と呼ぶ。自由度$n-1=377$のt分布の両側5％棄却域を正確に求めたければ，n <- 378; qt(.025, df=n-1); qt(.975, df=n-1) とすればよい。結果は「−1.966276より小さいか1.966276より大きい範囲」，おおよそ「±1.97の外側」となる。上で求めたt値は絶対値が1.97よりずっと大きく，棄却域に入る。つまり，ゼロ仮説が正しければ，たまたまそんな大きな絶対値になる確率は有意水準$p_0=5\%$よりも（はるかに）小さいことになる。「そんな稀なこと

が，今，偶然にこの調査データで生じたと考えるのは都合が良すぎる。むしろどこかがおかしかったのではないか」と疑い，どこかがおかしかったとすれば最も疑わしいのはゼロ仮説を正しいとして話を始めた部分なので，ゼロ仮説を棄却（否定）するのである（④）。この場合ゼロ仮説の否定である**対立仮説**「H_1：母平均$\mu \neq 5.0$」を結論とする[3]。

1-4　有意水準と有意確率

　同じことを確率の側面から見てみよう。自由度$n-1=377$のt分布において絶対値が17.3以上の範囲の面積は，マイナス∞から-17.3までの面積（＝確率）が pt(-17.3, n-1)，左右対称のグラフなので，17.3からプラス∞の面積＝確率もこれに等しい。よって pt(-17.3, n-1)*2 として求めると，8.899191e-50となり[4]，限りなく0に近い。この確率を**有意確率**（**p値**）と呼び，「もしゼロ仮説が正しければ検定統計量が偶然にこのような（もしくはそれ以上の）値になる確率」を意味する。先に紹介した5％といった有意水準p_0は，「それよりも小さな確率でしか生じないような検定統計量になったら，何かがおかしかったと疑うことにしよう」という，疑いの目の閾値（境界線）である。有意確率pが有意水準p_0を下回ればゼロ仮説を棄却し（④），有意確率pが有意水準p_0を上回れば，ゼロ仮説が正しいと仮定してもおかしな結果は生じなかったと考えてゼロ仮説を受容する（⑤）。この意味では，ゼロ仮説を棄却するには証拠不十分であったというように考える方がふさわしく，積極的にゼロ仮説が証明されたとは考えない。「帰無仮説を採択する」という表現もあるが，「棄却（否定）されなかった」「とりあえず生き残った」と考えておく方がよい。

　なお，ゼロ仮説有意性検定と 基礎 1-1 の背理法が最も異なるのはこの点

3）　多くの場合，ゼロ仮説H_0の否定を対立仮説H_1と呼ぶ。上のようにゼロ仮説がH_0：$\mu=0$で対立仮説が単にその否定のH_1：$\mu \neq 0$である場合，ゼロ仮説が棄却されて対立仮説が採択されても，μが0でないと言えただけで，μがプラスなのかマイナスなのかも言えない。こうした検定を**両側検定**と呼ぶ。それに対して，μが0でなければプラス（あるいはマイナス）であるということが何らかの理由で分かっている場合は，対立仮説をH_1：$\mu>0$（あるいはH_1：$\mu<0$）とおく。これを**片側検定**と呼ぶ（→ 発展 1-1 ）。

4）　17.3からプラス∞の面積＝確率は 1-pt(17.3, n-1) と求めたいところだが，この場合は pt(17.3, n-1) の値があまりにも小さく，1-pt(17.3, n-1) が1としてしか計算されなくなってしまう。よって本文中のような求め方をした。いずれにしても「限りなく0に近い」。

である。背理法の「矛盾」は絶対であり，必ずどこかが間違っていたことを意味する。ゼロ仮説有意性検定でこの矛盾に相当するのは「有意確率pの低さ」であるが，これは「絶対に何かが間違っていた」とまでは言えない。「あまりにも確率の低いことが生じたことになってしまうので，そんな万に一つの（あるいはそれ以下の）偶然が生じたと考えるよりは，どこかがおかしかったと考えるべきなのではないか」ということである。そもそも統計学は確率論的認識論に立脚しており，「絶対」というものは基本的に考えない。

ということは，「あまりにも有意確率が小さいのでどこかがおかしかったと考えてゼロ仮説を棄却したが，実は本当に偶然だった」ということが起こりうるということである。有意水準p_0を 5 ％に設定した場合は，「ゼロ仮説が正しいにもかかわらず，偶然にそのような検定統計量になる確率」が 5 ％以下では存在しているということであり，にもかかわらずその場合にわれわれはゼロ仮説を棄却してしまう。換言すれば，有意水準を 5 ％に設定するということは，「ゼロ仮説が正しいにもかかわらずゼロ仮説を棄却してしまう確率」が 5 ％は存在しているということであり，われわれの判断の誤りの確率を意味する。よってこれを**危険率**とも呼ぶ。また，この，ゼロ仮説が正しいにもかかわらず棄却してしまうという判断の誤りを，**第一種の過誤**とか**αエラー**と呼ぶ。

有意確率や有意水準，あるいは危険率のことを，「帰無仮説が正しい確率」と説明するものがあるが，頻度主義的にはこれは誤りであり，いずれも「ゼロ仮説が正しいときにこのような結果になる確率」という条件付き確率である。

② 統計的検定における過誤

基礎 1-4 で，ゼロ仮説が正しいにもかかわらず棄却してしまうという第一種の過誤・αエラーについて説明した。この誤りの確率が有意水準で示されているので，αエラーを小さくするためには，有意水準を小さくすればよい。5 ％水準では平均して20回に 1 回はαエラーを生じてしまうが，有意水準を 1 ％にすれば100回に 1 回程度しかこの誤りを起こさない。第一種の過誤にのみ着目している限り，有意水準は小さければ小さいほどよいように思えてくる。しかし，それでは文字通りことの一面しか見ていない。

表 4-1 ゼロ仮説の真偽と棄却

		ゼロ仮説が本当は	
		真である	偽である
検定によってゼロ仮説を	棄却しない	真なるゼロ仮説を受容	偽なるゼロ仮説を受容（βエラー）
	棄却する	真なるゼロ仮説を棄却（αエラー）	偽なるゼロ仮説を棄却

2-1　2種類の過誤と検定力

　ゼロ仮説有意性検定において，ゼロ仮説が本当は正しいのかそれとも間違っているのかという真偽の区別と，データによる検定の結果ゼロ仮説を棄却するのかしないのかという棄却／受容の区別からは，論理的に4つの状態が考えられる（**表4-1**）。もちろん，真偽についてはわれわれは直接知り得ない。

　4つの状態のうち，2つは正しい判断を行えた場合であり，残り2つは誤った判断をしてしまった場合である。このうち第一種の過誤・αエラーは，片方の誤りだけを指し示しているにすぎない。しかしわれわれはもう1つの誤り，ゼロ仮説が偽であるのに，検定の結果それを棄却できないという**第二種の過誤，βエラー**を起こしうることに注意しなければならない。そして通常，第一種の過誤の確率を小さくすれば，第二種の過誤の確率が大きくなってしまうというトレイド・オフの関係があるのである。こうしたトレイド・オフは社会に広範に見られる（しばしば大変深刻な）現象である（→サポートウェブ）。

　ゼロ仮説が正しいときに，正しい判断を行える確率は $1-\alpha$ となる。ゼロ仮説が誤っているときに正しくゼロ仮説を棄却できる確率は $1-\beta$ となる。この $1-\beta$ のことを**検定力**（**検出力**）と呼ぶ。つまりわれわれがめざすべきなのは，危険率 α を小さくしつつも検定力 $1-\beta$ を大きくするということである。

　困ったことに，αエラーの確率は比較的容易に数字で表現できるが（有意確率，有意水準），βエラーの確率を数字で表現するのは難しい。βエラーは通常，対立仮説が「H_1：母平均 $\mu \neq 5.0$」のように「〜〜ではない」という形の場合は計算できない。特別な事情があって「H_1：母平均 $\mu = 5.3$」のように「〜〜である」と特定できるならば，βエラーを確率で明記することが可能になる（厳密には母分散も分かる必要があるが）。しかしこれは，「μ は 5.0 か 5.3 かのいず

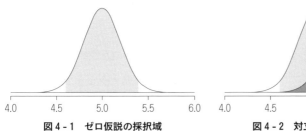

図4-1 ゼロ仮説の採択域　　図4-2 対立仮説の棄却範囲

れかでしかない」と述べていることになり、通常そのように特定の二者択一の問題にはならないので、以下はあくまで説明のための例示である。

第3章 基礎 1-2 で見たように、標本平均は正規分布に従う：$\bar{x} \sim N\left(\mu, \dfrac{\sigma^2}{n}\right)$。ここで仮に、標本サイズ $n=100$、母分散 $\sigma^2=2^2$ であるとすると、標準誤差は $\sigma/\sqrt{n}=2/\sqrt{100}$ となり、ゼロ仮説「H_0：母平均 $\mu=\mu_0=5.0$」を仮定すると図4-1のグラフのような分布になる。両側5％水準のゼロ仮説の棄却域を次の通り求め、グラフ中でその両側5％領域以外を（つまりゼロ仮説が棄却されない95％の領域を）塗り潰して示した。

$$\left|\dfrac{\bar{x}-5.0}{2/\sqrt{100}}\right| \geq 1.96 \Rightarrow \bar{x} \leq 4.61 \quad または \quad 5.39 \leq \bar{x}$$

ここで、本当は対立仮説「H_1：母平均 $\mu=\mu_1=5.3$」が真であるとしよう。すると、標本平均 $\bar{x}$ が従うのは上の $N(5.0, 0.2^2)$ ではなく実は $N(5.3, 0.2^2)$ であることになる。このグラフを図4-1のグラフに重ねて描き、かつ対立仮説が正しいにもかかわらず標本平均がゼロ仮説の採択域に入ってしまう領域を濃く塗り潰すと図4-2のようになる。

この濃い領域の面積は、本当は対立仮説が正しいときに、にもかかわらずゼロ仮説の方を受容してしまう確率を表しているので、β エラーの確率となる。計算すると約67.7％となり、かなり大きな誤りの確率となる[5]。検定力 $1-\beta$ は32.3％である。望ましい検定力の目安は0.8程度と言われており（対立仮説が正しいときには80％の確率でゼロ仮説を棄却できる）、この例ではかなり低い。

統計的検定の一般型　　*061*

2-2 標本サイズと検定力

さきに，第一種の過誤と第二種の過誤は基本的にはトレイド・オフの関係にあると述べた。基礎 2-1 の最後の数値例では第二種の過誤の確率がかなり大きかったが，それを小さくするために有意水準を大きくするのも，第一種の過誤・α エラーを5％よりも大きくするということなので躊躇する。一体どうすればよいのだろうか。

基礎 2-1 の例の問題点は，ゼロ仮説の仮説値 μ_0 と対立仮説の真値 μ_1 の差が，そもそもの変数値のバラツキ（＝母標準偏差 σ）に対して相対的に小さいことにある。

$$\frac{\mu_1 - \mu_0}{\sigma} = \frac{5.3 - 5.0}{2} = 0.15$$

この値を **効果サイズ**（**効果量**）と呼ぶが，0.20 を下回るものは小さいとみなされる。つまり，この検定は，わずかな差を何とか識別しようとしているのである。基礎 2-1 の最後のグラフから，α と β の両方を小さくするためには，2つの正規分布の重なる部分をなるべく小さくすることが必要であることが分かる。重なる部分を小さくするといっても，それぞれの正規分布の中心（平均）は勝手に動かせない。だとすると，それぞれの分布のバラツキ（標準偏差）を小さくする以外にない。これらの分布の標準偏差は $\sigma/\sqrt{n}$，すなわち **標準誤差** である。母標準偏差 σ も所与であるから，標準誤差を小さくするには，標本サイズを大きくするしかない。基礎 2-1 では標本サイズ $n=100$ としていた。これを $n=400$ とすると検定力はどうなるだろうか。先と同じようにグラフを描くと **図 4-3** のようになる。$\beta = .15$（15％），検定力は .85 に跳ね上がる[6]。もちろん α は .05 のままである。

標本サイズが大きければ，推定値の標準誤差が小さくなり，わずかな差でも

---

5) Rでの計算は次のようにできる（→サポートウェブも参照）。
　mu0 <- 5.0; mu1 <- 5.3; n <- 100; sigma <- 2; p <- .05   # 有意水準（危険率）で指定
　lwr0 <- mu0-qnorm(1-p/2)*sigma/sqrt(n); lwr0
　upr0 <- mu0+qnorm(1-p/2)*sigma/sqrt(n); upr0
　beta <- pnorm(upr0, mu1, sigma/sqrt(n))-pnorm(lwr0, mu1, sigma/sqrt(n)); beta
6) 注5)のスクリプトで n <- 400 として実行するだけでよい。

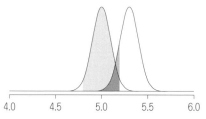

図4-3 対立仮説の棄却範囲の縮小

統計的に検出することが可能になるのである。

一般に，大標本であればわずかな差や微弱な関連でも敏感に検出して「統計的に有意」との結果を出すことができる。1％あるいは0.1％水準で有意になることを「統計的に高度に有意」といった表現をすることもある。しかし，「統計的に高度に有意」であることは，必ずしも差が大きいことや関連が強いことを意味しない。全国調査のような大規模標本調査では標本サイズが数千になることも多く，非常に小さな差や弱い関連が統計的に高度に有意になりやすい。特に大標本の場合には，「統計的に（高度に）有意である」ことと，差が大きいことや関連が強いことは別物であることをよく理解しておこう。

ちなみに，小標本で統計的に高度に有意になった場合には，効果サイズ（の推定値）は大きいはずである。その意味で有意であることと差が大きい・関連が強いことは同じであるようにみえるが，しかし小標本ゆえに母数の信頼区間はかなり広くなる。だとすると差が大きい・関連が強いだろうと自信を持って言うことはやはり難しい。

発　展　*Advanced*

① 検定の理解を深める

1-1 片側検定と両側検定

基礎 2-1 のゼロ仮説において，真の母数 μ がゼロ仮説の値 μ_0 より大きいか小さいか事前に分からない場合は，分布の両側に棄却域を設ける。μ が μ_0 よりずっと大きければ，標本平均も μ_0 よりずっと大きくなる確率が高くなる。つまり分布の右裾の端の方

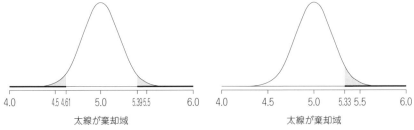

図4-4 ゼロ仮説5.0の両側5％棄却域　　図4-5 ゼロ仮説5.0の片側(右側)5％棄却域

に位置する可能性が大きくなる。μ が μ_0 よりずっと小さければ，標本平均も μ_0 よりずっと小さくなり，左裾の端の方に位置する可能性が大きくなる。どちらになるか分からないので両側に棄却域を設ける。こうした検定を**両側検定**と呼ぶ（図4-4）。

　もしも，先行研究や既存統計によって，μ は μ_0 に等しいか，でなければ μ_0 よりも大きいということが分かっていれば，標本平均が右裾の端の方に入るかどうかだけを考えればよい。その場合，有意水準を5％のままにするならば，右裾の端の方に5％分の領域を考えることになる。ゼロ仮説「H_0：母平均 $\mu=5.0$」に対して対立仮説を「H_1：母平均 $\mu>5.0$」のように一方向だけに設定する検定を**片側検定**と呼ぶ（図4-5）。

　この2つのグラフからも分かるように，同じ有意水準（例えば5％）の両側検定と片側検定を比較した場合，両側検定の棄却域の右側は，棄却域を右側に設定した右片側検定の棄却域に完全に含まれる。両側検定の左側の棄却域は，左片側検定の棄却域に完全に含まれる。つまり，両側検定で有意になる標本平均の値は，同じ有意水準の片側検定では必ず有意になる（＝棄却域に入る）。もちろん，適切な側に棄却域を設定していることが大前提である。

　社会学・社会科学では，そもそも片方にのみ棄却域を設定できるための事前情報が存在しないことが多いためか，片側検定を行っている分析をみることが非常に少ないように思われる。特に意外性を重視する傾向が強い学問の場合には，事前判断によって対立仮説を片側にしか設定していないが実は真相は正反対であった，といったことが生じていたらどうしようかという不安も強いかもしれない。両側検定で棄却域に入れば，適切な片側検定では必ず棄却域に入るのだから，とりあえず両側検定を行っておけば無難であると考えるのかもしれない。

　α エラーのみを考えるならばそう言えるかもしれないが，同一の有意水準の両側検定と片側検定では，α エラーは等しくても，β エラーの確率は異なってくる。片側検定の方が棄却限界値がより分布の中心よりになるために，「対立仮説が正しいのに誤ってゼロ仮説が受容されてしまう」β エラーの確率が小さくなる。言いかえれば，検定力が上がるのである。これまでのところ，心理学と比べて社会学・社会科学では検定力のことはあまり意識されてこなかったように感じられる。そのことも，片側検定への関心の低

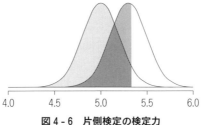

図4-6 片側検定の検定力

さに関係しているのかもしれない。

　基礎 2-1の図4-2と同じ条件で，有意水準5％の右片側検定の結果を図示した（図4-6）。よく見ると，βエラーを表す濃い塗り潰し領域の面積が減少しているのが分かるだろう。実際に第二種の過誤と検定力を計算すると$\beta=55.8\%$，$1-\beta=44.2\%$となり，（この数字ではまだ十分ではないが）第二種の過誤については両側検定よりも改善していることが分かる。

　このような違いはあるが，以降では特に断らない限りは両側検定で説明を行う。

1-2　区間推定と検定

　統計的検定（ゼロ仮説有意性検定）は，ゼロ仮説が棄却されるか，されないかだけが結論される。例えば，「母平均は5.0であるか，それとも5.0とはいえないか」だけしか言えないのである。非常に難しくて苦労する割には情報量が少なく感じられる。それに対して区間推定は，「母平均はおそらく4.61から5.39の間のどこかにあるだろう」という結論がえられる。区間の幅（推定の精度）は標本サイズと共に狭くなるので，検定結果よりも情報量が多い。よって，区間推定ができるものについては検定だけでとどめずに区間推定を行うことが推奨されるが，しかし区間推定と検定はいわば表裏一体であり，いずれも頻度主義に立脚している点は同じである。ここでは，区間推定と検定が同じものごとを別の角度から見ているのだという点を理解しよう。最も単純な例として，母分散が既知の場合の母平均の検定と区間推定を取り上げる。

　すでに見たように，確率変数としての標本平均を標準化すると標準正規分布に従う。

$$\frac{\bar{x}-\mu}{\sigma/\sqrt{n}} \sim N(0,\ 1^2)$$

ここから求められる母平均の95％信頼区間は以下の通りであった。

$$\bar{x}-1.96\frac{\sigma}{\sqrt{n}} \leq \mu \leq \bar{x}+1.96\frac{\sigma}{\sqrt{n}}$$

また，ゼロ仮説「H_0：母平均$\mu=\mu_0$」が5％水準で棄却されない条件は以下のように表される。

$$\left|\frac{\bar{x}-\mu_0}{\sigma/\sqrt{n}}\right| \leq 1.96$$

これを変形すると次のようになる。つまり，95％信頼区間に含まれる値はすべて，有意水準5％でゼロ仮説が棄却されない値である。逆に言えば，有意水準5％で棄却されない値の集合が95％信頼区間なのである。信頼区間が0をはさんでマイナスからプラスに広がっている場合は，「母平均＝0」というゼロ仮説は棄却されないことになる。

$$\bar{x}-1.96\frac{\sigma}{\sqrt{n}} \leq \mu_0 \leq \bar{x}+1.96\frac{\sigma}{\sqrt{n}}$$

同様に，99％信頼区間は，有意水準1％で棄却されない値の集合となる。

1-3 母分散が未知の場合の検定力

検定力について，母分散が未知の場合を，演習用データ中の幸福感 q1700 の例で示してみよう。ゼロ仮説「H_0：母平均 $\mu=\mu_0=5.0$」が正しければ $\frac{\bar{x}-5.0}{\hat{\sigma}/\sqrt{n}} \sim t_{(n-1)}$，$n=378$，$\hat{\sigma}=1.891$ となり，そこから，有意水準5％両側検定でゼロ仮説が棄却されるのが次の場合であることが導かれた。

$$\frac{\bar{x}-5.0}{\hat{\sigma}/\sqrt{n}} < -1.966, \quad 1.966 < \frac{\bar{x}-5.0}{\hat{\sigma}/\sqrt{n}}$$

値を代入して変形すると，$\bar{x}<4.81$，$5.19<\bar{x}$ となる。逆に言えば，標本平均が4.81から5.19の間に入れば，ゼロ仮説は棄却されない。

しかし，ゼロ仮説が間違っていれば，$\frac{\bar{x}-5.0}{\hat{\sigma}/\sqrt{n}}$ は本当は自由度 $n-1$ の t 分布に従っていない。もし対立仮説「H_1：母平均 $\mu=\mu_1=5.3$」が正しいならば，実は次の式が自由度 $n-1$ の t 分布に従っていることになる。

$$\frac{\bar{x}-5.3}{\hat{\sigma}/\sqrt{n}} \sim t_{(n-1)}$$

不偏分散を 1.891^2 に固定し，この式にゼロ仮説が棄却されない値の範囲である $4.81<\bar{x}<5.19$ を代入すると，$-5.03<t<-1.13$ となる。自由度377の t 分布でこの範囲の確率は13％程度となる。これが，対立仮説が真であるのに誤ってゼロ仮説の方が採択されてしまう確率，β エラーの大きさとなる。逆に言えば，対立仮説が真であって正しく対立仮説の方が受容される確率である検定力 $1-\beta$ は87％程度である。

検定力の計算には，**非心 t 分布**というものを利用することもできる［南風原 2014：35］。本当はゼロ仮説が偽で対立仮説が真のとき，ゼロ仮説を真であると仮定して計算した検定統計量 t は，通常の t 分布ではなく，自由度 $n-1$，非心度 $ncp\left(=\frac{\mu_1-\mu_0}{\sigma}\times\sqrt{n}\right)$ の非心 t 分布にしたがう（図4-7）。この非心度の式の前半は 基礎 **2-2** で紹介した効果サイズに等しい。われわれは検定統計量 t の絶対値が1.966以上になったときにゼロ仮説を棄却するのであるが，対立仮説が正しい時，この t が従っているのは実は非心 t 分

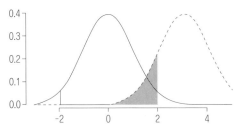

（非心度を3.1とした場合．塗り潰しはβエラーの大きさ）
図4-7　t分布（実線）と非心t分布（点線）

布である．この非心 t 分布において t の絶対値が1.966以上となる確率は有意水準 p_0 には一致しない．この，非心 t 分布において絶対値が1.966以上となる確率が，対立仮説が真であるときに正しくゼロ仮説が棄却される確率，つまり検定力である．非心度の計算には母標準偏差が必要になるが，未知の母分散を不偏分散で推定して計算すると約87％となる．通常の t 分布は，非心度0の非心 t 分布ということができる．

　なお，R には検定力を計算する関数が用意されており，計算だけならより簡単にできる．母平均の検定，あるいは2群の母平均の差の検定の検定力分析には，power.t.test (n, delta, sd, sig.level, power, type="one.sample|two.sample") が標準で存在する［豊田2009；南風原2014］．標本サイズ n，平均値差 delta，検定力 power のうち2つを指定すれば残りの1つを出力する便利な関数である．上の数値例で検定力を計算すると，

```
power.t.test(n=378, delta=5.3-5.0, sd=1.891, sig.level=.05,
             type="one.sample")
```

検定力 power は0.8679182と出力され，上の結果と四捨五入誤差の範囲で一致する．

練習問題

① 有意確率 p 値が，「ゼロ仮説が正しい確率」とは異なることを自分で説明せよ．
② 本章 [基礎] 1-3 の例において，「母平均は6.5である」とのゼロ仮説を検定し，[基礎] 1-4 で説明した有意確率を計算せよ．ただし検定方法は両側検定とする．
③ 上の問題②のゼロ仮説「母平均は6.5である」について片側検定を行え．
④ 上の問題②のゼロ仮説「母平均は6.5である」について，標本サイズを約半分の $n=190$ として両側検定を行い，②の結果と比較考察せよ．
⑤ power.t.test (n, delta, sd, sig.level, power, type="one.sample") で，delta=5.3-5.0，sd=1.891，sig.level=.05，power=.8 として，.3の差を検定力80％で検定する為に必要な標本サイズ n を求めよ．また，n=100，sd=1.891，sig.level=.05，power=.8 として，標本サイズ100，有意水準.05，検定力.80で検定できる最小平均差を求めよ．

2変数の関連の推定と検定

相関係数と分割表

> 基 礎　*Basic*

　第2章では，2つの変数の関連についての記述統計について復習した。中心はピアソンの積率相関係数と分割表のカイ二乗値である。第2章では記述統計の範囲に限定したが，ピアソンの積率相関係数もカイ二乗値も，標本から計算される標本統計量であり，標本が異なればそれらの値も変化する。母集団における相関係数を母相関係数，標本における相関係数を標本相関係数と呼ぶと，標本相関係数は，母相関係数に必ずしも一致せず，一定の変動を示す。標本平均や標本比率が母平均や母比率から確率的にずれるのと同様である。われわれが本当に知りたいのは母相関係数であり，標本相関係数はあくまでそのための具体的な手がかりである。ここでは，母相関係数についてのゼロ仮説有意性検定と区間推定を説明しよう。

　分割表のカイ二乗値に関しては，独立性のカイ二乗検定について説明し，発展において分割表の残差分析と，フィッシャーの正確検定に触れる。

① 積率相関係数についての推測統計

　推測統計の基本は，常に母集団と標本の枠組みで考えること，データから具体的に計算される標本統計量は偶然によって変動するので母数には必ずしも一致しないが，その標本統計量を元にして母数の推測を行うこと，である。標本平均の場合は，母平均を中心とした正規分布に近似的に従うことから区間推定や検定を行えた。では，標本相関係数も，母相関係数を中心とした正規分布に従うのだろうか。

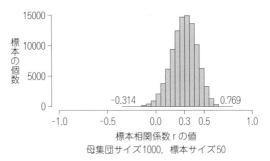

図 5 - 1 標本相関係数100000個のヒストグラム
(母相関係数 ρ=0.30, 標本相関係数の平均0.294)

　R 上で，サイズ $N=1{,}000$ の母集団において母相関係数 $\rho=0.30$ となる2つの変数を作成した。そこからサイズ $n=50$ の標本を無作為に抽出して標本相関係数 r を計算して記録するという操作を10万回繰り返した。結果として10万個の標本相関係数が得られるので，それをヒストグラムで表したのが**図5-1**のグラフである。標本相関係数の標本抽出分布の一部分と言える。

　ここから想像されるように，標本相関係数の標本抽出分布は，$\rho=0$ の場合以外は左右対称にならない。つまり正規分布にならない。これは定義上の下限と上限が -1 と 1 に限定されているためである。図でも，母相関係数の0.30から上限の1までよりも下限の -1 までの方が範囲が広く，ヒストグラムは左側にゆがむことになる。最大値は0.769であるが，最小値は -0.314 にもなっている。標本抽出分布の平均（すなわち標本相関係数の期待値）は $\hat{r}=\rho-\dfrac{\rho(1-\rho^2)}{2n}$ $=.297$ となり，標本相関係数は母相関係数の不偏推定量ですらない。

　以上から，標本平均や標本比率のように，正規分布に従う標本統計量を標準化して標準正規変量として区間推定や検定を行うという簡単な方法を，相関係数の場合には使うことができない。よって少し手の込んだ検定・推定の方法が必要になる。**基礎 1-1** では母相関係数についての t 検定を，**基礎 1-3** ではフィッシャーの z 変換を用いた区間推定を説明する。

1-1　積率相関係数の t 検定

　一般的な統計ソフトなどでは，ほぼ自動的に相関係数の検定結果が表示され

ることがある。「$r=.28**$」とか，「$r=.28, p:.000$」などである[1]。

ここで，検定とは「ゼロ仮説を棄却するか残すかを判断する手続き」であることを思いだしてほしい。この相関係数の検定結果も，検定であるからには，母集団についての推測であるゼロ仮説が手続きの最初に必ず置かれている。例え明記されていなくてもきちんと認識しておこう。この場合のゼロ仮説はH_0：「母相関係数$\rho=0$」である。つまり，高度に有意になったとしても，「さすがに母相関係数が0とは考えにくい」と言えるだけで，標本相関係数の値が母数に等しいといったことが証明されたわけではまったくない。母相関係数について「0か，0でないか」以上のことを言いたければ区間推定を行う必要があるが，それは 基礎 1-2 で説明する。ここでは，そもそもこの母相関係数の検定がどのように行われているのかを述べる。

理由は省略するが，ゼロ仮説H_0：「母集団においては（直線的な）相関関係はない（母相関係数$\rho=0$）」が正しいとき，標本相関係数rと標本サイズnから，自由度$n-2$のt分布に従う検定統計量tを計算することができる。

$$\frac{r}{\sqrt{1-r^2}} \times \sqrt{n-2} \sim t_{(n-2)}$$

t分布は標準正規分布を軽く押し潰したような分布であった。t分布に従うということは，ゼロ仮説が正しければ，（標本サイズnがある程度大きければt分布は標準正規分布に近くなるので）絶対値が2を超えるようなことは100回に5回も生じないだろう，ということである。

例えば$n=50$の場合には，このt分布の自由度は48である。両側5％棄却域を求めると，n <- 50; qt(.025, n-2); qt(.975, n-2) から-2.010635と2.010635となる。検定統計量tの絶対値が2.010635を超えたら，「そんな偶然がいまたまたま起こったとは考えにくいので，何かがおかしかったのだと考えて，ゼロ仮説が正しいとしたことが間違っていたのだと判断する。すなわちゼロ仮説を棄却する」のである。$r=.27$の場合，r <- .27; t0 <- r/sqrt(1-r^2)*sqrt(n-2); t0 から1.942769となる。これは棄却限界値よりも小さいので，ゼロ

---

1) 後者のp :.000 は，有意確率が厳密に0である（p=.000）ことを意味しない。これは，その桁になるように四捨五入すれば0になるという意味であり，正確にはp<.0005を意味する。p≒0と書くのは許容範囲であろう。

表 5 - 1　標本サイズと検定結果

n	r	t	95％限界値（両側）	有意確率（両側）
50	.20	1.414214	|2.010635|	.16375
100	.20	2.020726	|1.984467|	.04604
300	.10	1.734964	|1.967957|	.08378
500	.10	2.242834	|1.964739|	.02535
1000	.05	1.581535	|1.962344|	.11407
3000	.05	2.741128	|1.960756|	.00616

仮説は棄却されない。「標本相関係数は $r=.27$ となったが，標本サイズ $n=50$ が小さく，母相関係数 $\rho=0$ でないと主張するには不十分である」ということである。r <- .30 とすると t0 が 2.178819 となって棄却域に入り，「さすがに母相関係数 $\rho=0$ とは言えないだろう」と判断する。両側検定で r>=|.30| となる有意確率を正確に求めるには，r <- .30; t0 <- r/sqrt(1-r^2)*sqrt(n-2); pt(-1*t0, n-2)+(1-pt(t0, n-2)) とすれば 0.03428618，3.4％程度であることが分かる。

1-2　標本サイズと有意確率

n と r のいくつかの組合せで検定結果を表にしてみる[2]（**表 5 - 1**）。

同じ標本相関係数でも，標本サイズが違うと検定結果が変わることが分かる。$r=.20$ のとき，$n=50$ では両側 5 ％の検定で有意にならない。つまり $\rho=0$ を棄却する十分な証拠にならない。しかし $n=100$ であれば t 統計量は有意水準 5 ％の棄却域に入り，$\rho=0$ ではないと判断することになる。$r=.10$ の場合，$n=300$ ではゼロ仮説は棄却されないが，$n=500$ なら棄却される。$r=.05$ というかなり弱い相関でも，$n=1000$ ではゼロ仮説は棄却されないが，$n=3000$ であればゼロ仮説を棄却し，$\rho=0$ ではないと判断することになる。

$$\frac{r}{\sqrt{1-r^2}} \times \sqrt{n-2} \sim t_{(n-2)}$$

上の検定統計量 t の式をよく見れば分かるが，前半は標本相関係数 r の値だ

---

[2] 次のスクリプトで r と n をいろいろな値に変えて確認することができる。
　r <- .20; n <- 50; t0 <- r/sqrt(1-r^2)*sqrt(n-2); t0
　qt(.025, n-2); qt(.975, n-2); pt(-1*t0, n-2)+(1-pt(t0, n-2))

けで決まり，後半は標本サイズ n だけで決まる．t 統計量は絶対値が大きくなればゼロ仮説が棄却されるのであるが，r が一定でも，n が大きくなれば t 統計量は大きくなり，ゼロ仮説は棄却されやすくなる．要するに，n がかなり大きい大標本の場合には，微弱な相関でも統計的には有意になり，母相関係数 ρ はきっと 0 ではないだろうと言えるのである．統計的に（高度に）有意であることと相関関係が強いことが別であることが分かるだろう．逆に，r も n も両方小さければ有意にはなりにくい．小標本では，標本相関係数 r がそれなりに大きな値にならなければ，母相関係数 ρ が 0 ではないとは判断しにくいのである．

1-3 母相関係数の区間推定

[基礎] 1-2 の t 検定は便利ではあるが，検定一般と同じで，言えるのは $\rho=0$ かそれとも $\rho \neq 0$ かということだけである（しかもその結論も間違っている可能性は残る）．母相関係数が 0 か 0 でないかにとどまらず，ρ が大きいか小さいかも推測したい場合には，より工夫を施した区間推定を行う必要がある．

詳細は省略するが，標本相関係数を以下のように変換（フィッシャーの Z 変換）すると，近似的に正規分布に従う標本統計量になる［南風原 2002：115］．ln は自然対数である．

$$L = \frac{1}{2} ln \frac{1+r}{1-r}$$

L の標本抽出分布である正規分布の平均 μ_L（中心）と標準偏差 σ_L は以下で与えられる．

$$\mu_L = \frac{1}{2} ln \frac{1+\rho}{1-\rho}, \quad \sigma_L = \frac{1}{\sqrt{n-3}}$$

平均と標準偏差の分かっている正規分布に従うので，標準化すれば標準正規変量となり，母平均の区間推定と同じように母数 μ_L の区間推定が行える．

$$\frac{L - \mu_L}{\sigma_L} \sim N(0, 1^2)$$

母数 μ_L の95％信頼区間は，次の通りである．

$$L - 1.96\sigma_L \leq \mu_L \leq L + 1.96\sigma_L$$

この左辺と右辺に元の式を代入すると以下となる。

$$\frac{1}{2}ln\frac{1+r}{1-r}-1.96\frac{1}{\sqrt{n-3}}\leq\mu_L\leq\frac{1}{2}ln\frac{1+r}{1-r}+1.96\frac{1}{\sqrt{n-3}}$$

例えばこれに，$r=.30$，$n=50$ を代入すると，$0.02362422\leq\mu_L\leq0.595415$ となる。[3]

$\mu_L=\frac{1}{2}ln\frac{1+\rho}{1-\rho}$ から $\rho=\frac{e^{2\mu_L}-1}{e^{2\mu_L}+1}$ と変形されることから，ρ の95％信頼区間を求めると，$.0236\leq\rho\leq.5338$ となる。[4]

相関係数の推測統計の結果としては，$\rho=0$ のゼロ仮説の有意確率を報告するよりは，$r=.30$（95% CI：.024〜.534）のように表記する方が情報量が多いだろう。区間推定と検定が表裏一体であることを思いだせば，この区間推定に 0 が含まれていないことから，t 検定によるゼロ仮説有意性検定は有意水準 5 ％でかろうじて有意になることが分かる。[5]

念のため繰り返しておくと，95％信頼区間というのは，同一設計の調査を100回繰り返したら平均してうち95回は正しく母数を間に含み，平均して 5 回は母数を間に含み損ねるような区間のことである。

以上の，t 検定の結果（統計量 t，自由度 df，有意確率 p-value）と95％信頼区間（95 percent confidence interval），そしてもちろん標本相関係数の値（sample estimates: cor）は，R の cor.test(x, y, method="pearson") によってすべて出力される。よって以後は，上記のような計算を自分で行う必要はない。

② 分割表の独立性についてのカイ二乗検定

第 2 章 基礎 2 - 4 で説明した通り，調査データの集計の結果得られた 2 つのカテゴリカル変数の分割表（クロス表）が，もしも 2 変数が独立であったら

---

[3] r <- .30; n <- 50; lwr <- 1/2*log((1+r)/(1-r))-1.96/sqrt(n-3); upr <- 1/2*log((1+r)/(1-r))+1.96/sqrt(n-3); lwr; upr

[4] (exp(2*lwr)-1)/(exp(2*lwr)+1); (exp(2*upr)-1)/(exp(2*upr)+1)

[5] r <- .30; n <- 50; t0 <- r/sqrt(1-r^2)*sqrt(n-2); t0; qt(.025, n-2); qt(.975, n-2); pt(-1*t0, n-2)+(1-pt(t0, n-2)) を実行すると，t=2.179，両側 5 ％限界値2.011，有意確率 p=.034 であると確認できる。

どうなっていたかという反実仮想の分割表からどの程度乖離しているかを示す数値が、カイ二乗統計量である。このカイ二乗統計量も標本統計量であるから、標本が異なれば値が異なり得る。もしも母集団において2変数が完全に独立であったら、標本におけるカイ二乗値も0になるかというと、標本抽出による偶然誤差が入るので、通常はぴったり0になることはまずない。とはいえ、母集団においては本当は独立なのであるとしたら、標本におけるカイ二乗値も、0とは言わないまでも、そんなに大きな値にはならないと考えられる。このカイ二乗値は一体どのような分布に従うのだろうか。定義上、0以上の領域にしか存在しないのは明らかである。

2-1 カイ二乗分布

そもそもカイ二乗統計量やカイ二乗値と呼ぶのは、それが近似的にカイ二乗分布（χ^2分布）という確率分布に従うからである。理論的なカイ二乗分布は、相互に独立な ν（ニュー）個の標準正規変量の二乗和として定義される。当然、標準正規変量の個数、つまりνの値によって形が変わる。このνを自由度という。カイ二乗分布が自由度νによってどのように変化するかは、実際に自分でグラフを描いてみるのが一番だろう。次のスクリプトにおいて、2行目の自由度を1から順に増やしてグラフを描いていけばよい。1行目は一度だけ実行すればよい。

```
x <- seq(0, 20, by=0.1)   # 最大値の20は適当に変えてよい
df1 <- 6   # 自由度を指定する
plot(x, dchisq(x, df=df1), type="l")
```

図5-2のグラフは、自由度1、4、6、8、9、12のカイ二乗分布を重ねて描いたものである。自由度が大きくなるにつれて、頂上は低くなり、右に移動していく。標本データの分割表から計算されるカイ二乗値は、一定の条件を充たせば、自由度$(I-1)(J-1)$のカイ二乗分布に近似的に従う（Iは分割表の行数、Jは列数）。

カイ二乗分布は、標準正規変量の二乗和で定義されていた。ここで、分割表のカイ二乗値が、標準化残差の二乗和であったことを思いだそう。実は、H_0：

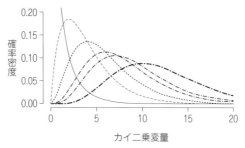

図5-2 自由度1, 4, 6, 8, 9, 12のカイ二乗分布

「母集団においては2変数は独立である」というゼロ仮説が正しい場合には，この標準化残差が近似的に標準正規分布に従うのである。

$$z_{ij} = \frac{n_{ij} - f_{ij}}{\sqrt{f_{ij}}} \sim N(0, \ 1^2)$$

標準化残差が標準正規分布に従うというのは，観測度数 n_{ij} が正規分布に従うということである。正規分布に従う観測度数を標準化したのが標準化残差であり，その二乗和であるカイ二乗値がカイ二乗分布に従うのである。

ゼロ仮説が正しければ，独立状態からの乖離度の指標であるカイ二乗値はカイ二乗分布に従う。つまり，0になるとまでは言えなくても，それほど大きな値にはならない筈である。例えば3行4列の分割表を考えるとすると，自由度6のカイ二乗分布において，0から12.6までの面積が約95%である（qchisq(.95, df=6)とすると12.59159）。言い換えれば，偶然に12.6以上の値になる確率は5％しかない（**図5-3**）。

改めて言い直すと，「母集団においては独立である」というゼロ仮説が正しいならば，標本から計算されたカイ二乗値は，100回中平均して95回は12.6未満になるのであり，もし12.6以上となったら，「偶然にしては大き過ぎる」と考えて，「何かがおかしかった」と疑う。そして最も疑わしいのはゼロ仮説を正しいと仮定した出発点であり，ゼロ仮説を棄却するのである。有意水準を5％とすれば，12.6以上の範囲が棄却域となるのである。ゼロ仮説を棄却するということは，「母集団において2変数は独立とは言えないだろう」と判断するということである。

標本から得られたカイ二乗値 q の有意確率を求めたければ次のようにすれ

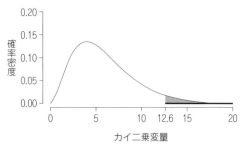

図 5 - 3　自由度 6 のカイ二乗分布の 5 ％棄却域

ばよい。

```
1-pchisq(q, df=6)
```

例えば q=15 とすると 0.02025672 となる。ゼロ仮説が正しい時にカイ二乗統計量が偶然に15以上となる確率は 2 ％余りしかないということである。有意水準 5 ％としているならばこの確率は 5 ％より小さいのでゼロ仮説を棄却することになるが，ゼロ仮説が正しくてもたまたまカイ二乗値が15以上になる確率は 2 ％程度はあるのであり，その時にゼロ仮説を棄却するのは誤った判断だということになる。ここでも有意水準が危険率とも呼ばれるのは同じである。

　R 上で table1 <- table(data01$sex, data01$q1601b) などのようにして分割表を作成した場合は，chisq.test(table1) とすればカイ二乗検定の結果が出力される。ch <- chisq.test(table1) のようにカイ二乗検定のオブジェクトに名前 ch をつけて names(ch) とすれば，表示されたよりも多くの情報が格納されていることが分かる[6]。

2-2　カイ二乗検定の前提条件

　非負の整数値である観測度数が実際に従うのは，ポワソン分布と呼ばれる離散分布である。図 5 - 4 のグラフは，平均 2 のポワソン分布を垂直のバーで，

---

[6] 第 2 章でも紹介したが，この情報を用いて，クラメールの V や一般的な φ 係数を計算することができる。
　　V <- sqrt(ch$statistic/min(dim(table1)-1)/sum(table1)); phi <- sqrt(ch$statistic/sum(table1))

平均5のポワソン分布を○のマーカーを結んだ折れ線で重ね描きしたものである。

平均2のポワソン分布は，左右対称からはややずれており，正規分布に近いとはいいがたい。それに対して平均5のポワソン分布はかなり正規分布に近

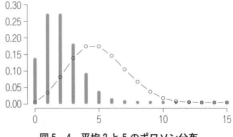

図5-4　平均2と5のポワソン分布

づいている。平均が大きくなるほど，ポワソン分布は，平均と分散が等しい正規分布に近づいていく。各セルの観測度数は，平均が期待度数に等しいポワソン分布に従うと見なされ，期待度数が5以上であればそのポワソン分布は正規分布で近似できる。よって，それを標準化した標準化残差は，二乗和がカイ二乗分布に近似的に従うと言えるのである。

以上より，分割表における2変数の独立性についてのカイ二乗検定の前提条件は，各セルの期待度数が5以上であること，とされる。ただしこれには別の考え方，例えば，期待度数が5未満になるセルの数が，全セル数の20％以内なら許容範囲であるとする考え方，最小期待度数（期待度数のうち最も小さい値）が1以上であればよいとする考え方がある。第2章 基礎 2-4 の3行×4列の分割表は実は期待度数が5未満のセルが3つ（1列目すべて）あり，全12セル中の25％にもなる。よってこのままではカイ二乗分布の近似が悪い可能性があり，Rの出力結果においても「カイ自乗近似は不正確かもしれません」と表示される。こうした場合には，1列目を2列目と合併するか，もしくは 発展 1-2 で説明する正確検定を行うとよい。

なお，二乗和を計算する標準化残差がセルの数 $I×J$ だけあるのになぜ自由度は $(I-1)×(J-1)$ で計算するのかについては詳しくは述べないが，期待度数を計算する際に，観測された周辺度数を制約条件として使用しているため，その分自由度が減るのだとイメージしておけばよい。

なお，基礎 1-2 と同様，標本サイズが大きくなれば，分割表における構成比が同一でも，カイ二乗検定は有意になりやすくなる。構成比が一定の場合，カイ二乗統計量は標本サイズに比例するが，行数・列数が一定であれば自

由度は変わらず,参照するのは同一のカイ二乗分布である。そこでカイ二乗統計量だけが大きくなるので有意になりやすいのである。相関係数の検定と同じく,標本サイズが大きければ,わずかな差や弱い関連でも統計的に有意になりやすいことをよく理解しよう。大標本の場合,「統計的に高度に有意」だからといって,差が大きかったり関連が強かったりするとは限らないのである。

2-3　データに対するモデルの適合度検定

　カイ二乗値は,観測度数の表が,独立だと仮定した場合の期待度数の表からどの程度乖離しているかの指標である。別の表現をすれば,「母集団において2変数は独立である」という理論モデルが,観測データにどの程度適合しているか(正確に言えば,乖離度なので「適合していないか」)の指標である。独立モデルがデータからどの程度乖離しているかを表し,モデルがデータにフィットしているほど乖離度は小さくなる。カイ二乗値が統計的に有意にならない程度の大きさであれば,モデルは棄却されず,データに適合していると判断するのである[7]。カイ二乗統計量は分割表に限らず随所に出てくる統計量であるが,多くの場合は「モデルとデータの乖離度の指標」だと理解しておけばよい。分割表において,統計的に有意になれば2変数に関連があるということになって都合がよいのだと理解している人が多いが,それはモデルが独立モデルだから,ゼロ仮説が「母集団においては独立モデルがあてはまっている」というものだからである。自分が理論的に想定した変数間関連を表現したモデルの適合度を検定する場合は,ゼロ仮説は「母集団において自分のモデルが当てはまっている」となり,自分のモデルとデータの乖離度の指標であるカイ二乗値が有意にならない方が都合がよいことが多い。その場合に乖離度が有意になるということは,「自分のモデルから,偶然とはいいがたいくらいにデータが乖離している」ということだからである。ここからも,null hypothesis を必ずしも帰無

---

7)　厳密に言えば,ゼロ仮説有意性検定(NHST)において検定結果が有意にならなかったということは「ゼロ仮説が誤っていると主張する証拠は不十分である」ということを意味するだけで,ゼロ仮説が正しいと積極的に示されたわけではない。この点を重視する研究者は,適合度検定で乖離度が有意にならなかったことを「モデルがデータに適合している」と解釈することに批判的である。その立場からは,あくまで「モデルがデータに適合していないと主張するには証拠が弱い」と言えるだけとなる。

仮説と訳さない方がよいことが理解できるだろう。

発 展　Advanced

① 分割表のさらなる検定

1-1　分割表の残差分析

独立性についてのカイ二乗検定の結果は，表全体として独立状態に近いか遠いかであり，独立状態から偶然とは考えにくいくらいに乖離している場合に，具体的にどのセルがどの方向に乖離しているのかは分からない。よって，カイ二乗検定において乖離度が有意になった場合には，「検定の結果有意になった」で考察を終えてはならない。独立ではないと判断したということは，2変数間に何らかの関連があると判断したということであるから，ではどのような関係があるのかを調べなければ意味がないのである。

検討の方法は，行％または列％のいずれか適切な方を計算して比較して解釈する方法が堅実である。ただしセルの数が多くてかつ関係の仕方が単純ではない場合は，列％や行％を眺めていてもなかなか関連がよく読み取れないことがある。そうした場合は，**残差分析**という検定方法を用いることもできる。

そもそもカイ二乗値がカイ二乗分布に近似的に従うと言えたのは，標準化残差が近似的に標準正規分布に従うと見なされたからなので，各セルの観測度数が期待度数に比べて偶然とは言えないくらいに多過ぎる（少な過ぎる）かどうかは，標準化残差によって検定すればよいように思える。標準化残差が1.96以上なら「独立状態の期待度数よりも有意に多い」，−1.96以下なら「期待度数よりも有意に少ない」ということである。

しかし，Haberman [1973] によれば，標準化残差の標準誤差は1よりも小さくなるので，正確な標準誤差によって調整した**調整済み標準化残差**（Haberman残差）が標準正規分布に従うことを利用した方がよい。

標準化残差　　　　　　$z_r = \dfrac{n_{ij} - f_{ij}}{\sqrt{f_{ij}}}$

調整済み標準化残差　　$\mathrm{adj}.z_r = \dfrac{n_{ij} - f_{ij}}{\sqrt{f_{ij}\left(1 - \dfrac{n_{i\cdot}}{n}\right)\left(1 - \dfrac{n_{\cdot j}}{n}\right)}}$

分母の違いをよく見れば分かるように，標準化残差よりも調整済み標準化残差の方が絶対値が大きくなる。すなわち検定においてゼロ仮説「そのセルは2変数独立状態に適合している」が棄却されやすくなる。

Rでこの調整済み標準化残差の値を求めるのは簡単である。**基礎** 2-1で，オブジェクト ch<-chisq.test(table1) に格納されている情報の名前を names(ch) で調べた。"statistic" "parameter" "p.value" "method" "data.name" "observed" "expected"

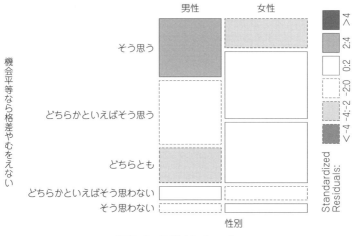

図5-5 モザイクプロット

"residuals" "stdres" が表示されるはずである。"statistic" はカイ二乗統計量であり，ch$statistic もしくは ch[1] とするとその値だけを取り出せる。parameter は自由度，p.value は有意確率，observed は観測度数の分割表，expected は期待値の表，residuals は（名前に注意が必要だが，単なる残差ではなくて）標準化残差（ピアソン残差ともいう），stdres も（単なる標準化残差ではなくて）調整済み標準化残差（ハーバーマン残差）である。よって，ch$stdres とすれば調整済み標準化残差の表が出力され，絶対値が1.96以上かどうかで有意水準5％の検定結果を判断することができる。小数点以下の桁数が必要以上に多い場合は，round(ch$stdres, 3) などとするとよい。

R では，分割表の視覚的表現として**モザイクプロット**が描ける（→第2章 基礎 2-2）。R のモザイクプロットでは，残差分析の結果も簡易的に表現できる。

図5-5のグラフは，男女によって「チャンスが平等に与えられるなら，競争で貧富の差がついても仕方がない」という意見への同意・不同意の分布が異なるかを示したものである。[8] カイ二乗検定を行うと $\chi^2_{(df=4)} = 19.04$，$p \fallingdotseq .00077$ となり男女差は高度に有意である。表示分けの基準が調整済み標準化残差ではなく無調整の標準化残差（**ピアソン残差**）であることには注意が必要だが，標準化残差の値がプラスかマイナスか，そして絶対値が2以下か4以下か4を超えるかによって色や枠線を変えて図示される。上の例では，男性において「そう思う」がかなり多く（ピアソン残差が2以上で，実際には薄い青で塗り潰されている），女性の「そう思う」がやや少ない（ピアソン残差がマイナス2以下で，薄い

---

8) 分割表を table1 とすると，最も単純なグラフは mosaicplot(table1, type="pearson", shade=T) で描かれる。本文ではモノクロだが，実際にはカラーで表示されている。

赤で塗り潰されている）。

1-2　イェーツの連続性修正とフィッシャーの正確検定

本来カイ二乗分布は離散分布ではなく連続分布であるが，分割表から計算されるカイ二乗値は離散的な値をとる。期待度数が5未満のセルがあれば，カイ二乗値はカイ二乗分布からのずれが大きくなってしまい，有意確率が本来よりも小さくなってゼロ仮説が過度に棄却されやすくなってしまう。2行×2列の分割表に対してこの問題を修正しようとするのが，**イェーツの連続性修正**（補正ともいう）である。2行×2列の分割表についてのカイ二乗統計量は実は次のように計算できる。a, b, c, d の記号および ϕ 係数については第2章 基礎 2-3 と同じである。

$$\chi^2 = \frac{n(ad-bc)^2}{(a+b)(c+d)(a+c)(b+d)} = n\phi^2$$

イェーツの連続性修正は，カイ二乗統計量を次のように補正することを指す。

$$\chi_c^2 = \frac{n(|ad-bc|-n/2)^2}{(a+b)(c+d)(a+c)(b+d)}$$

この修正を行うとカイ二乗統計量は小さくなり，有意確率が大きくなる。すなわち，独立性のゼロ仮説が棄却されにくくなる。

実はRのカイ二乗検定の chisq.test 関数は，2行×2列の分割表に対してはデフォルトでこの補正を行う。結果のタイトルをよく見ると確かに "Pearson's Chi-squaredtest with Yates' continuity correction" となっている。あえて補正をさせない場合には chisq.test(table1, correct=F) のように correct=FALSE のオプションを指定しなければならない。2行×2列よりも大きい分割表についてはこの補正は行われない。

かつては，標本サイズが小さく，期待度数が5未満のセルが存在する場合にはこのイェーツの連続性修正を行わなければならないとされていたが，最近ではあまり聞かれなくなった。その代わりに，期待度数が5未満のセルがある程度存在する場合には，**フィッシャーの正確検定**を行うのがよいとされている。正確検定の他に，直接検定，正確確率などの呼び方もある。詳細は省略するが，標本から計算された検定統計量が近似的に確率分布（カイ二乗分布）に従う——あるいはセルの観測度数がポワソン分布に従う——といった仮定をおかずに，生じ得るすべての事象の確率を計算して行う検定である。前者のような，母集団分布についての仮定を要する検定を**パラメトリック検定**，後者のように母集団分布についての仮定を要求しない検定を**ノンパラメトリック検定**と呼ぶ。同[9]

---

9) 本書ではもっぱらパラメトリック検定について扱う。パラメトリック検定とノンパラメトリック検定の両方を適用できるようなデータの場合には，前提を要求しないノンパラメトリック検定の方が望ましいと思うかもしれない。しかし，パラメトリック検定の前提が充たされている場合には，ノンパラメトリック検定では検定力が落ちる（第二種の過誤の確率が高まる）こともある［繁桝・柳井・森編［1999］2008：30, 42；上田 2009：42］。

一の2×2分割表に対して，イェーツの修正による検定，修正なしのカイ二乗検定，フィッシャーの正確検定を行うと，イェーツの修正による検定の有意確率が最も大きく，修正なしのカイ二乗検定の有意確率が最も小さくなる。フィッシャーの正確検定の有意確率はたいていその間にあり，修正なしのカイ二乗検定はゼロ仮説にやや厳し過ぎる傾向があり，逆にイェーツの修正はゼロ仮説に対してやや保守的過ぎる。

演習用データの学歴（3行）×性別役割分業意識（4列）の分割表（table1とする）についてカイ二乗検定を行う（chisq.test(table1)）と，「カイ自乗近似は不正確かもしれません」と警告が出た上で，X-squared=5.1487, df=6, p-value=0.5249 と結果が出力される。同じ分割表についてフィッシャーの正確検定を行う（fisher.test(table1)）と p-value=0.5283 となる。

正確な確率が計算できるなら常にフィッシャーの正確検定を使えばよいのではと思うかもしれないし，実際にコンピュータの性能の急速な向上によってフィッシャーの正確検定が現実的になり，その分イェーツの修正は以前より用いられなくなった。ただし，ケース数や行数・列数が多い場合の正確検定では，現在のコンピュータでも計算にかかる時間が膨大になることがある。そうした場合には，厳密な数値計算ではなくシミュレイションによって有意確率を求めるオプション simulate.p.value=TRUE もある。

分割表についてのこれらの検定はすべて「母集団においては2変数は独立である」というのがゼロ仮説であり，検定結果が有意になった場合には，母集団において2変数は独立とは言えないだろうと判断する点は共通である。

練習問題

① 標本サイズ $n=30$ のデータにおいて2つの数量変数の積率相関係数が $r=.25$ であったとする。「母相関係数 $\rho=0$」というゼロ仮説を検定せよ。

② $n=70, r=.25$ の条件で①と同様に両側検定せよ。結果について①と比較考察せよ。

③ 次の分割表（行列データ）について，独立性のカイ二乗検定を行え。

```
t01 <- matrix(c(49, 47, 84, 37, 37, 17, 17, 14, 6, 25, 25, 17), ncol=4)
```

④ ③の分割表を次のように変換した上で，独立性のカイ二乗検定を行え。結果を③と比較考察せよ。

```
t01s <- round(t01/3, 0); t01s
```

⑤ ③の分割表について残差分析を行え。

2群の母平均の差の t 検定

検定の条件と効果サイズ

> **基 礎** *Basic*

　第4章で母平均の t 検定，第5章で積率相関係数の t 検定と分割表の χ^2 検定，調整済み標準化残差の z 検定を扱った。本章では，統計的検定の初歩で学ぶことの多い2群の母平均の差の t 検定を説明し，検定の前提条件（正規性と等分散性），効果サイズと検定力，検定の多重性などについても触れていこう。

① 2群の母平均差の検定の基本

　演習用データには，いかにも数量的変数（間隔／比率尺度）であるものとして，10段階幸福度変数（q1700）や個人年収（income）・世帯年収（fincome）がある。これらが，男性（sex=1）と女性（sex=2）という2つのグループにおいて平均差があると言えるかどうかを検定する。幸福度や年収が**従属変数**（被説明変数）であり，性別が**独立変数**（説明変数，グループ化要因）である。男性の従属変数の標本平均を $\bar{y}_1$，女性の従属変数の標本平均を $\bar{y}_2$ とする。ケース数はそれぞれ n_1 と n_2 とする。

　標本平均の差 $\bar{y}_1 - \bar{y}_2$ はデータから計算できるが，そもそもわれわれが知りたいのは，母平均に差があるかどうかである。男性と女性それぞれの母平均を μ_1，μ_2 とすると，$\mu_1 = \mu_2$（$\mu_1 - \mu_2 = 0$）であるかどうかが問題なのである。$\bar{y}_1 - \bar{y}_2$ も標本統計量なので，仮に本当は $\mu_1 - \mu_2 = 0$ であった場合でも，標本抽出誤差（偶然誤差）によって $\bar{y}_1 - \bar{y}_2 = 0$ にならないことは不思議ではないが，しかしそんなに大きな絶対値にはならないと期待されるだろう。

　では，どの程度の値になれば，偶然にしては差が大きいと言えるのだろう

か。そもそも $\bar{y}_1$ や $\bar{y}_2$ が大きくバラつく（＝分散が大きい）ならば，$\bar{y}_1-\bar{y}_2$ も偶然によって0から大きくズレることは珍しくないだろう。

標本平均の差 $\bar{y}_1-\bar{y}_2$ は，母平均の差 $\mu_1-\mu_2$ を中心とした正規分布に近似的に従い，その標準偏差（＝標準誤差）は2つの母分散を用いて $\sqrt{\dfrac{\sigma_1^2}{n_1}+\dfrac{\sigma_2^2}{n_2}}$ となる。よって，標本平均の差を標準化すれば標準正規分布に従うことになる。

$$\frac{\bar{y}_1-\bar{y}_2-(\mu_1-\mu_2)}{\sqrt{\dfrac{\sigma_1^2}{n_1}+\dfrac{\sigma_2^2}{n_2}}}\sim N(0,\ 1^2)$$

ここで，母分散はいずれも既知であるとする。統計的検定の出発点としてゼロ仮説 $H_0: \mu_1-\mu_2=0$ を仮定すると，上の式から未知数が消えて，

$$\frac{\bar{y}_1-\bar{y}_2}{\sqrt{\dfrac{\sigma_1^2}{n_1}+\dfrac{\sigma_2^2}{n_2}}}\sim N(0,\ 1^2)$$

となる。標本データからこの式に数字を代入して，絶対値が1.96以上になれば，ゼロ仮説を棄却して「2群の母平均は等しいとは言えない」と結論する（有意水準 $p_0=.05$ の場合）。特に2群の母分散が等しい場合には次のようになる。

$$\frac{\bar{y}_1-\bar{y}_2}{\sqrt{\dfrac{\sigma^2}{n_1}+\dfrac{\sigma^2}{n_2}}}=\frac{\bar{y}_1-\bar{y}_2}{\sigma\sqrt{\dfrac{1}{n_1}+\dfrac{1}{n_2}}}\sim N(0,\ 1^2)$$

しかし社会科学データでは通常は母分散は未知である。母分散が未知の場合，第3章 **基礎** 1-3 と同様，標本データから標準誤差の代用品（推定値）を作成しなければならない。しかもその方法は，2群の母分散が等しいか否かで変わってきてしまう。よって，まずは2群の母分散が等しいと言えるのか言えないのかを確認しなければならない。[1]

1-1　2群の母分散が等しいかどうかの F 検定

2つの分散が等しいか否かは，分散比を表す F 統計量によって検定する。

---

[1] 母分散が等しいかどうかを確認（F 検定）してから母平均が等しいかどうかを確認（t 検定）することの問題点については **基礎** 1-3（ウェルチ検定）の最後を見てほしい。

表6-1　性別ごとの幸福度

性別（sex）	有効ケース数	標本平均	不偏分散
男性(1)	$n_1=161$	$\bar{y}_1=6.366460$	$\hat{\sigma}_1^2=4.083618$
女性(2)	$n_2=217$	$\bar{y}_2=6.917051$	$\hat{\sigma}_2^2=3.085680$

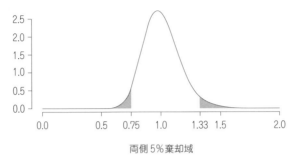

両側5%棄却域

図6-1　自由度160，216の F 分布

ゼロ仮説 $H_0: \sigma_1^2=\sigma_2^2$ が正しい時，$F=\dfrac{\hat{\sigma}_1^2}{\hat{\sigma}_2^2}$ は自由度 n_1-1 と n_2-1 の F 分布に従う。演習データの性別（sex）と幸福度（q1700）を例に取ろう（**表6-1**）。この場合の分散比の従う F 分布は**図6-1**の通りである。分散比は1.323409であり，かろうじて両側5%限界値の内側にある。つまり，ゼロ仮説はギリギリで棄却されないので，母分散は等しいと仮定する[2]。等しいと仮定された母分散の推定値は下記の式で求める[3]。

$$\hat{\sigma}^2=\frac{(n_1-1)\hat{\sigma}_1^2+(n_2-1)\hat{\sigma}_2^2}{n_1+n_2-2}$$

2）　等分散性の検定は，var.test(data$q1700~data$sex) で行うことができる。ただしこの関数では分散比や有意確率，95%信頼区間などは示されるが，2群の不偏分散自体は表示されないので，by(data$q1700, data$sex, var, na.rm=T) などとして不偏分散の値自体も確認しておくとよい。なお，上の F 分布グラフでも分かるように分散が1.4倍近くにもなれば（自由度にもよるが）等分散性が否定される。ただし，2群のケース数が同程度，もしくは2群の分散が同程度ならば実際上問題ないとも言われる［永田・吉田 1997：4-5］。

3）　分子は群1の偏差平方和 SS と群2の偏差平方和 SS の和になる。つまり両方合わせての偏差平方和である。それを自由度の和で割っている。もともとの不偏分散の考え方と共通である。それぞれの不偏分散の加重平均でもある。

1-2　母分散が等しい2群の母平均差の t 検定

母分散が等しい時，ゼロ仮説 $H_0: \mu_1 - \mu_2 = 0$ が正しければ，以下の検定統計量 t が自由度 $n_1 + n_2 - 2$ の t 分布に従う。標準正規分布ではなく t 分布なのは，母分散の推定値を用いているせいである（第3章 **基礎** 1-3 と同様）。

$$t = \frac{\bar{y}_1 - \bar{y}_2}{\hat{\sigma}\sqrt{\dfrac{1}{n_1} + \dfrac{1}{n_2}}} = \frac{\bar{y}_1 - \bar{y}_2}{\hat{\sigma}}\sqrt{\dfrac{n_1 n_2}{n_1 + n_2}}$$

実際の t 統計量や有意確率，それに母平均の差の95%信頼区間やそれぞれの群の標本平均は，すべてRが1つの関数で計算してくれる。等分散を仮定する場合の t 検定（**スチューデントの t 検定**と呼ぶ）を行うには，t.test(data$q1700~data$sex, var.equal=T) とする。

```
        Two Sample t-test

data:data$q1700 by data$sex
t=-2.8252, df=376, p-value=0.004977
alternative hypothesis:true difference in means is not equal
to 0
95 percent confidence interval:
 -0.9337912  -0.1673909
sample estimates:
mean in group 1 mean in group 2
      6.366460        6.917051
```

結果は，$t_{(df=376)} = -2.8252$，$p = 0.004977$ で高度に有意であり，ゼロ仮説は棄却される。すなわち，男性と女性で，幸福度の母平均が等しいとは考えにくい。標本平均では女性の方が幸福度が高いが，（男性平均マイナス女性平均で計算される）母平均差の95%信頼区間は -0.9337912 から -0.1673909 となっている。第1章 **基礎** 2-2 の箱ひげ図で図示すると**図6-2**のようになる[4]。

4）　最低限のオプションなら，boxplot(data$q1700~data$sex, varwidth=T, horizontal=T)。本文のグラフではこれに，main="男女別幸福度", sub="実線は中央値，破線は算術平均", names=c("男性","女性"), las=1, cex.main=1 などのオプションを指定し，segments( ) 関数を用いて後から算術平均を点線で描き入れている。

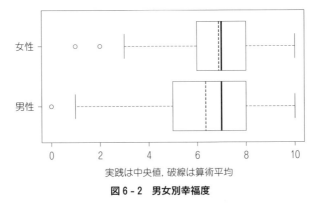

図 6-2 男女別幸福度

1-3 母分散が異なる2群の母平均差のウェルチ検定

等分散性の F 検定で母分散が等しいというゼロ仮説が棄却された場合は，検定統計量 t の計算の仕方と，それが従う t 分布の自由度が変わってくる。t 統計量は下記の比較的単純な式で計算されるが，自由度はかなり複雑な式となり[5]，しかも自然数ではなくなる。自由度が小数であるとはどういうことかは理解が難しく，値が大きい場合は整数部分だけを考えておけばよいだろう。

$$t = \frac{\bar{y}_1 - \bar{y}_2}{\sqrt{\frac{\hat{\sigma}_1^2}{n_1} + \frac{\hat{\sigma}_2^2}{n_2}}}$$

このように，検定統計量と自由度の計算方法は異なるが，あとは，ゼロ仮説 $H_0 : \mu_1 - \mu_2 = 0$ が正しければこれが t 分布に従うとして検定を行えばよい。この t 検定を**ウェルチの t 検定**あるいは単にウェルチ検定と呼ぶ。

演習用データの中の別の変数，世帯年収（fincome）の平均の男女差を分析してみよう。var.test（data$fincome~data$sex）を実行すると F=0.5166, num df=126, denom df=169, p-value=0.000114 となって等分散性の検定が有意になり，男女で母分散が等しいというゼロ仮説が棄却される。

---

[5] 自由度の式は次の通りである。$df = \dfrac{(n_1-1)(n_2-1)\left(\dfrac{\sigma_1^2}{n_1}+\dfrac{\sigma_2^2}{n_2}\right)^2}{(n_2-1)\left(\dfrac{\sigma_1^2}{n_1}\right)^2+(n_1-1)\left(\dfrac{\sigma_2^2}{n_2}\right)^2}$

母分散の等質性が棄却されたので，ウェルチの t 検定を実施する。t.test(data$fincome~data$sex, var.equal=F) を実行すると "Welch Two Sample t-test" というタイトルで結果が表示され，t=－0.756, df=294.596, p-value=0.4503 となる。t 統計量の絶対値が小さく有意確率は大きい。ゼロ仮説は棄却できず，男性と女性の母平均が異なるとは言えない。母平均差の95％信頼区間は－147.64398～68.40823となって間に0を含んでおり，母平均差が0であるとのゼロ仮説が5％水準で棄却されないという検定結果と一致している。

```
            Welch Two Sample t-test

 data:data$fincome by data$sex
 t=-0.756, df=294.6, p-value=0.4503
 alternative hypothesis:true difference in means is not equal
 to 0
 95 percent confidence interval:
   -142.7534   63.5176
 sample estimates:
 mean in group 1 mean in group 2
       697.4409       737.0588
```

なお，R の t.test 関数は，var.equal オプションを FALSE とも TRUE とも指定せずに t.test(data$fincome~data$sex) のように実行すると，デフォルトでは var.equal=F，すなわちウェルチ検定の結果を出力する。ウェルチ検定は，母分散が等しいかどうかにかかわらず実行できる検定であり，母分散が等しい場合はそのうちの特別な場合だと考えられるからである。しかも，t 検定を行う前に F 検定を行うのは，厳密には**検定の多重性**という問題を生じる。検定の多重性とは，複数の異なる検定を組み合わせて行うと，全体での危険率が意図したものよりも上昇してしまうという問題をいう。例えば，F 検定を有意水準5％で，その後の t 検定も有意水準5％で行うとすると，F 検定で α エラーをおかす確率が.05，t 検定で α エラーをおかす確率が.05となる。全体で何らかのエラーをおかす確率は，.05＋.05－.05×.05＝.0975 より，10％近い値となってしまうのである。この検定の多重性の問題は従来は1元配置分散分析の事後検定（多重比較）のところでのみ解説されることが多かったが，ここでの F 検定→t 検定の組合せにも同じことが言える。よって最近では，**等**

分散性のF検定を行わずに最初からウェルチの検定を行うべきであるという考え方が優勢になっている。Rもそうした動向を反映して，デフォルトではウェルチの検定を行う仕様になっている。本章では，F分布やF検定を紹介する目的もあって，従来の解説の仕方に従ってF検定を行ってからt検定を行うという順序で説明をしたが，今後は最初からウェルチ検定のみを行うのがよい。初学者にとってはむしろ面倒が省けて好都合であろう。

② 区間推定と効果サイズ

ゼロ仮説有意性検定（NHSTP）は，一言でいえば，「ゼロ仮説を棄てるか，それとも残すか」を決める手続きである。得られる結論は，当然，「ゼロ仮説は正しくないだろう」もしくは「ゼロ仮説を疑う積極的な理由はない」というものになる。これでは，差の大きさとか関連の強さについては直接述べることはできない。ここでは，第4章 発展 1-2 の母平均の区間推定同様に母平均の差についても区間推定ができることを述べ，さらに近年重要性が強調される効果サイズ（effect size; 効果量と訳されることが多い）について簡単に述べよう。

2-1 母平均の差の区間推定

すでにt検定の実行例において触れているが，母平均の差についても，ゼロ仮説の有意性検定だけではなく，区間推定を行うことができる。これは母平均の検定と母平均の区間推定の関係と同様である。

基礎 1-2 の母分散が等しい場合のスチューデントのt検定の場合の例で言うと，調査の実施前の視点からは，95％の確率で以下の不等式が成り立つ。区間推定は，ゼロ仮説を仮定しない点が検定と異なる。

$$t_{(p=.025,\ df=n_1+n_2-2)} \leq \frac{\bar{y}_1-\bar{y}_2-(\mu_1-\mu_2)}{\hat{\sigma}\sqrt{\dfrac{1}{n_1}+\dfrac{1}{n_2}}} \leq t_{(p=.975,\ df=n_1+n_2-2)}$$

この式を変形すると次のようになる。これが幸福度の男女での母平均差の95％信頼区間である。

$$\bar{y}_1-\bar{y}_2-t_{(.975,\ df)}\cdot\hat{\sigma}\sqrt{\frac{1}{n_1}+\frac{1}{n_2}} \leq \mu_1-\mu_2 \leq \bar{y}_1-\bar{y}_2-t_{(.025,\ df)}\cdot\hat{\sigma}\sqrt{\frac{1}{n_1}+\frac{1}{n_2}}$$

データから，$\bar{y}_1=6.36646$，$\bar{y}_2=6.917051$，$n_1=161$，$n_2=217$，$\hat{\sigma}=1.873589$ が求められる。t 分布の限界値は，qt(p, df) で簡単に求められ，この場合は左から1.966293，-1.966293 となる。これらを代入すると次のようになる。

$$-0.9337912 \leq \mu_1-\mu_2 \leq -0.1673909$$

これは，t.test(data$q1700~data$sex, var.equal=T) で出力される区間と一致している。この区間の値は，ゼロ仮説の母平均差の値として仮定しても有意水準5％で棄却されない。

ウェルチの検定でも，t 値と自由度の計算が異なるだけで，考え方は同じである。母平均に差があるか否かだけでなく，どの程度の差がありそうかという差の大きさも見積もりたければ，検定ではなく区間推定を行うのがよい。

2-2　効果サイズと検定力

母分散が等しいとした場合の 基礎 1-2 の式，

$$t=\frac{\bar{y}_1-\bar{y}_2}{\hat{\sigma}}\sqrt{\frac{n_1 n_2}{n_1+n_2}}$$

は，標本サイズに依存する $\sqrt{}$ の部分と，標本サイズとは無関係な前半の分数部分に分けることができる。前半の分数部分は，2群の平均の差が，（2群に共通の）標準偏差の何倍であるかを意味している。つまり，バラつきに比して平均値がどれくらい異なっているかを表している。平均値に差があっても，そもそもの値のバラつきが大きければ，その平均値差も偶然生じただけかもしれない。逆にそもそものバラつきが小さければ，ある程度大きい平均値差は偶然とは考えにくい。よってこの前半の分数部分は，平均値の差の実質的な大きさを表現している。

検定統計量 t は，絶対値が大きければゼロ仮説が棄却されやすくなる。絶対値を大きくする要因はこの2つである。つまり，差が実質的に大きければ当然「差は0である」とのゼロ仮説は棄却されやすくなるが，標本サイズが大きくてもゼロ仮説は棄却されやすくなる。2つの標本サイズが共に2倍になったと

すると，$\sqrt{}$ 部分は，したがって t 統計量は $\sqrt{2}$ 倍になる。特に注意が必要なのは，実質的な差が小さくても，標本サイズがとても大きければ，ゼロ仮説は棄却されうるということである。大標本であればわずかな差でも敏感に検出してゼロ仮説を棄却できるのであるから，「差が統計的に高度に有意である」ことと「差が実質的に大きい」ことはきちんと区別しなければならない。実質的な差の大きさを表す以下の式を**効果サイズ**と呼ぶ。

$$\hat{d} = \frac{\bar{y}_1 - \bar{y}_2}{\hat{\sigma}}$$

標本データから具体的に値が計算されるこの式に対して，以下の式を考えることができる。この式は母集団についての差の実質的な差の大きさを意味していることになり，**母効果サイズ**（**母効果量**）と呼ぶ。それに対して上記の標本データから計算される効果サイズは母効果サイズの推定量であることになり，**標本効果サイズ**（**標本効果量**）と呼ぶ。

$$d = \frac{\mu_1 - \mu_2}{\sigma}$$

効果サイズの大きさの目安としては，.20程度までの値は小さな効果サイズ，.50程度までの値は中程度の，.80程度あれば大きな効果サイズと呼ばれている［大久保・岡田 2012：94-96］。効果サイズは，平均値の差に限らずさまざまな統計分析において定義・提案されているので，ゼロ仮説有意性検定の結果だけでなく，実質的な差や関連の大きさについても報告するのが望ましい。

第4章 発展 **1-3** で述べたように，Rでは（各群ごとの）標本サイズ，効果サイズ，有意水準，検定力の4つのうちいずれか3つを指定すれば，残りの1つの値を出力してくれる。基礎 **1-1**〜**1-2** の数値例で計算してみよう。ただし，標本サイズ（有効ケース数）が2群で異なるため，少ない方，多い方，有効ケース数の算術平均，有効ケースの幾何平均の4通りで検定力を求めてみる。

```
y1 <- 6.366460; n1 <- 161; var1 <- 4.083618
y2 <- 6.917051; n2 <- 217; var2 <- 3.085680
sd0 <- sqrt((var1*(n1-1)+var2*(n2-1))/(n1+n2-2))
                                    # 共通の標準偏差推定値
```

```
n0 <- c(n1, n2, floor((n1+n2)/2), floor(sqrt(n1*n2)))
                                              # 4通りの標本サイズ
power.t.test(n=n0, sd=sd0, delta=y1-y2, sig.level=.05, power=NULL,
             type="two.sample")
```

求めたいものを NULL 指定する。単に省略しても良いが，NULL と明記しておくと分かりやすく，スクリプトの改変・再利用もしやすい。効果サイズは (y1-y2)/sd0 から約 -0.294 となる。検定力分析の結果は次の通りとなった。

```
power=0.7481781, 0.8630815, 0.8131254, 0.8069331
```

標本サイズが小さいと検定力が落ちることが分かる[6]。

このように 2 群の標本サイズが異なる場合の t 検定の検定力分析をきちんと行うためには，追加のパッケージ "pwr" をインストールする必要がある。

```
install.packages("pwr", repos="https://cran.ism.ac.jp")
                                # 統計数理研究所サイトを利用
library(pwr)   # インストールした "pwr" パッケージを有効化する
d0 <- (y1-y2)/sd0  # 効果サイズ推定値
pwr.t2n.test(n1, n2, d=d0, sig.level=.05, power=NULL,
             alternative="two.sided")
```

結果は power=0.8045628 となり，4 通りの中では，標本サイズの幾何平均を用いた結果が最も近かった。もし母効果サイズが標本効果サイズと同程度ならば，有意水準 5 ％でのゼロ仮説有意性検定で，ゼロ仮説が誤っている時に正しく棄却できる確率が約80％あることになり，十分な検定力があると分かった。

基礎 1 - 3 の世帯年収の男女差のように等分散が仮定できない場合は，検定にはウェルチ検定を用いたが，効果サイズや検定力分析はどのように行えるのだろうか。1 つの方法は，等分散を仮定する場合と同様に 1 つの標準偏差（の推定値）を計算して「平均的な標準偏差」として利用する方法である。もう 1 つは，2 つの標準偏差のいずれか一方を用いる方法である［南風原 2014：

---

[6] n に161を使用した時の.748がこの場合の検定力の下限，217を使用した時の.863が上限で，実際の検定力はその中間にあると想像できるが，2 群の標本サイズの算術平均を用いた場合の.813と幾何平均の場合の.807のいずれが適切なのかは分からない。

66］。後者は，2群のいずれかを基準群・参照群に用いるようなものであり，いずれを設定するのが適切かは一概には言えない。世帯年収の男女差では，男性の標準偏差が377.5947，女性の標準偏差が525.3713，平均的な標準偏差を計算すると467.9973である。平均値差 697.4409－737.0588 をこれらの標準偏差で割ったものを効果サイズ推定値（－0.10492171，－0.07540930，－0.08465408）として，有意水準5％での検定力を計算すると，0.14486618，0.09821609，0.11107465と非常に低い値となる。

逆に，検定力を.80として，検定できる効果サイズの方を計算すると，

```
pwr.t2n.test(n1, n2, d=NULL, sig.level=.05, power=.80,
             alternative="two.sided")
```

より d=0.329665 となる。この例での効果サイズが非常に小さいと考えられるので，百数十程度の大きさの標本では十分に検定できないのである[7]。

もし.085程度の効果サイズを検定力.80で検定したいのであれば，各群の標本サイズは2174人（合計で4348人）必要である。

```
power.t.test(n=NULL, d=.085, sig.level=.05, power=.80,
             alternative="two.sided")
```

標準偏差が（標準正規分布と同じ）1程度の2つの分布における.085の平均の差は極めて小さな差であり，そんな小さな差を検出することに意義があるかどうかは，具体的にどのような問題に取り組んでいるかによる。

なお，具体的に計算される効果サイズは標本効果サイズであり，標本調査の常として，母効果サイズに一致する保証はない。よって，標本効果サイズから母効果サイズの信頼区間を求めることが推奨される。単純な方法で上の男女の世帯年収の差の母効果サイズの95％信頼区間を求めると，標本効果サイズが－0.085弱であるのに対して，母効果サイズの95％信頼区間が－0.315弱から0.1454程度となり，0を挟んで広い区間に広がってしまっている。つまり母効果サイズは0であることも十分考えられるのである。

7） そもそも無作為標本である限り，回答者自身が男性であれ女性であれ，個人年収と違って世帯年収の平均には差は生じないはずだと考えられるので，この場合にはこの結果（差のゼロ仮説が棄却できず，検出するのが難しいという結果）はむしろ当然である。

発展 *Advanced*

① 正規性の検定

基礎 では触れなかったが，t 統計量が t 分布に従うといえるのは，母集団分布が正規分布のときである（第 3 章 基礎 1-3 と同様）。もちろん，母集団分布がどんな分布かが正確に分かることは普通はないので，母集団分布が正規分布かどうかを標本データから推測することになる。具体的には，「母集団分布は正規分布である」というゼロ仮説を仮定して，正規分布からの標本データのズレが偶然と言える範囲に収まっているか否かを検定する。正規性の検定方法は複数存在するが，シャピロ・ウィルク検定とコルモゴロフ・スミルノフ検定が代表的である。正規性を検定する変数のヴェクトルを v1 とすると，R ではそれぞれ，shapiro.test(v1)，ks.test(v1, "pnorm", mean=mean(v1), sd=sd(v1)) として実行する。

本章の例，男女別の幸福度と世帯年収の母集団分布が正規分布と言えるかどうかを検定すると（スクリプトは→サポートウェブ），男女の幸福度，男女の世帯年収のすべてが，シャピロ・ウィルク検定，コルモゴロフ・スミルノフ検定で有意になってしまう。

ここで，ゼロ仮説有意性検定の基本をもう一度確認しよう。検定が統計的に有意になる，有意確率 p が（.05 や .01 より）小さいということは，「ゼロ仮説が正しければたまたまこんな標本になる確率は非常に小さい」ということであり，そこから「ゼロ仮説は正しくないのではないか」と判断するということである。正規性の検定は一種のモデルの適合度の検定であり，「母集団では正規分布している」（＝ゼロ仮説）というモデルが適合するかどうかを検定する。それが棄却されるということは，t 検定やウェルチ検定の前提が棄却されたということであり，統計的に有意になることは分析者にとって嬉しいことではない。モデルの適合度検定では乖離が有意にならない方が（ゼロ仮説が棄却されない方が）むしろ都合がよい。

しかし，社会調査データの変数では，正規性の検定を行うとゼロ仮説が棄却されることが多い。つまり，厳密には「母集団分布が正規分布である」と仮定できないことになり，せっかくの t 検定もウェルチ検定も適用できないということになってしまう。

ただ，検定は一般的に，大標本の場合にはわずかなズレでも統計的に有意になりやすいという性質をもつ。わずかに正規分布から逸脱しているだけで，ゼロ仮説が棄却されやすくなるかもしれない。また，正規性からの逸脱に関しては，t 検定は比較的**頑健**であるとも言われている。以上のことから，t 検定の場合の正規性の仮定はそれほど厳格に考えなくてもよいという説もある［豊田編 2009：25］。また，t 検定を行うための準備として正規性の検定を行うことは，等分散性の検定と同じく，検定の多重性の問題を生じさせる。加えて，有意にならなかったからと言って正規分布だと言えるわけではない

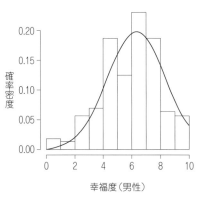

図6-3 男性の幸福度ヒストグラム　　図6-4 男性の幸福度 Q-Q プロット
　　　　　　　　　　　　　　　　　　　　一直線上に点が並ぶと良い

との批判的意見もあるだろう[8]。

　正規分布への適合度を視覚的に確認するには，ヒストグラムを描いてみるほか，Q-Q プロットという散布図を描いて，点が一直線上に並ぶかどうかを見る方法もある。

　図6-3，**図6-4** の2つのグラフの必要最小限のものは，変数のヴェクトルを v1 とすると，下記のスクリプトで描ける（詳細は→サポートウェブ）。

```
par(mfrow=c(1, 2))
hist(v1, freq=F); curve(dnorm(x, mean=mean(v1), sd=sd(v1)), from=0,
                        to=10, add=T)
qqnorm(v1); qqline(v1)
```

練習問題

① 演習用データの大卒・非大卒変数 edu1 と幸福度 q1700 を使って2群の母平均の差の検定を行おう。データフレイム名を data とすると，まず data$q1700 が11になるケースは欠損値処理する必要がある。by(data$q1700, data$edu1, var, na.rm=T) によってそれぞれの群の分散を計算し，var.test( ) 関数で等分散性の検定を行ってみよう。スチューデントの t 検定とウェルチの検定を両方行って，結果がどの程度異なるかを比較してみよう。

② 上の①と同じ変数を用いて，標本から計算される効果サイズの推定値（標本効果サ

8）　正規性の検定ではなく等分散の検定についてだが，久保は検定の誤用だと述べる［久保 2012：108］。それに対して，頑健性の判定を行っていると考えれば許容できるとの立場もある［繁桝・柳井・森［1999］2008：37］。

イズ）を計算してみよう。標準偏差は，いずれかの群の標準偏差を用いる場合と，（等分散を仮定する場合のように）共通の標準偏差の推定値を計算して用いる場合の3通りがありうる。各群のケース数は，by(data$q1700, data$edu1, function(x) sum(!is.na(x))) から，標準偏差は by(data$q1700, data$edu1, sd, na.rm=T) から求めることができる。平均値は t 検定の結果から分かるが，by(data$q1700, data$edu1, mean, na.rm=T) から求めることもできる。

③　上の①，②の情報を用いて，pwr.t2n.test(　) を用いて検定力を計算してみよう。

④　以下のスクリプトは，人工的に2つの群のデータを発生させて，母平均の差の t 検定とウェルチ検定を行うものである。最初の条件設定の3行は1度だけ実行し，その後の4行は何度か実行してみて，スチューデントの t 検定とウェルチの検定の結果の相違を比べてみよう。

```
n1 <- 20; n2 <- 80    # 2群のケース数
mu1 <- 100; mu2 <- 115   # 2群の母平均
sd1 <- 10; sd2 <- 40    # 2群の母標準偏差


x1 <- rnorm(n1, mean=mu1, sd=sd1)    # 1つ目の群の正規乱数データ生成
x2 <- rnorm(n2, mean=mu2, sd=sd2)    # 2つ目の群の正規乱数データ生成
t.test(x1, x2, var.equal=T)  # Student の t 検定
t.test(x1, x2)   # Welch の検定
```

⑤　上の④のスクリプトで，n2 や mu2，sd2 を変えて試してみよう。

7 平均値の差の分散分析

偏差平方和の分解

> 基礎 *Basic*

　第6章では2群の母平均の差の検定を扱った。3群以上の平均を比較して差があるか否かを分析したい場合にはどうすればよいだろうか。例えば未婚者グループ，有配偶グループ，離死別グループの幸福度や世帯年収の比較を行う場合，未婚者と有配偶者で t 検定を行い，有配偶者と離死別者，離死別者と未婚者でも t 検定を行えばよいのだろうか。これらの検定がすべて独立であり，すべて有意水準5％で検定したとすると，3つのペアの少なくともいずれか1つの検定において第一種の過誤をおかす確率は，.05＋.05＋.05－(.05＊.05＋.05＊.05＋.05＊.05)＋.05＊.05＊.05＝.142625 となり14％以上にもなってしまう。第6章 基礎 **1-3** で述べた，F 検定と t 検定を連続して行う場合と同様，**検定の多重性**の問題が発生するのである。本章では，そうした場合に通常使用される**分散分析**と**多重比較**について説明する。

① 1要因分散分析

　分散分析はグループ間に平均値の差があるか否かを分析する手法であり，グループ化する変数が一つだけのものを慣習的に**1要因分散分析**とか**1元配置の分散分析**と呼ぶ。[1] グループ化する変数（要因）は**独立変数，説明変数，基準変数**，平均を求める変数は**従属変数，被説明変数，応答変数**などと呼ぶ。

---

1) 1要因分散分析と第8章の単回帰分析はいずれも説明変数が1つの一般線型モデルであるが，それぞれ発展してきた経緯が異なるために呼び方が異なる。分散分析は実験計画を行う研究分野で発展してきており，観察データの分析では前提を充たせないことも多い。

分散分析の基本的な考え方では，全体平均を基準としてそこからのグループ平均の差に注目し，グループ内部での個人差は誤差とみなす。これは実は2群の母平均の差の t 検定でも同じである。グループ j に属する個人 i の測定値を次のように変形すると，第2項の（　）内が全体平均からのグループ j の平均の偏差，第3項の（　）内がグループ j の平均からの個人 i の測定値の偏差となる。前者がグループ j に属することの効果で，後者は誤差として扱う。

$$y_{ij} = \bar{y} + (\bar{y}_j - \bar{y}) + (y_{ij} - \bar{y}_j)$$

1-1　偏差平方和の分解

被説明変数に対する説明変数の影響力を考える際には，「説明変数の値の違いによって被説明変数の値はどれほど違ってくるだろうか」と考える。言い換えると「説明変数のバラつきによって被説明変数はどれだけバラつくだろうか」となり，被説明変数のバラつき・散布度，すなわち分散がどの程度説明されるのかが焦点であると分かる。初級の多変量解析の多くは，分析者が構成したモデルによって被説明変数の分散をどの程度説明できるかに関心がある。分散は（ある1つの基準上での）人々の相違，多様性を表していると見なせるので，「人々の多様性が何によってもたらされているか」を探求しているとも言える。

分散は，偏差平方和をケース数で割ったもの，言い換えると平均からの偏差の二乗の平均であった（→第1章）。上の式から偏差平方は次のようになる。

$$(y_{ij} - \bar{y})^2 = \{(\bar{y}_j - \bar{y}) + (y_{ij} - \bar{y}_j)\}^2$$
$$= (\bar{y}_j - \bar{y})^2 + 2(\bar{y}_j - \bar{y})(y_{ij} - \bar{y}_j) + (y_{ij} - \bar{y}_j)^2$$

この偏差平方を，ひとまずグループ j の中だけで合計する。n_j はグループ j に属するケース数である。右辺の3つの項の変形の際に，添え字 i を含まない第1項と第2項の前半は，i の $\sum$ に関しては定数扱いである点に着目する。定数を1から n_j まで足し合わせるというのは，その定数を n_j 倍するのと同じである。式変形の結果，以下のようになる（詳細は→サポートウェブ）。

$$\sum_{i=1}^{n_j}(y_{ij} - \bar{y})^2 = \sum_{i=1}^{n_j}(\bar{y}_j - \bar{y})^2 + 2\sum_{i=1}^{n_j}(\bar{y}_j - \bar{y})(y_{ij} - \bar{y}_j) + \sum_{i=1}^{n_j}(y_{ij} - \bar{y}_j)^2$$
$$= n_j(\bar{y}_j - \bar{y})^2 + \sum_{i=1}^{n_j}(y_{ij} - \bar{y}_j)^2$$

このグループごとの合計を m 個のグループすべてについて合計すると，全体の偏差平方和が次のようになる。

$$\sum_{j=1}^{m}\sum_{i=1}^{n_j}(y_{ij}-\bar{y})^2 = \sum_{j=1}^{m}n_j(\bar{y}_j-\bar{y})^2 + \sum_{j=1}^{m}\sum_{i=1}^{n_j}(y_{ij}-\bar{y}_j)^2$$

左辺を**総平方和** SS_T（SS_{Total}），右辺第1項を**級間平方和**（グループ間平方和）SS_B（$SS_{Between}$），右辺第2項を**級内平方和**（グループ内平方和）SS_W（SS_{Within}）と呼ぶ。そして**級間平方和**が関心の対象であるグループによる影響，**級内平方和**は誤差としての個人差となる。この**平方和の分解**が分散分析の根幹である。

$$SS_{Total} = SS_{Between} + SS_{Within}$$

総平方和は一定なので，級間平方和が大きいほど級内平方和（誤差）は小さく，級間平方和が小さいと級内平方和は大きい。級間平方和が大きいほど，被説明変数に対するグループ要因（説明変数）の影響力が大きいといえる。

1-2　ゼロ仮説と F 統計量

分散分析の中心は F 検定であり，検定には必ずゼロ仮説が存在する。ゼロ仮説の内容は，母集団において説明変数（要因）の効果は0であるというものであり，言い換えれば，母集団においてはすべてのグループ平均は全体平均に等しいという仮説である。これを個々のケース（個人の測定値）の側から見れば，どのグループに所属していようがまったく変わりはないということなので，ゼロ仮説が正しければすべての測定値は同一の分布に従うことになる。この同一の分布が正規分布である場合が，分散分析の前提となる（**等分散正規性**）。

$$y_{ij} \sim N(\mu, \sigma^2)$$

このとき，平方和の分解の左辺を母分散 σ^2 で割った式は次のように変形され，総ケース数 n 個の標準化された正規変量の二乗和から1個の標準正規変量の二乗を引いたものなので，定義上，自由度 $n-1$ のカイ二乗分布に従う。[2]

$$\sum_{j=1}^{m}\sum_{i=1}^{n_j}\left(\frac{y_{ij}-\bar{y}}{\sigma}\right)^2 = \sum_{j=1}^{m}\sum_{i=1}^{n_j}\left(\frac{y_{ij}-\mu}{\sigma}\right)^2 - \left(\frac{\bar{y}-\mu}{\frac{\sigma}{\sqrt{n}}}\right)^2 \sim \chi^2_{(n-1)}$$

---

2) 自由度 ν の χ^2 分布とは，互いに独立な ν 個の標準正規変量の二乗和として定義される。そのため，カイ二乗分布で近似できるために等分散正規性が必要とされる。

表7-1　分散分析表の基本

要因 factor	平方和 SS	自由度 df	平均平方 MS	F値	p値
要因A	$SS_{Between}$	$m-1$	MS_A	F_A	$Prob(F≧F_A|H_0)$
誤差e	SS_{Within}	$n-m$	MS_e		
全体	SS_{Total}	$n-1$			

　平方和の分解の右辺の第1項と第2項を母分散で割った $SS_{Between}/σ^2$, $SS_{within}/σ^2$ もそれぞれ，自由度 $m-1$, $n-m$ のカイ二乗分布に従う（詳しくは→サポートウェブ）。

　ここで，「カイ二乗分布に従う統計量÷その自由度」という統計量が2つあったとき，その比が F 分布として定義されることを利用する。

$$F_{(df1,\ df2)} = \frac{\chi^2_{(df1)}/df1}{\chi^2_{(df2)}/df2}$$

平方和の分解の式の右辺の第1項と第2項をそれぞれの自由度で割った統計量を**平均平方**という。これは，自由度1つあたりの平方和という意味である。そしてこの2つの平均平方の比は，自由度 $m-1$, $n-m$ の F 分布に従うことが分かる。

$$\frac{MS_{Between}}{MS_{within}} = \frac{SS_{Between}/(m-1)}{SS_{within}/(n-m)} = \frac{(SS_{Between}/σ^2)/(m-1)}{(SS_{within}/σ^2)/(n-m)} = F_{(m-1,\ n-m)}$$

　平均平方の比はデータから具体的に計算可能であり，F 統計量によってゼロ仮説を検定することが可能になる。ゼロ仮説が正しくなく，要因の効果が存在する場合には，検定統計量 F は大きくなる。よって，有意水準5％の検定であれば，F 分布の右端に5％の棄却域を設定し，自分のデータから計算した F 統計量がその棄却域に入るか否かを見ることになる。

　以上の計算結果を**表7-1**のような**分散分析表**にまとめる。

1-3　4群の母平均差の F 検定

　演習用データで実際の分析例を示してみよう。データフレイム名を data とする。変数 job は1が正規雇用，2が非正規雇用，3が自営，4が無職を意味する従業上の地位である。income は本人年収（万円），fincome は世帯年収である。従業上の地位によって本人年収が異なるのは当然なので，ここでは回答

者本人の従業上の地位によって世帯年収の平均が異なるかどうかを見てみよう。まずは従業上の地位の4つのグループ（説明変数）ごとに世帯年収（被説明変数）の分布がどのように異なるかを大雑把に確認する。tapply 関数と summary 関数を組み合わせて次のようにすると，グループごとの被説明変数の分布の概要が出力される。各グループの標本平均はこの結果から分かる。

```
tapply(data$fincome, data$job, summary)
```

```
$`1`
   Min.   1st Qu.  Median   Mean   3rd Qu.   Max.    NA's
   75.0   500.0    700.0    804.3  925.0     2500.0  37
$`2`
   Min.   1st Qu.  Median   Mean   3rd Qu.   Max.    NA's
   0.0    325.0    550.0    631.8  925.0     1750.0  18
$`3`
   Min.   1st Qu.  Median   Mean   3rd Qu.   Max.    NA's
   75.0   375.0    500.0    630.4  800.0     2500.0  10
$`4`
   Min.   1st Qu.  Median   Mean   3rd Qu.   Max.    NA's
   0.0    200.0    600.0    670.4  925.0     2500.0  19
```

これだと各グループのケース数が分からない。tapply(data$fincome, data$job, length) とすると順に182人，92人，38人，68人となる。ただしこれは fincome が欠損値 NA であるケースも含んでいるので，上の summary の結果の NA's の数を引いて有効ケース数を求める必要がある（145人，74人，28人，49人）。

また，boxplot(data$fincome~data$job) とするだけでグループ別の箱ひげ図を描くことができる（**図7-1**はいくつかオプションを指定して描いたもの）。欠損値 NA は自動的に除外されている。

いよいよ分散分析を行うが，R で分散分析，特に1要因分散分析を行う方法はいくつかある。分散分析（Analysis Of Variance）の名前を持つ aov 関数，分散分析を包含する（一般）線型モデル（Linear Model）の lm 関数，そして1要因（1元配置）分散分析専用の oneway.test 関数である。oneway.test 関数だけは後で説明する。

平均値の差の分散分析

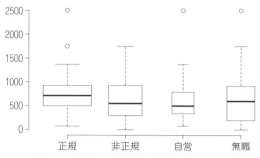

図 7 - 1 従業上の地位別の世帯年収（万円）

　最初に，測定値を全体平均，全体平均からのグループ平均の偏差，グループ内の個人の偏差に分解することを述べた．2 番目の項がグループ要因の効果，3 番目の項が誤差として扱われる．グループ要因がこの分析における説明変数であることが分かりやすいように，次のように式を書き換えることとする．

$$y_{ij}=\bar{y}+(\bar{y}_j-\bar{y})+(y_{ij}-\bar{y}_j)=\hat{\beta}_0+\hat{x}_j+r_{ij}$$

こうした方程式を R の関数の中で指定する時には，"=" ではなく "~" を使用して y~x のように書く．全体平均を示す定数項（切片）と誤差は省略する．[3]

▶ aov 関数

　aov 関数（や lm 関数）で分散分析を行う場合には，変数の型に注意する必要がある．変数の型とは，要因型（名義尺度，順序尺度）か数量型（間隔尺度・比率尺度）かである．データフレーム data の中の fincome を被説明変数，job を説明変数とするとき，うっかり aov(data$fincome~data$job) としてしまってもそれらしい結果が出力されるので初学者は問題に気付きにくい．分散分析表を作成しようとすると気付くはずだが，このコマンドの出力では要因 job の自由度が 1 になっている．しかし job は $m=4$ カテゴリなので，自由度は $m-1=3$ でなければならない．説明変数が要因型であることは，方程式中で次のように指定できる．

```
aov(data$fincome~factor(data$job))
```

3）　y~$0+x$ あるいは y~$-1+x$ とすることで，定数項をあえて設定しない指定もできる．

```
Terms:
                  factor(data$job)   Residuals
Sum of Squares            1950508    62254591
Deg. of Freedom                 3         292
```

この出力から自分で平均平方，F 統計量を計算して，ゼロ仮説「グループ平均はすべて等しい」を検定することができる．1-pf((1950508/3)/(62254591/292), 3, 292) より，$p \fallingdotseq .029$ となり，5％水準でゼロ仮説は棄却される．

しかしいちいち自分で計算しなくとも，summary 関数または anova 関数を使えば分散分析表を作成してくれる．ただし合計の行は検定には必要ないので出力されないことに注意が必要である．

```
summary(aov(data$fincome~factor(data$job)))
anova(aov(data$fincome~factor(data$job)))
```

```
Analysis of Variance Table

Response:data$fincome
                  Df   Sum Sqv   Mean Sq   F value   Pr(>F)
factor(data$job)   3   1950508    650169    3.0496  0.02898*
Residuals        292  62254591    213201
---
Signif.codes:0 '***' 0.001 '**' 0.01 '*' 0.05 '.' 0.1 ' ' 1
```

anova 関数の結果だけを示したが，この例の場合では summary( ) 関数でもほぼ同じ情報を出力する．

▶ lm 関数

lm 関数においても，data$job ではなく factor(data$job) とすべき点に注意する．まず lm(data$fincome~factor(data$job)) を実行すると，aov とはずいぶん異なった出力をする．後出の summary( ) の出力と重複するので省略するが，出力される情報が極めて少ないので，anova 関数を使用する．

```
anova(model2 <- lm(data$fincome~factor(data$job)))
```

```
Analysis of Variance Table

Response:data$fincome
                  Df  Sum Sq  Mean Sq  F value  Pr(>F)
factor(data$job)   3  1950508  650169   3.0496  0.02898*
Residuals        292  62254591 213201
---
Signif. codes:  0 '***' 0.001 '**' 0.01 '*' 0.05 '.' 0.1 ' ' 1
```

anova(lm(…))の結果はanova(aov(…))とまったく同じであることが確認できる。しかし，summary(lm(…))の結果は，summary(aov(…))とはかなり異なる。前者はカテゴリカル変数を用いた（一般）線型モデルの分析結果であり，従業上の地位の4カテゴリを3つのダミー変数で表現した（重）回帰分析に等しい。よってここでは出力（一部抜粋）のみ示し説明は第9章以降に先送りするが，最下行にこれまでと同じF検定の結果が表示されていることには注意しておこう。またその上の行にはMultiple R-squared, Adjusted R-squaredとあるが，これは順に，重回帰における**「決定係数」（分散説明率）**，**「自由度調整済み決定係数」**と同一のものである。分散説明率は（この場合）級間平方和を総平方和で割った値であり，被説明変数の全変動のうち約3%がこの要因の影響によることを示している。慣習的に分散分析ではη^2（イータ二乗）と呼ばれてきたが，回帰分析の決定係数と同じものであり，本書では統合的に，一般線型モデルにおける分散説明率と呼ぶ。[4]

```
lm(formula=data$fincome~factor(data$job))
…（省略）…
Coefficients:
                   Estimate Std.  Error   t value  Pr(>|t|)
(Intercept)          804.31        38.35   20.976  <2e-16***
factor(data$job)2   -172.55        65.97   -2.616  0.00936**
factor(data$job)3   -173.95        95.31   -1.825  0.06901.
factor(data$job)4   -133.90        76.30   -1.755  0.08031.
```

4） 正確にいえば，モデル全体についてのイータ二乗が，回帰モデル全体の決定係数に等しい。分散分析では，各要因（主効果，交互作用効果）ごとに，イータの二乗，偏イータの二乗などを効果サイズとして計算することがある。

```
---
…（省略）…
Multiple R-squared:0.03038, Adjusted R-squared:0.02042
F-statistic:3.05 on 3 and 292 DF, p-value:0.02898
```

これらの情報から分散分析表を作成すると**表7-2**の通りである。従業上の地位によって世帯年収の平均が異なることが5％水準で統計的に有意になる。

しかし，この表からはそれぞれの平均も分からなければ，どのカテゴリの間に平均の差があると言えるのかも分からない。棄却されたのは，「すべてのカテゴリで平均が等しい」というゼロ仮説である。「少なくとも1つのカテゴリの平均は他とは異なるようだ」ということ以上はここからは分からない。

1-4 多重比較

ここまでの結果から，4グループの世帯年収の母平均がすべて等しいとはいえないだろうとの結論に至った。標本平均は，正規雇用145人では804.3万円，非正規74人では631.8万円，自営28人では630.8万円，無職49人では670.4万円である。正規雇用層は明らかに高く見えるが，非正規と自営はほぼ同じで正規雇用より170万円余り少ない。無職層は非正規や自営よりは40万程度高い。これらの差のどれが母集団での差を反映し，どれは標本抽出誤差の範囲内なのか，分散分析からは分からない。そこで従来は，1要因分散分析で有意差が出たら，**多重比較**（事後検定）を行ってどの群の間の平均差が有意なのかを確認すべきとされていた。そのためこの多重比較は分散分析の付録のようにも思われていたが，実際には多くのの多重比較は分散分析とは独立した別の検定であり，最初から多重比較だけおこなうのがよいという考え方もある。

多重比較にはいくつもの種類があり，しかも分散分析自体よりも複雑で初学者には理解が難しい。よって正確な説明は専門的な書籍に委ね［永田・吉田1997］，ここでは代表的な多重比較のいくつかを紹介するだけにとどめる。

多重比較はいずれも，**検定の多重性**に対処する方法である。有意水準5％の独立な検定を3つ繰り返すと全体の有意水準が14％を超えることはすでに述べた。3群以上の平均値の差のいずれが統計的に有意なのかを検討しようとすると，複数のペアの検定を繰り返すことになる。多重比較は，こうした場合の全

表7-2 分散分析表の例

要因 factor	平方和 SS	自由度 df	平均平方 MS	F値	p値
従業上の地位 job	1,950,508	3	650,169	3.0496	0.02898
誤差 e	62,254,591	292	213,201		
全体	64,205,099	295			

体の有意水準を5％に抑えるための検定法である。

　最も単純な方法は，**ボンフェローニ法**である。5％の検定を3つ行うと，いずれか1つの検定でαエラーを生じる確率は約3倍の14.3％近くになる。であれば，一つひとつの検定の有意水準を3分の1にすれば，全体の有意水準を5％以内に収められる。実際，有意水準5/3％の独立な検定を3つ行った場合に1つでもαエラーを生じる確率は約4.92％となる。Rでは，ボンフェローニ法の多重比較は，pairwise.t.test(data\$fincome, data\$job, p.adjust.method ="bonferroni")で簡単に実行できる。ボンフェローニ法はゼロ仮説が非常に棄却されにくい"保守的な"方法であり，今の例でも5％水準で有意になる平均値差は1つもない。170万円余りの平均差でも，母集団では平均が等しいというゼロ仮説が棄却できないのである。

　この関数において，p.adjust.methodのオプション（p.adjと略記できる）を変更すれば，何種類かの多重比較を行うことができる。p.adj="none"とすると検定の多重性の調整を行わず，2群の平均差のt検定を総当たりで行った結果を出力する[5]。行ってみると正規と非正規の差は1％水準で有意となる。もちろん有意水準の調整を行わないのは多重比較の考え方からは不適切だとされる。

　他に指定できるオプションは"holm"，"hochberg"，"hommel"，"BH"，"BY"である。"BH"と"BY"は他のものとは考え方が少し異なるが詳細は省略し，ここでは"hommel"と"BH"の使用を暫定的に提案しておく。この分析例では，いずれの多重比較の方法でも5％水準で有意になるペアは存在しなかった（正規と非正規の平均差の有意確率は多くの多重比較で5.6％となった）。分散分析では5

---

5) pairwise.t.test( ) の検定方法は等分散を仮定するスチューデントのt検定である（ただし分散はすべての群での共通値が推定される）。等分散の条件を要求しないウェルチの検定で行いたい場合はpool.sd=Fを指定する。本文の分析例で等分散を仮定しないと，正規と非正規の差は多くの方法で有意確率が3.2％となって5％有意になる。しかしaovやlmは等分散を仮定しているので，ここではスチューデントのt検定の結果を述べた。

％水準で有意になったのに，各ペアの多重比較を行うと1つも有意差が見つからないことからも，多重比較は分散分析の付属物ではないことが分かる。

他によく知られている多重比較の方法に，**テューキー法**がある。Rでは標準のTukeyHSD( )関数を，TukeyHSD(aov(data$fincome~factor(data$job)))のようにaov( )関数と組み合わせて使用する。この関数は検定結果だけでなく母平均差の信頼区間も出力する。関数全体をplot( )でくるむと，調整後の信頼区間のグラフも描ける。

従業上の地位別の世帯年収についてTukey法を実行してみると，今度は正規と非正規の差がぎりぎりで5％有意となった。なお，非正規と自営の平均はほぼ同じで，しかも正規との差は自営の方がわずかに大きいにもかかわらず，正規と自営の差はいっさい有意にならない。これは，正規145人，非正規74人，自営28人で自営層のケース数が非正規よりもずっと少なく，その分偶然による差であることが否定しにくくなるためである。標本サイズが小さいほどゼロ仮説有意性検定は有意になりにくい性質がここでも確認できる。区間推定の結果を見ると，平均値差（diff）はほぼ同じでも，95％信頼区間（lwrからupr）の幅がかなり異なることが分かる。

```
    Tukey multiple comparisons of means
      95% family-wise confidence level

  Fit:aov(formula=data$fincome~factor(data$job))

  $`factor(data$job)`
            diff        lwr         upr       p adj
  2-1  -172.553588  -343.0008    -2.106415  0.0459821
  3-1  -173.953202  -420.2323    72.325945  0.2636155
  4-1  -133.902182  -331.0475    63.243119  0.2973623
  3-2    -1.399614  -266.1111   263.311891  0.9999991
  4-2    38.651407  -181.0871   258.389960  0.9687159
  4-3    40.051020  -242.5905   322.692510  0.9831950
```

1-5　等分散性の前提とウェルチ検定

分散分析を行う関数はまだ1つ存在していた。1要因分散分析に限定される

が，専用の oneway.test( ) 関数が存在する．aov や lm との相違点の1つは，1要因分散分析専用なので，説明変数は factor( ) で指定しなくても必ず要因型で扱われる点である．

```
oneway.test(data$fincome~data$job)
```

結果もかなりあっさりしていて，anova( ) や summary( ) で詳細な情報が表示されるということもない．

```
One-way analysis of means (not assuming equal variances)
data:data$fincome and data$job
F=3.2034, num df=3.00, denom df=89.75, p-value=0.02699
```

F 値や分母の自由度，p 値などを先の aov( ) や lm( ) の結果とよく見比べよう．aov( ) と lm( ) の結果は一致していたが，この oneway.test( ) は異なった結果を表示している．出力の表題を見ると "not assuming equal variances" とある．すなわち，分散分析の前提である正規性と等分散性のうち，等分散性を仮定していない．第6章の2群の母平均の差の検定において，等分散を仮定するスチューデントの t 検定と，等分散を仮定しないウェルチの検定を紹介した．R の t.test( ) 関数はデフォルトではウェルチ検定を行う．この oneway.test( ) 関数でも，特に指定しない限りウェルチ検定（の拡張版）を採用している．ウェルチ検定の方が等分散であろうがなかろうが使えるので理にかなっている．等分散を仮定した分析を行いたければ var.equal=T のオプションをつける．こうすると aov( ) や lm( ) の計算結果と一致する．

aov( ) や lm( ) は本来は等分散でなければ使用できないので先に等分散性を確認すべきだという考えがある．カテゴリ数が3以上の場合は第6章で紹介した var.test( ) 関数は使えず，代わりに**バートレット検定** bartlett.test( ) が用意されている．

等分散性の検定のゼロ仮説は「すべての群で分散が等しい」であり，検定結果が有意になったらゼロ仮説が棄却されてしまうモデルの適合度検定である．aov や lm を使おうとしている場合には嬉しくない結果である．検定統計量や検定方法の詳細は省略するが，出力の p-value だけみれば，このゼロ仮説が棄

却されるのか否かが分かる。今の例では0.2382となり，幸いに等分散仮説は棄却されなかった。

② 2要因分散分析

説明変数が複数ある分散分析を多要因（もしくは多元配置の）分散分析と呼ぶ。ここでは，説明変数が2つある2要因（2元配置）分散分析について説明する。これは，グループ化する変数が2つ存在するということである。以下では紙幅の都合上数式表現は省略する。

ここまで本章の例では，本人の従業上の地位でグループ化して世帯年収の平均差を調べてきたが，ここに本人の性別を追加するとどうなるだろうか。第6章のt検定においては，男女の世帯年収差があるとは言えないとの結果であった。ここで検討するのは，男女と従業上の地位の2変数でグループ分けをしたときに，各グループの間に世帯年収の差があると言えるかどうかである。

2-1 平方和の分解

aov( ) で2元配置の分散分析を行うのは一見簡単である。aov(data$fincome~data$sex+data$job)とすれば結果が表示される。これを anova( ) でくるんで分散分析表を表示させればよい。しかし，1要因と違って2要因の場合には注意が必要となる。以下，表記上の見やすさのためにまずは変数を以下のように別名で保存する[6]。

```
y <- data$fincome;  x1 <- data$sex;  x2 <- data$job
```

2要因分散分析（ただし主効果のみ）は次のように実行できる。

```
aov(y~x1+x2)    もしくは  anova(aov(y~x1+x2))
```

結果は x2 のみが1％水準で高度に有意となる。

ここで，説明変数の順番を aov(y~x2+x1) と入れ替えてみる。たいていの

---

6) かえって分からなくなることを懸念して，これまではこうした名前変えをなるべくしなかったが，慣れれば非常に便利であり，汎用性の高いスクリプトを書くことができる。

計量社会学的分析では，説明変数の順番が変わったからといって分析結果は変わらないことを想定していると思われるが，この2つの結果を比べるとまったく異なっている。この後者の場合には，x2が5%有意，逆にx1が1%有意になる。詳細は南風原[2002]などに委ねるが，平方和の分解の方法は実は4種類あり，要因が複数ある場合にはどの方法を使うかによってそれぞれの要因による平方和の値が変化し，結果として検定統計量Fの値が変化してしまう。特に，自然科学や心理学などの実験系科学と異なり，非実験系の観察データを分析する社会学・社会科学においては，この問題がより深刻に影響する。Rの標準関数のanovaは**タイプⅠ平方和**というものを使用しており，一言で言えば，説明変数を投入する順番（表記する順番）によって結果が変わる方法（逐次平方和）である。明らかに優先的に検討したい要因があるような分析には適するが，複数の要因の間に優先順位を想定していない分析にとっては不都合である。他に**タイプⅡ平方和**からタイプⅣ平方和まであるが，社会学・社会科学のデータ分析では通常はタイプⅡ平方和を用いる。これは，同じレヴェルの要因の間では優先順位を設けない計算方法である（ 基礎 2-2 で説明する交互作用項に対しては主効果を優先する点で**タイプⅢ平方和**と異なる）。タイプⅡ平方和を用いたい場合には，carパッケイジのAnova(　)関数を使う必要がある。Rは大文字と小文字を区別するので，標準のanova(　)関数とは別のものである。この関数を使うと，Anova(aov(y~x1+x2))でもAnova(aov(y~x2+x1))でも同じ計算結果を出力する。

```
Anova Table (Type II tests)
Response:y`
          Sum Sq    Df   F value   Pr(>F)
x1        1562196    1   7.4902   0.006585**
x2        3428643    3   5.4797   0.001124**
Residuals 60692395  291
---
Signif. codes:  0 `***' 0.001 `**' 0.01 `*' 0.05 `.' 0.1 ` ' 1
```

7) パッケイジのインストールや，インストールしたパッケイジの有効化のコマンドlibrary(　)はサポートウェブを参照。Anova(　)関数はデフォルトでタイプⅡ平方和を計算するが，タイプⅢ平方和を指定したい場合はtype=3オプションをつける。

この結果は anova(aov(y~x1+x2)) とも anova(aov(y~x2+x1)) とも異なりうるし，Anova( ) の中にある aov(y~x1+x2) や aov(y~x2+x1) の結果とすら異なりうる．

ここから，本人の性別によっても，また本人従業上の地位によっても世帯年収の母平均は異なるだろうということが分かった．しかしこの結果からは，各グループの標本平均年収が分からなくて不便である．3つの変数とも有効なケースにおける男女別，従業上の地位別の標本平均は次の通りである．

```
tapply(y[!is.na(x2)], x1[!is.na(x2)], mean, na.rm=T)
tapply(y[!is.na(x1)], x2[!is.na(x1)], mean, na.rm=T)
```

1	2		
702.9762	737.0588		

1	2	3	4
804.3103	631.7568	630.3571	670.4082

従業上の地位別の人数はすでに確認済みなので性別での人数を求めると，table(x1[!is.na(y)&!is.na(x2)], useNA="ifany") より男性126人，女性170人であることが分かる．女性回答者の方が34万円程度世帯年収の標本平均が高く，この差は統計的に有意なものとなっている．

2-2 交互作用項

しかしここで，男性と女性では，非正規雇用であることや無職であることの意味は大きく異なると考えられる．有配偶の女性の場合には非正規雇用や無職であることは必ずしも世帯年収が低いことにつながらないが，男性ではそうはいかないであろう．つまり，2つの説明変数がそれぞれ単独にではなく，複合的に効果を有していると想像できる（結合因果）． 基礎 2-1 の2要因分散分析ではそうしたことは分からない．これは， 基礎 2-1 の分散分析が2つの説明変数の単独での効果（主効果）だけをモデルに含んでいるためである．

男女と従業上の地位によって8つのカテゴリに分けられるが，次のようにすれば，カテゴリごとの標本平均を求めることができる．

```
tapply(y, list(x1, x2), mean, na.rm=T)
```

```
            1         2         3         4
1    748.5149  387.5000  723.2143  105.0000
2    932.3864  653.3088  537.5000  734.6591
```

　1行目が男性，2行目が女性であるが，これをみるとやはり，男性で無職や非正規であると世帯年収は顕著に低い（単独世帯の場合には本人の年収がそのまま世帯年収である）。女性ではそのような傾向は見られない。

　このような，「一方の説明変数の値によって，他方の説明変数の・被説明変数に対する効果が変化する」という効果を，**交互作用効果**という。多要因分散分析（あるいは多変量解析一般）では，この交互作用効果があるか否か，あるとすればどんな効果であるかを調べるのは非常に重要でありかつ興味深い。aov関数で交互作用項を含めた式の書き方は以下の2通りある。

```
aov(y~x1+x2+x1:x2)    あるいは   aov(y~x1*x2)
```

x1:x2 を2次の交互作用項という。説明変数が3つ以上になると3次の交互作用項などもありえ，x1*x2*x3 という指定の仕方では2次と3次の交互作用項をすべて含んだモデルとなる。しかし3次の交互作用項まですべて含める必要があるか否かはよく検討して，必要な交互作用を適宜指定するのがよい。

```
Anova(aov(y~x1*x2))
```

```
Anova Table (Type II tests)

Response:y
            Sum Sq    Df   F value   Pr(>F)
x1          1562196    1    7.6506   0.006042**
x2          3428643    3    5.5971   0.000962***
x1:x2       1885038    3    3.0772   0.027958*
Residuals  58807357  288
---
Signif. codes:  0 '***' 0.001 '**' 0.01 '*' 0.05 '.' 0.1 ' ' 1
```

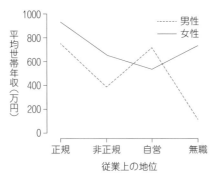

図7-2 交互作用プロット

　分析結果から，性別（x1）の主効果と従業上の地位（x2）の主効果はいずれも1％水準で有意，x1とx2の交互作用効果も5％水準で有意となった。本人の性別によっても世帯年収が異なり，本人の従業上の地位によっても世帯変数は異なるが，従業上の地位が世帯年収に与える影響は性別によっても異なるという結果となる。

　8つのグループの標本平均は先に示した通りだが，これを交互作用プロットというグラフで示すと分かりやすい。interaction.plot（　）という関数で描くことができるが，これは変数にNAが含まれることを許容しないので少し手間がかかる。方法はいくつもあるが，次のようにすると分かりやすいだろう。

```
full <- complete.cases(x1, x2, y)
interaction.plot(x2[full], x1[full], y[full])
```

　fullは，3つの変数がすべてNAではないケースであることを示す論理値変数（TRUEもしくはFALSEの値をとる変数）である。2行目の関数の中のそれぞれの変数は，この条件を充たすものだけに限定されている。若干のオプションを指定して描いたのが**図7-2**のグラフである。

発　展　*Advanced*

① 2群の母平均の差の t 検定と1要因分散分析

　2群の母平均の差は t 検定ができるので分散分析は3群以上で行うと説明されること

表7-3 スチューデント t 検定と分散分析

分析手法	検定統計量	自由度	有意確率
スチューデント t 検定	$t=-2.8252$	376	.004977
分散分析	$F=7.9819$	分子1, 分母376	.004977

が多く，本書でもそのような順序で説明してきたが，分散分析は2群の母平均の差の検定に対してもまったく問題なく適用できる。第6章の例を用いて示してみよう。

性別による幸福度の差は，等分散仮説は棄却されなかったのでスチューデントの t 検定を行い，その結果は次の通りであった。

$t_{(df=376)}=-2.8252, \ p=0.004977$

この分析を分散分析で行うと，

oneway.test(data$q1700~data$sex, var.equal=T) より

```
F=7.9819, num df=1, denom df=376, p-value=0.004977
```

anova(aov(data$q1700~data$sex)) もしくは anova(lm(data$q1700~data$sex)) より

```
Response:data$q1700
           Df  Sum Sq  Mean Sq  F value  Pr(>F)
data$sex    1   28.02  28.0190  7.9819   0.004977**
Residuals 376 1319.89   3.5103
```

となる。等分散を仮定した分析であるので，oneway.test( ) と anova(aov( )) もしくは anova(lm( )) の結果も一致している。これらと t 検定の結果はどのような関係にあるだろうか。まったく同じ変数に対して母平均の差が0という同じゼロ仮説を検定しているので，結果が一致することは予想されるが，具体的な対応関係を確認しよう。

自由度と有意確率の一致関係は**表7-3**の通りである。後は検定統計量であるが，この[8] t 値を二乗すると7.981755となり，誤差の範囲で一致する。

実は，t 分布は，分子が標準正規変量，分母が「χ^2分布に従う変量を自由度で割ったもの」の平方根として定義されているので，t 分布に従う変量を二乗すると，分子は自由度1のχ^2分布に，分母は t 分布と同じ自由度のχ^2分布に従う変量を自由度で割ったものとなり，定義上，分子の自由度が1，分母が t 変量と同じ自由度の F 分布に従うことになるのである。よって，検定だけであれば2群の母平均の差も分散分析を行えばよ[9]

---

8) この t 値はより細かく表示させると -2.825217 であり，二乗すると7.981851にある。F 値の方を細かく表示させると7.981851で完全に一致する。

9) 有意確率の計算は，t 分布は左右（正負）両側の対称的な領域の面積であるが，F 分布は0から遠い右側の領域だけである。t がプラスであろうがマイナスであろうが二乗すれば同じ値になることを考えれば自然である。

表7-4 ウェルチ検定と分散分析

分析手法	検定統計量	自由度	有意確率
ウェルチの t 検定	$t=-0.756$	294.596	.4503
分散分析（oneway.test）	$F=0.5715$	分子1，分母294.596	.4503

い。ただ，母平均の差の信頼区間や効果サイズを求めるには t 統計量の方が分かりやすいし，3群以上の母平均の差の多重比較においては t 検定を行うものが多いので，双方を統合的に理解しておくのがよい。

もう1つのウェルチの検定の方はどうであろうか。第6章では，世帯年収の男女差は，等分散仮説が棄却されたためにウェルチ検定を行った（等分散性の検定をせずに最初からすべてウェルチ検定を行うのがよいとする考えについても紹介した通りである）。結果は，$t_{(df=294.596)}=-0.756$，p-value=0.4503 であった。ウェルチ検定では，oneway.test(data$fincome~data$sex) より

```
F=0.5715, num df=1.000, denom df=294.596, p-value=0.4503
```

となる。anova(aov( )) や anova(lm( )) ではウェルチ検定はできない。この t と F をより多い桁数で表示させると $t=-0.7559953$，$F=0.5715288$ となっており，$t^2=F$ であることが確認できる（**表7-4**）。

練習問題

① 演習用データの学歴3区分（高卒／短大高専卒／四大卒）変数 edu2 を説明変数，本人年収 income を被説明変数として，分散分析（oneway.test( ) と aov( )）を行い，有意になった場合には多重比較（TukeyHSD( )）を行ってみよう。

② 上の問題①の分散分析の説明変数に性別 sex を追加して2要因分散分析を行ってみよう（aov( )）。その際，交互作用を入れないモデルと入れるモデルを両方実行してみよう。また，欠損値を取り除いて，interaction.plot( ) を描いてみよう。

③ 上の問題②のいずれかのモデルの aov( ) 関数による結果を model1 というオブジェクトに格納し，anova(model1) を表示せよ。次に，names(model1) として model1 に格納されている情報名を確認した上で，model1$coefficients の情報を出力し，その意味を解読してみよう。

8 単回帰分析

直線近似と最小二乗和法

> **基　礎** *Basic*

　この章では，現在では分散分析とともに一般線型モデルに包摂されている**回帰分析**のうち，最も単純な**単回帰分析**について説明する。単回帰分析とは，1つの独立変数（説明変数）で1つの従属変数（被説明変数）を説明するものである。2つの変数はいずれも原則として間隔尺度以上の数量変数である[1]。単回帰分析は，一言で言えば y と x の間に直線的な関係を想定する直線近似である。直線的な関係を想定する点でピアソンの積率相関係数とも共通性が高い。

　本章では，直線近似を行う推定方法としての最小二乗和法（最小二乗法）と，積率相関係数との異同や関係について説明していく。

① 単回帰分析の基礎

　単回帰分析は，母集団において x と y の間に次のような直線的関係があると想定して，標本データから推測する手法である。β_0 と β_1 は未知の定数，ε は誤差を表す。

$$y = \beta_0 + \beta_1 x + \varepsilon$$

これを回帰モデルと呼ぶ。回帰モデル中の2つの未知定数を無作為標本データから推定する。推定値によって表現した以下の式を**回帰方程式**と呼ぼう。

$$y_i = \hat{\beta}_0 + \hat{\beta}_1 x_i + e_i \quad (i = 1, 2, 3, \cdots, n)$$

---

[1] 独立変数を x，従属変数を y とするとき，回帰分析によって x で y を説明することを，かつては「y を x に回帰させる」とも表現した。

x の係数は**回帰係数**と呼び，β_1 は**母回帰係数**，$\hat{\beta}_1$ は**標本回帰係数**という。独立変数と2つの定数の推定値によって従属変数を推定・予測するのだが，2つの定数の推定値をどうとろうとも，従属変数の**予測値** $\hat{y}_i = \hat{\beta}_0 + \hat{\beta}_1 x_i$ がすべての観測値 y_i とぴったり一致することはまずない。最後の e_i はそのズレを調整する項であり，**残差**と呼ばれる。回帰方程式を書き直すと次のようになる。

$$y_i = \hat{y}_i + e_i = \hat{\beta}_0 + \hat{\beta}_1 x_i + e_i$$

予測のズレ（残差）が最も小さくなるように2つの未知母数を推定するべきだが，残差 $e_i = y_i - \hat{y}_i$ は n 人分だけあり，どれか1つ（あるいは一部）を0にしても，他の残差が大きくなっては意味がない。残差の総体を最小にしなければならない。しかし，残差には正のものと負のものがあり，n 個の残差をそのまま合計すると相殺される部分が生じてしまう（それに，残差の合計を0にするだけでは2つの未知数の値は定まらない）。正負が相殺するのを避けるために残差の絶対値の合計を最小化する方法も考えられるが，分散や分割表のカイ二乗値の説明でも登場したように，絶対値は数式的取り扱いには向いていない。

1-1 最小二乗和法

そこで，残差の二乗（残差平方）をズレの指標として，残差平方の合計，すなわち**残差平方和**を最小化する方針をとる。

$$\sum_{i=1}^{n} e_i^2 = \sum_{i=1}^{n} (y_i - \hat{y}_i)^2 = \sum_{i=1}^{n} (y_i - \hat{\beta}_0 - \hat{\beta}_1 x_i)^2$$

通常はこの方法を**最小二乗法**と呼ぶが，残差の"二乗和"を最小にする点を明示するために，本書ではあえて**最小二乗和法**と呼ぶこととする。[2]

単回帰の最小二乗和推定量の計算は単純な式変形で導くことができる。ポイントは，未知数についての2次式であると見て式変形を行うことである。詳細はサポートウェブで説明することとし，結果だけ以下に示す。

$$\sum_{i=1}^{n} e_i^2 = n\{\hat{\beta}_0 - (\bar{y} - \hat{\beta}_1 \bar{x})\}^2 + n\left\{s_x^2 \left(\hat{\beta}_1 - \frac{s_{xy}}{s_x^2}\right)^2 + s_y^2 - \frac{s_{xy}^2}{s_x^2}\right\}$$

---

[2] 英語では Least Squares Method（あるいは Ordinary Least Squares Method）であり，直訳すれば二乗和 squares を最小にする方法である。

よって，$\hat{\beta}_0 = \bar{y} - \hat{\beta}_1 \bar{x}$，$\hat{\beta}_1 = \dfrac{s_{xy}}{s_x^2} = r_{xy} \cdot \dfrac{s_y}{s_x}$ のときに残差平方和は最小値をとる。これで，標本データから予測式を求めることができる。

$$\hat{y}_i = \bar{y} - r_{xy} \cdot \dfrac{s_y}{s_x} \cdot \bar{x} + r_{xy} \cdot \dfrac{s_y}{s_x} \cdot x_i = r_{xy} \cdot \dfrac{s_y}{s_x}(x_i - \bar{x}) + \bar{y}$$

これは平面における直線の式なので，**回帰直線**とも呼ぶ（基礎 2-1 参照）。式から分かるように，この直線は点 $(\bar{x}, \bar{y})$ を通る。また，x と y の標準偏差が等しいとき，回帰係数は積率相関係数に一致する。

また，残差の平均，残差と独立変数との共分散，残差と予測値との共分散はいずれも 0 になる。つまり，残差と独立変数は独立・無相関であり，残差と予測値も無相関である（式変形による証明は→サポートウェブ）。

残差とは予測値と観測値のズレであるから，標本の残差分散のことを予測の誤差分散，その平方根のことを予測の標準誤差とも呼ぶ。

$$s_e^2 = \dfrac{1}{n}\sum_{i=1}^{n}(e_i - \bar{e})^2 = \dfrac{1}{n}\sum_{i=1}^{n}e_i^2 = \dfrac{1}{n}SS_{residual}$$

しかしこれは母集団の誤差分散 $\hat{\sigma}_\varepsilon^2$ の不偏推定量にはならない。標本分散が母分散の不偏推定量にならないのと同様である。不偏分散のように，母集団の誤差分散の不偏推定量になる統計量は，以下の式で与えられる。

$$\hat{\sigma}_\varepsilon^2 = \dfrac{1}{n-p-1}\sum_{i=1}^{n}e_i^2 = \dfrac{1}{n-p-1}SS_{residual} = MS_{residual}$$

これは**残差の平均平方**である。p は独立変数の個数であり，単回帰分析の場合は $p=1$ である。

1-2　回帰係数の t 検定と区間推定

ここでも，ほんとうに知りたいのは母集団における回帰係数 β_1 である。無作為標本から計算された標本回帰係数 $\hat{\beta}_1 = b_1$ は，まったくの偶然による標本抽出誤差によって母回帰係数とは異なった値になるのがむしろ普通である。だが，標本平均や標本比率，あるいは 2 群の標本平均の差のように，標本統計量がどんな分布に従うのかが分かれば，つまり標本抽出分布が分かれば，そこから母数についての推測を行うことができる。結論だけ言えば，標本回帰係数

は，母回帰係数を中心とし，次の統計量を標準偏差（＝標準誤差）とする正規分布に従う。したがってそれを標準化した統計量は標準正規分布に従う。

$$\sigma_{b_1} = \frac{\sigma_\varepsilon}{\sqrt{\sum(x_i-\overline{x})^2}} = \frac{\sigma_\varepsilon}{\sqrt{SS_x}}$$

$$\frac{b_1-\beta_1}{\sigma_{b_1}} \sim N(0,\ 1^2)$$

σ_ε は母集団における誤差の標準偏差であるが，当然その値は分からないので，先の残差の平均平方で代用する。すると標準化の式は，従属変数が等分散正規性の前提を満たす場合に，自由度 $n-p-1$ の t 分布に従うことになる。

$$\widehat{\sigma}_{b_1} = \frac{\widehat{\sigma}_\varepsilon}{\sqrt{\sum(x_i-\overline{x})^2}} = \frac{\sqrt{MS_{residual}}}{\sqrt{SS_x}}$$

$$\frac{b_1-\beta_1}{\widehat{\sigma}_{b_1}} \sim t_{(n-p-1)}$$

こうして，検定統計量とそれが従う分布が得られたので，未知母数 β_1 についてのゼロ仮説を設定すれば，統計的検定を行うことができる。通常回帰分析の結果で出力される検定結果は，$H_0: \beta_1=0$ というゼロ仮説の有意性検定の結果である。検定結果の p 値が有意水準（例えば5％や1％）よりも小さければ，「ゼロ仮説が正しいとは考えにくい」として β_1 は 0 ではないだろうと判断し，そうでなければ，β_1 が 0 であるとの仮説が否定できないと考える。

また，t 分布の95％領域を使って母回帰係数の区間推定を行うこともできる。95％の確率で次の不等式が成立する。

$$t_{(.025,\ n-p-1)} \leq \frac{b_1-\beta_1}{\widehat{\sigma}_{b_1}} \leq t_{(.975,\ n-p-1)}$$

ここから以下の，母回帰係数の95％信頼区間が求められる。これは，まったく同一設計の調査を100回実施して100通りの信頼区間を計算すれば，平均してそのうちの95個は区間内に未知の定数である母回帰係数を含み，平均して5個は区間内に母回帰係数を含まないような区間，を意味する。t 分布は左右対称なので，2つの t の値は絶対値が等しく符号だけが異なる。

$$b_1 - t_{(.975,\ n-p-1)}\widehat{\sigma}_{b_1} \leq \beta_1 \leq b_1 - t_{(.025,\ n-p-1)}\widehat{\sigma}_{b_1}$$

ここで分析例を 1 つ示そう。演習用データの幸福度 q1700 と世帯年収 fincome を用いて，世帯年収で幸福度がどの程度説明できるかを計算してみる。

```
summary(reg <- lm(data$q1700~data$fincome))
```

世帯年収で幸福度を説明する一般線型モデル（単回帰分析）を reg というオブジェクトに格納し，その summary( ) を表示させる。次のようにすれば，summary( ) の結果を sum というオブジェクトに格納して表示させられる。

```
(sum <- summary(reg <- lm(data$q1700~data$fincome)))
```

```
Call:
lm (formula=data$q1700~data$fincome)

Residuals:
    Min      1Q  Median      3Q     Max
-6.1547 -1.1855  0.2309  1.2309  3.9989

Coefficients:
                Estimate Std. Error t value Pr(>|t|)
(Intercept)    5.9089853  0.1917289  30.819  <2e-16***
data$fincome   0.0012288  0.0002233   5.503 8.13e-08***
---
Signif. codes:0 '***' 0.001 '**' 0.01 '*' 0.05 '.' 0.1 ' ' 1

Residual standard error:1.796 on 294 degrees of freedom
(88 observations deleted due to missingness)
Multiple R-squared:0.09339, Adjusted R-squared:0.09031
F-statistic:30.28 on 1 and 294 DF, p-value:8.127e-08
```

"Coefficients" の "Estimate" の列に定数項と回帰係数の推定値（標本回帰係数）が表示されている。"Std. Error" はそれぞれの標準誤差，その右列の下の行は，標本回帰係数0.0012288をその標準誤差0.0002233で割った統計量5.503で，「母回帰係数は0である」というゼロ仮説の下で自由度 $n-p-1=294$ の t 分布に従う。一番右にはその t 統計量の両側有意確率が表示されている。pt (5.503, df=294, lower.tail=F)*2 とすれば確認できる。この例では，世帯収入の回帰係数は高度に有意である。これが回帰係数の t 検定である。

影響力の大きさ（の点推定値）は，標本回帰係数 0.0012288×世帯収入差が幸福度の差であることからより具体的に計算できる。世帯収入が100（万円）高いと，0から10の値をとる幸福度が約0.123程度上昇するのである。幸福度が1単位上昇するには世帯年収が800万円以上高いことが必要であるので，検定結果は高度に有意であるが，影響力はあまり大きくない印象である。

　母回帰係数の区間推定は，先の式に標本回帰係数 0.0012288，標準誤差 0.0002233，$t_{(.975, df=294)}=1.968066$ を代入すれば，0.0007893309 から 0.001668269 という95％信頼区間を求めることができる。ただし，自分で計算しなくても，線形モデル lm( ) の結果を格納したオブジェクト reg と信頼区間を求める関数 confint( ) を使えば自動的に計算されるので便利である。confint(reg) とすればより四捨五入誤差の少ない95％信頼区間として 0.0007893216～0.001668193が出力される。そのほか，定数項の95％信頼区間も出力される。また，confint(reg, level=.99) とすれば99％信頼区間が計算される。検定は「（おそらく）母数は0か，もしくは0でないか」という結論しかもたらさないのに対し，区間推定は「（おそらく）この区間のどこかに母数が含まれているだろう」という結論を与えるので，より情報量が多い。

　また，95％信頼区間は，有意水準5％で棄却されないような値の集合である。つまり，95％信頼区間を見れば，母数についてのある仮説値が有意水準5％の検定で棄却されるかどうかはすぐに分かるのである。

1-3　回帰モデルの F 検定

　分散分析と同様に回帰モデルの場合も，平方和の分解を行うことができる[3]。

$$\sum(y_i-\bar{y})^2 = \sum(\hat{y}_i+e_i-\bar{y})^2 = \sum(\hat{y}_i-\bar{y}+e_i)^2$$
$$= \sum\{(\hat{y}_i-\bar{y})^2+e_i^2+2(\hat{y}_i-\bar{y})e_i\} = \sum(\hat{y}_i-\bar{\hat{y}})^2+\sum e_i^2$$

右辺の第1項は予測値の平方和であり，**モデル平方和**，あるいは**回帰平方和**と呼ばれる。第2項は残差平方和である。つまり，従属変数の（偏差）平方和は，回帰平方和と残差平方和の和に分解されるのである。ここから，分散分析

---

[3]　最初の変形は，観測値は予測値と残差の和で表されることを，最後の変形は，予測値の平均は観測値の平均に等しいこと，残差と予測値の共分散が0であることを利用している。

表 8 - 1 回帰分析の分散分析表

	平方和 SS	自由度 df	平均平方 MS	F 値	p 値
回帰	SS_{model}	p	MS_m	F	$Prob(F \geq F \mid H_0)$
残差	$SS_{residual}$	$n-p-1$	MS_r		
全体	SS_{total}	$n-1$			

表 8 - 2 単回帰分析の分散分析表の例

	平方和 SS	自由度 df	平均平方 MS	F 値	p 値
回帰	97.72	1	97.725	30.285	<.001
残差	948.70	294	3.227		
全体	1046.42	295			

の場合と同様に，分散分析表が作成される（**表 8 - 1**）。

自由度が分散分析とは少し異なる以外はまったく同じである。Rの関数も，分散分析のところですでに紹介したanova（ ）に，線形モデルlm（ ）の分析結果のオブジェクトregを与えてやればよい（抜粋して引用）。

```
Response:data$q1700
              Df   Sum Sq  Mean Sq  F value    Pr(>F)
data$fincome   1    97.72   97.725   30.285  8.127e-08***
Residuals    294   948.70    3.227
```

これを清書すると**表 8 - 2**のような分散分析表になる。

この F 検定は，母集団においてはこの回帰モデルはまったく意味がない，すなわち y は定数＋誤差であるというゼロ仮説の有意性検定になっている。先のsumの出力結果の最下行にもこの F 検定の結果が出力されている。Rでの有意確率の求め方はpf(30.285, df1=1, df2=294, lower.tail=F)である。

また，単回帰の場合には，次章の重回帰とは異なって，モデルと言っても独立変数は1つだけであり，モデルに意味があるかどうかと，その独立変数に意味があるかどうかはまったく同じことになる。モデルはすなわち唯一の独立変数である。独立変数についての t 検定の結果をsumで再度確認すると，$t=5.503$, $p=8.13e-08$ であった。この t を二乗すると約30.28であり，上の F 値に（四捨五入誤差の範囲で）一致している。有意確率 p 値も一致する。つまり，単回帰の場合には，独立変数の t 検定とモデルの F 検定は実質的に同じ

ものである。この2つの検定が区別されるのは，独立変数が複数存在する重回帰分析においてである。

1-4 決定係数（分散説明率）

先の分散分析表から，従属変数の総平方和のうちどれだけがモデルの平方和であるかという分散説明率を計算することができる。97.72/1046.42 より 0.09339，およそ9.3%となる。幸福度のバラつき（人による違い，多様性）の9.3%は，世帯年収の多寡によって説明できるということになる。回帰分析の場合，これを**決定係数**と呼び，R^2 と表記する。ただしこれは分散分析のところで紹介したイータ二乗と同じものであり，本書ではより包括的に**分散説明率**と呼ぶ。平方和の説明率であって分散の説明率ではないのではないかと思うかもしれないが，平方和をすべてケース数 n で割れば（標本）分散になるので同じことである。lm( ) 関数では F 検定の結果の上の行でこの R^2 が表示されている。先の例では Multiple R-squared: 0.09339, Adjusted R-squared: 0.09031 である。後者は**自由度調整済み決定係数**というもので，（無調整の）決定係数より必ず値が小さくなる。

$$R^2 = \frac{SS_{model}}{SS_{total}} \left(= \frac{\frac{1}{n}SS_{model}}{\frac{1}{n}SS_{total}} \right) = \frac{SS_{total} - SS_{residual}}{SS_{total}} = 1 - \frac{SS_{residual}}{SS_{total}}$$

$$= 1 - \frac{\frac{1}{n}SS_{residual}}{\frac{1}{n}SS_{total}}$$

なお，この分散説明率は，従属変数の観測値と予測値の相関係数の二乗に等しく，観測値と独立変数の相関係数の二乗に等しい（確認は→サポートウェブ）。

② 回帰係数についての検討

以上で単回帰分析の基本を説明した。ここからは，回帰係数の性質に関してもう少し詳しく考えていこう。最初に，回帰係数と（ピアソンの積率）相関係数

の関係，次に，標準化回帰係数について述べる。

2-1 相関係数と回帰係数

相関係数と回帰係数は，いずれも2つの数量変数の直線的な関係の指標という点で共通する。標本回帰係数と標本相関係数には以下のような関係もあった。

$$\hat{\beta}_1 = b_1 = r_{xy} \cdot \frac{s_y}{s_x}$$

このように密接な関連のある両者であるが，いくつか重要な違いもある。

第一に，変数 x と変数 y の相関係数が分かっても，変数 x がある値の時に y がいくつになるか計算することはできない。相関係数は個別の対応関係を示すものではなく，(特別な場合を除いて) 予測を行うこともできない。それに対して単回帰分析によって切片と回帰係数が分かれば，x のある値に対応する y の予測値を求めることができ，文字通り予測に役立てることができる。ただし社会学や社会科学において実際に予測に用いることはあまりなく，因果関係もしくは共変関係の解明・説明のために用いることがもっぱらである。

第二の違いは，**選抜効果**という名前で知られている［南風原 2002：71］。大学入試の成績と入学後の成績の関連などがよく取り上げられる例であるが，変数 x と y の相関関係を見る際に，一方の変数 x の値によってケースが選抜されている場合，本来の両者の相関が見えなくなっている場合がある。入試成績の例でいえば，入学試験で合格点以上の点数をとったケースからしか入学後の成績のデータを収集することはできないが，合格点未満だった受験生たちの (仮想的な) 入学後の成績のデータが，選抜によって欠損になっている。それを考慮せずに，入学後の成績を学生たちの本来の能力の近似的指標として，入学試験がそれと十分に相関していたかどうかを検討すると，本来の相関関係よりもずっと低い相関しか見いだせずに，入試はあまり能力を測定できていないなどという誤った結論にもなりかねない。

図 8-1，**図 8-2** の2つのグラフは人工的に発生させたデータによるものであるが，左側が選抜がなかった場合の2変数の相関を表す。横軸変数と縦軸変数の標準偏差を一致させているので，相関係数と回帰係数が同じ値となっている。点線は回帰直線である。ここで，横軸変数の値が50以上のケースのみを残

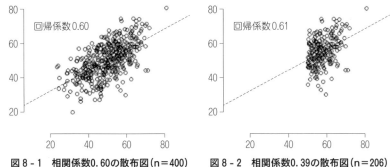

図8-1　相関係数0.60の散布図(n=400)　　図8-2　相関係数0.39の散布図(n=206)

したのが右側のグラフである。横軸変数の値の範囲が元の変数の半分程度に狭まっているが、縦軸変数の範囲はそこまで狭まってはいない。ケース数は半分強残っている。ここで相関係数は、.60から.39と3分の2にまで小さくなっているが、回帰係数はほぼ変わらない。回帰直線も右とほぼ同じ直線が引かれている。相関係数の値は小さくなるが、yの標準偏差／xの標準偏差の比が大きくなるため、その積である回帰係数の大きさは相関係数ほどは変化しないのである。相関係数のこうした変化を選抜効果といい、回帰係数は相対的にその影響を受けにくいという利点があることが分かる。

2-2　標準化回帰係数

　説明変数と被説明変数をすべて標準化してから回帰分析を行ったときの回帰係数を、**標準化回帰係数**という。単回帰分析ではあまり必要がなく、重回帰分析において**標準化偏回帰係数**が解説されるのが通例である。複数の説明変数の間の影響力の大きさの比較に使われるためというのがその理由であるが、単回帰分析でも計算することはできる。ここでは重回帰分析における説明の予告として紹介しておこう。

　Rで回帰分析を行う際にオプションを指定して標準化係数を出力させる方法が不明なので、自分で変数を処理して回帰分析を行ってみよう。その際、回帰分析で使用される有効ケースだけに絞って標準化を行わないと、ただしく標準化係数を計算できなくなってしまうので注意が必要である。

単回帰分析　　*125*

▶ 誤った例

```
y0 <- scale(data$q1700)
x0 <- scale(data$fincome)
summary(lm(y0~x0))
```

```
Coefficients:
            Estimate  Std. Error  t value  Pr(>|t|)
(Intercept)  0.05886     0.05522    1.066     0.287
x0           0.30388     0.05522    5.503   8.13e-08***
---
Residual standard error:0.95 on 294 degrees of freedom
  (88 observations deleted due to missingness)
Multiple R-squared:0.09339, Adjusted R-squared:0.09031
F-statistic:30.28 on 1 and 294 DF, p-value: 8.127e-08
```

▶ 正しい例

```
TorF <- complete.cases(data$q1700, data$fincome)
y1 <- scale(data$q1700[TorF])
x1 <- scale(data$fincome[TorF])
summary(lm(y1~x1))
```

```
Coefficients:
             Estimate   Std. Error  t value  Pr(>|t|)
(Intercept) -1.945e-16   5.544e-02    0.000      1
x1           3.056e-01   5.553e-02    5.503   8.13e-08***
---
Residual standard error:0.9538 on 294 degrees of freedom
Multiple R-squared:0.09339, Adjusted R-squared:0.09031
F-statistic:30.28 on 1 and 294 DF, p-value:8.127e-08
```

誤った例と正しい例を見比べると，定数項（切片）と回帰係数がやや異なる。標準化した変数同士の単回帰の場合，回帰直線はそれぞれの平均からなる座標点，すなわち原点を通るはずだが，誤った例ではわずかにずれている。また両変数の標準偏差が等しければ回帰係数は相関係数に一致するが，誤った例ではこの2変数の相関係数0.3056から回帰係数がわずかにずれている。

重回帰では標準化偏回帰係数を求めることが多いので，この欠損値の処理の点には注意しておこう。いちいち自分で変数を標準化して回帰しなければならないのは余計な手間だとも思われるが，標準化偏回帰係数とは何であるのかを正しく理解するためにはちょうど良い手順であるとも言える。

発　展　Advanced

① 2群の母平均の差の t 検定と単回帰分析

第7章 **発展** Ⅰで t 検定と分散分析の同等性について確認した。ここでさらに，2群の母平均の差の t 検定と単回帰分析の同等性について確認しておこう。性別と幸福度の例を用いる。スチューデントの t 検定の結果から，t=-2.8252, df=376, p-value =0.004977，さらに男性の標本平均が6.366460で女性の標本平均が6.917051であることが分かっていた。これと同一の分析を単回帰分析（一般線型モデル）で行うためには，次のようにする。性別変数は data$sex のままでも実質的にはまったく変わらないのだが，結果を読み取りやすくするためにあえて**ダミー変数**と呼ばれる変数に変換する。男性ダミー male は，男性であれば1，女性であれば0となる2値変数である。

```
male <- c(1, 0) [data$sex]
summary(lm(data$q1700~male))
```

これを実行すると以下のような結果が出力される（一部省略）。

```
Coefficients:
             Estimate  Std. Error  t value  Pr(>|t|)
(Intercept)  6.9171    0.1272      54.385   <2e-16***
male         -0.5506   0.1949      -2.825   0.00498**
...
Multiple R-squared:0.02079, Adjusted R-squared:0.01818
F-statistic:7.982 on 1 and 376 DF, p-value:0.004977
```

最下行の F 検定の結果は第7章の anova(aov( )) や oneway.test(, var.equal=T) と一致し，第7章 **発展** Ⅰで述べたようにスチューデントの t 検定とも一致している。他の分析にないのは Coefficients の部分で，定数項（切片，"(Intercept)"）の行と "male" の行がある。表示桁数は異なるが，定数項は女性の標本平均に等しい。そして male の行の係数（推定値，Estimate）は，被説明変数の男女差（男性標本平均マイナス女性標本平均）の −0.5505911 に等しい。t 統計量と有意確率はスチューデントの t 検定に一致する。

単回帰分析

この単回帰分析を方程式（予測式，回帰式）で記述すると以下の通りである。
$$y = \hat{\beta}_0 + \hat{\beta}_1 d_{male}$$
男性ダミー d_{male} が0のときはすなわち定数項 $\hat{\beta}_0$ のみであり，これが女性の標本平均になる。男性ダミーが1の時は $\hat{\beta}_0 + \hat{\beta}_1$ となり，これが男性の標本平均になる。つまりダミー変数の係数 $\hat{\beta}_1$ が女性を基準としたときの男女差を意味する（ダミー変数が0となるカテゴリ——この場合は女性——を基準カテゴリまたは参照カテゴリという）。この例の場合，スチューデントの t 検定は男女の平均値差の検定である。したがってダミー変数の t 検定がそれと同じものを意味するのである。

② 偏相関係数

偏相関係数とは，2つの変数 x と y の相関関係が，第3の変数 z がその両者に影響することによって生じている**表層的な相関（疑似相関）**を，そうでない相関から区別する目的で使用されることの多い係数である。x と y の双方から z の影響を取り除いた上で相関係数を求めると説明される。多くの統計ソフトでは偏相関係数を求める専用のコマンドなどが用意されているので，初学者はこの偏相関が相関とどのような関係にあるのかが知らないことも多いだろう。

疑似相関と呼ぶと，本来は相関関係ではないものであるかのようだが，相関係数の定義上は疑似的な相関と真正な相関があるわけではなく，疑似相関と呼ばれるものも相関関係には違いない。ただ，x と y の両者の間に直接的な影響関係・因果関係があることによって相関関係が生じているのではなく，共通の原因 z によって影響されているもの同士の間で表面的な，見かけの上での相関が見られるということである。

しばしば教科書には偏相関係数の定義式が掲載されているが，その式を見ても初学者にはほぼ何のことだか分からない。ここではむしろ，実際の計算結果から，偏相関係数が何であるかを理解し，それを通して（単）回帰分析の理解を深めることを目指す。

ここで，演習データから，本人教育年数 edu，本人年収 income，蔵書数 q0200 を使用する。偏相関係数を計算するには，Rcmdr パッケージをインストールして読み込み，[4]

partial.cor(cbind(data$edu, data$income, data$q0200), use="complete")

---

[4] 初めてインストールする時には install.packages ("Rcmdr", repos="https://cran.ism.ac.jp") としてから，library (Rcmdr) として読み込む。R コマンダー (Rcmdr) は今までのコンソール画面やエディタ画面と違うウィンドウが開くが無視して良い。本書では R コマンダーについて解説しないが，特に初心者にとっては非常に便利なので参考書や解説サイトなどを見ながら活用すると良い。

とすれば出力される。通常の2変数の相関（**ゼロ次の相関**と呼ぶ）も一緒に出力させたければ，

> cor(cbind(data$edu, data$income, data$q0200), use="complete")

とすればよい。[5]

```
             edu       income      book
   edu    1.0000000   0.27521938   0.38115890
income    0.2752194   1.00000000   0.09382867
  book    0.3811589   0.09382867   1.00000000

Partial correlations:
             edu       income      book
   edu     0.00000    0.26016     0.37125
income     0.26016    0.00000    -0.01246
  book     0.37125   -0.01246     0.00000

Number of observations:338
```

上の4行がゼロ次の相関係数行列，"Partial correlations:"以下が偏相関係数行列である。この結果を見ると，上の係数行列から下の係数行列の間で相対的に大きく値が変化しているのが，本人年収（income）と蔵書数（book）である。下の偏相関係数行列での値は −.012 と，絶対値がほぼ0に近くなっている。この2変数の偏相関係数は教育年数で**コントロール**（**統制**）されているので，本人年収と蔵書数に見られた.09程度の相関は，教育年数が収入に影響し，かつ教育年数が蔵書数にも影響していることによる表面的な（見かけ上の）相関であることが疑われる。

さて，この「教育年数で統制」した上で相関係数（偏相関係数）を計算するとは，具体的にはどういうことなのだろうか。もう少し噛み砕いて言うと，本人年収のうち教育年数に影響されている部分を取り除き，蔵書数からも教育年数に影響されている部分を取り除き，残った要素同士の相関係数を計算するということになる。本人年収のうち教育年数に影響されている部分を取り除くというのは，本人年収を被説明変数，教育年数を説明変数として単回帰を行い（本人年収を教育年数に回帰させる），その残差を取り出す，ということに他ならない。回帰分析の残差というのは残滓として興味を持たれないよう

---

[5] 以下の出力は，見た目の分かりやすさに配慮して以下のように少し工夫してある。
　　x <- cbind("edu"=data$edu, "income"=data$income, "book"=data$q0200)
　　cor(x, use="complete"); partial.cor(x, use="complete")
　　また，厳密には蔵書数 q0200 は順序尺度で，本来は間隔尺度に変換して計算すべきであるが，結果には大きく影響せず，スクリプトを単純化するためにそのまま使用する。

なイメージがあるかもしれないが，ここではむしろ残差が，本人教育年数では説明されない本人年収の固有性として着目されるのである。単回帰分析において，残差は説明変数や予測値とは独立，すなわち無相関であることを思い出そう。蔵書数でも同様に，本人教育年数に回帰させた場合の残差を，本人教育年数には影響されていない固有性として取り出す。そしてこの2つの残差の相関係数を計算すると，それが，本人教育年数を統制した場合の本人年収と蔵書数の偏相関係数ということになる。

スクリプトと結果は以下の通りである。3つの変数すべてが有効なケースのみを分析対象とするために最初にcomplete.cases(　)を使う。そうしないと結果がずれてしまう。

```
boolean <- complete.cases(data$edu, data$income, data$q0200)
x <- data$income[boolean]; y<-data$q0200[boolean];
z <- data$edu[boolean]
summary(lmx <- lm(x~z)); summary(lmy<-lm(y~z))
cor(lmx$residuals, lmy$residuals)
```

```
lm(formula=x~z)

Coefficients:
             Estimate  Std. Error  t value  Pr(>|t|)
(Intercept)  -298.531    124.401   -2.400    0.0169*
z              46.722      8.904    5.248  2.74e-07***
---
lm(formula=y~z)

Coefficients:
             Estimate  Std. Error  t value  Pr(>|t|)
(Intercept)  -0.83212    0.50364   -1.652    0.0994.
z             0.27241    0.03605    7.557  3.95e-13***
---
> cor(lmx$residuals, lmy$residuals)
[1] -0.01245901
```

最後に，残差同士の相関係数は-0.01245901であるが，これは先のpartial.cor(　)の偏相関係数行列中の-0.01246と一致している。

このように，偏相関係数とは，2つの変数から，統制変数とは独立の（＝無相関の，直行する）要素である回帰残差を取り出し，その間の相関係数として求められるのである。

練習問題

① 演習用データフレーム data の中の教育年数 edu と本人年収 income について，

```
full <- complete.cases(data$edu, data$income)
edu <- data$edu[full]; income <- data$income[full]
```

として欠損値のない変数 edu, income とした上で，cor.test( ) 関数によって積率相関係数を求め，検定を行おう．

② 上の①に続いて，lm( ) 関数を用いて，income を edu で説明する単回帰分析を行い，①の t 値や自由度，有意確率と，この単回帰分析の回帰係数の t 検定の t 値，自由度，有意確率を見比べよう．また，単回帰分析の F 検定の結果と①の t 検定の結果について比較検討しよう．

③ sd( ) 関数を用いて edu と income の標準偏差を求め，それらと①の積率相関係数から，②の回帰係数を求めてみよう．また積率相関係数の二乗と②の決定係数（分散説明率）を比較しよう．

④ まず，性別 data$sex をグループ変数として，本人年収 data$income の平均値に差があるかどうか，（等分散を仮定した）スチューデントの t 検定を行おう．次に，sex から女性ダミー変数 female を作成して income を female に回帰させる単回帰分析を行い，t 検定と単回帰分析の結果の対応関係について理解しよう．

9 重回帰分析(I)

t 検定と F 検定，効果の比較

> 基　礎　*Basic*

重回帰分析は説明変数が複数ある回帰分析である。1つの従属変数に影響を及ぼすと考えられる変数は複数存在するのが通例であり，そうした場合に使用される最も初歩的な分析手法である。基本的には前章の単回帰分析の延長で理解できる。まず本章では，単回帰分析と共通の基本的事項について説明し，次章においてより重回帰分析特有の発展的事項について扱う。

① 重回帰モデル

単回帰分析と同様，母集団において独立変数（説明変数）群 $x_1, x_2, \cdots, x_p$ と従属変数（被説明変数）y の間に次のような線型の関係があると想定し，標本データから推測する。β_0 と $\beta_1, \cdots, \beta_p$ は未知の定数，ε は誤差を表す。

$$y = \beta_0 + \beta_1 x_1 + \beta_2 x_2 + \cdots + \beta_j x_j + \cdots + \beta_p x_p + \varepsilon$$

この重回帰モデル中の $p+1$ 個の未知の定数を無作為標本データから推定する。推定値によって表現した以下の式を**回帰方程式**と呼ぶ。

$$y_i = \hat{\beta}_0 + \hat{\beta}_1 x_{1i} + \hat{\beta}_2 x_{2i} + \cdots + \hat{\beta}_j x_{ji} + \cdots + \hat{\beta}_p x_{pi} + e_i \quad (i=1, 2, 3, \cdots, n)$$

複数の独立変数を識別する添え字（$j=1, 2, \cdots, p$）とケースを識別する添え字（$i=1, 2, \cdots, n$）の2種類の添え字が登場するので注意して丁寧に見て欲しい。x_j（$j=1, 2, \cdots, p$）にかけられている p 個の定数を**偏回帰係数**と呼び，β_j は**母偏回帰係数**，$\hat{\beta}_j$ は**標本偏回帰係数**という。従属変数の**予測値** $\hat{y}_i = \hat{\beta}_0 + \hat{\beta}_1 x_{1i} + \hat{\beta}_2 x_{2i} + \cdots + \hat{\beta}_p x_{pi}$ がすべて観測値 y_i とぴったり一致すること

はまずなく，e_i はそのズレを調整する**残差**である。回帰方程式を書き直すと単回帰と同様，次のようになる。

$$y_i = \hat{y}_i + e_i$$

予測のズレ（残差）が最も小さくなるように $p+1$ 個の未知定数を推定する。その際に**残差平方和**を最小化する**最小二乗和法**（**最小二乗法**）を使用するのも単回帰分析と共通だが，単回帰のように簡単な式変形で導くことはできない。

▎-▎ 偏回帰係数の t 検定と区間推定

第 8 章でみたように，誤差分散 σ_ε^2 の不偏推定量 $\hat{\sigma}_\varepsilon^2$ は下記の式（**残差の平均平方**）で与えられる。

$$\hat{\sigma}_\varepsilon^2 = \frac{1}{n-p-1} \sum_{i=1}^n e_i^2 = MS_{residual}$$

ここで x_j の平方和を $SS_j = \sum_{i=1}^n (x_{ji} - \overline{x}_j)^2$ と表現すると，偏回帰係数の推定値（標本偏回帰係数）$\hat{\beta}_j = b_j$ の標本抽出分布は，平均が母数 β_j，標準偏差（標準誤差）が $\sigma_{b_j} = \dfrac{\sigma_\varepsilon}{\sqrt{SS_j}\sqrt{1-R_j^2}}$ の正規分布に従う。この式における未知の母数 σ_ε を推定値で代用すると，$\hat{\sigma}_{b_j} = \dfrac{\hat{\sigma}_\varepsilon}{\sqrt{SS_j}\sqrt{1-R_j^2}} = \dfrac{\sqrt{MS_{residual}}}{\sqrt{SS_j}\sqrt{1-R_j^2}}$ となる。ここで R_j^2 は 1 つの独立変数 x_j を他のすべての独立変数に回帰させた場合の分散説明率（決定係数）である。

これらを用いて作られる検定統計量 $t = \dfrac{b_j - \beta_j}{\hat{\sigma}_{b_j}}$ は，誤差の等分散正規性の条件の下で，自由度 $n-p-1$ の t 分布に従うことが分かっている（分母が推定値でなければ標準正規分布に従う）。ここで，ゼロ仮説（帰無仮説）$H_0: \beta_j = 0$ を仮定することで未知数を消去できる。ゼロ仮説で仮定する値は 0 でなくてもよい。

こうして既知の分布に近似的に従う検定統計量が手に入ったので，後は，有意水準（危険率）を 1 ％または 5 ％などに設定し，計算された t 値の絶対値の大きさによって，ゼロ仮説が棄却されるか否かを判断する。t 統計量の絶対値が大きくてゼロ仮説が棄却されれば，母偏回帰係数は 0 ではないだろうと判断

し，t 統計量の絶対値が小さくてゼロ仮説が棄却できなければ，母偏回帰係数は 0 ではないとは言い切れないと判断する．ここでも，ゼロ仮説の有意性検定によって言えるのは，母数が 0 （ゼロ仮説で仮定した値）とは異なるかどうかであり，かつその判断が誤っている可能性も残される．

単回帰同様，検定だけではなく，t 分布の95％領域を使って母偏回帰係数の区間推定を行うことができる．95％の確率で次の不等式が成立する．

$$t_{(.025,\ n-p-1)} \leq \frac{b_j - \beta_j}{\hat{\sigma}_{b_j}} \leq t_{(.975,\ n-p-1)}$$

これを変形して，以下の母偏回帰係数の95％信頼区間が求められる．

$$b_j - t_{(.975,\ n-p-1)}\hat{\sigma}_{b_j} \leq \beta_j \leq b_j - t_{(.025,\ n-p-1)}\hat{\sigma}_{b_j}$$

これは，まったく同一設計の調査を100回実施して100通りの信頼区間を計算すれば，平均してそのうちの95個は区間内に未知の定数である母偏回帰係数を含み，平均して5個は区間内に母偏回帰係数を含まないような区間である．t 分布は左右対称なので，2つの t 値は絶対値が等しく符号だけが異なる．

演習用データから例を示そう．第8章では幸福度 q1700 を世帯年収 fincome で説明する単回帰分析例を示した．ここでは独立変数に年齢 age，教育年数 edu，10段階階層帰属意識 q1502 を追加した重回帰分析を行う．

```
summary(reg2 <- lm(q1700~age+edu+q1502+fincome, data))
```

```
lm(formula=q1700~age+edu+q1502+fincome, data=data)
...
Coefficients:
              Estimate  Std.Error  t value  Pr(>|t|)
(Intercept)   7.6626652  1.0771389    7.114  9.03e-12***
age          -0.0155036  0.0129419   -1.198  0.231929
edu           0.0667068  0.0534528    1.248  0.213064
q1502        -0.3029336  0.0606728   -4.993  1.03e-06***
fincome       0.0008740  0.0002281    3.832  0.000156***
---
...
Multiple R-squared:0.1673, Adjusted R-squared:0.1557
F-statistic:14.41 on 4 and 287 DF, p-value:9.796e-11
```

"Coefficients" の "Estimate" の列に定数項と偏回帰係数の推定値（標本偏回帰係数）が表示されている。"Std.Error" はそれぞれの標準誤差，その右列は標本偏回帰係数をその標準誤差で割った t 統計量で，「母偏回帰係数は 0 である」というゼロ仮説の下で自由度 $n-p-1=287$ の t 分布に従う。一番右はその t 統計量の両側有意確率である。これらが偏回帰係数の t 検定である。

検定の結果は，10段階階層帰属意識と世帯収入は 1 ％水準で有意となり，年齢と教育年数は 5 ％でも有意にならなかった。この階層帰属意識変数は値の小さい方が主観的帰属階層が高くなっているので，階層帰属意識が高いほど，また世帯収入が多いほど，幸福感が高い結果となっている。その影響の大きさは，階層帰属意識が 1 段階高いと11段階の幸福感は0.303高く，世帯年収が100万円多いと幸福感は0.087高くなる。世帯年収が350万円多いことと帰属階層が 1 段階高いことがほぼ同程度の影響力である（.0008740＊350=0.3059）。

線形モデル lm( ) の結果を格納したオブジェクト reg2 と信頼区間を求める関数 confint( ) を使って母数の95％信頼区間も出力してみる。第 8 章でも述べたが，検定は「（おそらく）母数は 0 か，もしくは 0 でないか」という結論しかもたらさないが，区間推定は「（おそらく）この区間のどこかに母数が含まれているだろう」という結論になる。95％信頼区間は有意水準 5 ％で棄却されないような値の集合であり，95％信頼区間を見れば，母数についてのある仮説値が有意水準 5 ％の検定で棄却されるかどうかはすぐに分かる。age と edu の95％信頼区間は間に 0 を含んでおり，母数が 0 であるというゼロ仮説が 5 ％水準で棄却できないことと一致している。

```
confint(reg2, level=.95)
```

	2.5%	97.5%
(Intercept)	5.542571414	9.782759016
age	-0.040976752	0.009969472
edu	-0.038502386	0.171916015
q1502	-0.422353705	-0.183513488
fincome	0.000425077	0.001322960

表9-1 重回帰分析の分散分析表

	平方和 SS	自由度 df	平均平方 MS	F 値	p 値
回帰	SS_{model}	p	MS_m	F	$Prob(F \geqq F|H_0)$
残差	$SS_{residual}$	$n-p-1$	MS_r		
全体	SS_{total}	$n-1$			

1-2 分散説明率 R^2 の増分の F 検定

個々の偏回帰係数ではなく，重回帰モデル自体の有意性検定は F 検定で行う。重回帰分析でも単回帰同様に（偏差）平方和の分解を行う。

$$\sum(y_i-\bar{y})^2 = \sum(\hat{y}_i-\bar{y}+e_i)^2 = \sum(\hat{y}_i-\bar{y})^2+\sum e_i^2$$

右辺の第1項は**モデル平方和**あるいは**回帰平方和**，第2項は**残差平方和**である[1]。被説明変数の全平方和は，回帰平方和と残差平方和の和に分解される。ここから分散分析表が作成される（**表9-1**）。

全体平方和と回帰平方和の比は分散説明率（決定係数）を示し，被説明変数のバラつきのうちどれだけが回帰モデルのバラつきによって説明されるかを0以上1以下の小数で表している。この分散説明率は，被説明変数の観測値と予測値の相関係数の二乗に等しい。

$$R^2 = \frac{SS_{model}}{SS_{total}} = 1 - \frac{SS_{residual}}{SS_{total}}$$

重回帰の場合，anova( ) に線形モデル lm( ) の分析結果のオブジェクト reg を与えるとタイプ I 平方和の計算結果が表示される。タイプ I 平方和では，独立変数の記述の順番によって個々の独立変数についての結果は変わってしまうが，その代わりに，独立変数の平方和の合計は常に一定であるので，それを合計してモデル平方和を求めることができる。

```
Response:q1700
        Df  Sum Sq  Mean Sq  F value  Pr(>F)
age      1    1.59    1.591   0.5591  0.4552289
```

---

[1] 最初の変形は観測値が予測値と残差の和で表されることを，最後の変形は，予測値の平均は観測値の平均に等しいこと，残差と予測値の共分散が0であることを利用している（→第8章）。

edu	1	23.54	23.543	8.2730	0.0043255**
q1502	1	97.13	97.125	34.1299	1.396e-08***
fincome	1	41.79	41.786	14.6835	0.0001562***
Residuals	287	816.73	2.846		

　ここから**表9-2**のような分散分析表を作成することが可能である[2)]。F統計量の値とその有意確率は先のsummary(　)の結果の最下行と四捨五入誤差の範囲で同じになる。

　このF検定は，母集団においてはこの回帰モデルはまったく意味がないというゼロ仮説，正確に表現すれば，$H_0 : \beta_1 = \beta_2 = \cdots = \beta_p = 0$の検定である。つまり，すべての独立変数の効果が同時に0であるということである。このゼロ仮説の仮定のもとで，F検定統計量は自由度$(p, n-p-1)$のF分布に従う。

$$F = \frac{MS_{model}}{MS_{residual}} = \frac{SS_{model}/p}{SS_{residual}/(n-p-1)} \sim F(p, n-p-1)$$

　F統計量はゼロ仮説が正しい場合には1に近い値をとるはずであり，この値が1よりもどれくらい大きいかによってゼロ仮説を棄却するか否かを判断する。先の分析例ではsummary(　)の出力結果の最後にF検定の結果が表示されており，$F(4, 287) = 14.41$で1よりも非常に大きく，$p = 9.796 \times 10^{-11}$と高度に有意になる。ただし，被説明変数に対して効果があるだろうと予想した説明変数を（複数）投入しているのであるから，それらがすべて効果がないという結果にはならないのが通例であり，このモデル全体のF検定はたいてい高度に有意になる。有意にならなければ，よほど意味のないモデルを設定してしまったということになる。

　また，先の分散説明率を用いてF統計量を書き換えることもできる。

$$F = \frac{R^2/p}{(1-R^2)/(n-p-1)}$$

次のようにするとこの関係式が実例で確認できる。

```
sum2 <- summary(reg2)
sum2$r.squared/sum2$fstatistic[2]/((1-sum2$r.squared)/sum2$fstatistic
```

---

2)　先のanova(reg)の出力のF統計量とそのp値を記入した。pf(14.41, 4, 287, lower.tail=F)から求めた時は9.817838e-11と出力されるが，ほぼ同じと言ってよい。

表 9-2　重回帰分析の分散分析表の例

	平方和 SS	自由度 df	平均平方 MS	F 値	p 値
回帰	164.05	4	41.011	14.41	9.796e-11
残差	816.73	287	2.846		
全体	980.78	291			

```
[3])
sum2$fstatistic[1]
```

この F 検定は，モデルの一部分（独立変数群の部分集合）についても使用できる。k 個の独立変数のモデル S に，さらに $p-k$ 個の独立変数を追加したモデル L を考えるとき，追加した独立変数群の効果は統計的に有意であるかどうかの検定である。

モデル $S: y = \beta_0 + \beta_1 x_1 + \cdots + \beta_k x_k + \varepsilon$

モデル $L: y = \beta_0 + \beta_1 x_1 + \cdots + \beta_k x_k + \beta_{k+1} x_{k+1} + \cdots + \beta_p x_p + \varepsilon$

モデル S の分散説明率を R^2_S，モデル L の分散説明率を R^2_L とする。

ゼロ仮説 $H_0: \beta_{k+1} = \beta_{k+2} = \cdots = \beta_p = 0$ の仮定の下で，次の F 統計量が自由度 $(p-k, n-p-1)$ の F 分布に従う。

$$F = \frac{(R^2_L - R^2_S)/(p-k)}{(1-R^2_L)/(n-p-1)}$$

この F 検定は実は汎用性・一般性が高く，$k=0$ の時はモデル L 全体の検定に一致する。$p=k+1$ の時は最後に追加した p 番目の偏回帰係数1個だけの検定となる。このとき $p-k=1$ であるから F は下のようになる。

$$F = \frac{R^2_L - R^2_S}{(1-R^2_L)/(n-p-1)}$$

この F は，偏回帰係数の検定における t 統計量の二乗に等しくなる。つまり，偏回帰係数についての t 検定と F 検定は，単回帰分析の時と同様，まったく等価である。このことを確認するためには以下のように計算すればよい。

```
# 大きい方のモデルですべての変数が有効であるケースに限定
TorF <- complete.cases(data$q1700, data$age, data$edu, data$q1502,
        data$fincome)
```

```
y <- data$q1700[TorF]; x1 <- data$age[TorF]; x2 <- -data$edu[TorF]
x3 <- data$q1502[TorF]; x4 <- data$fincome[TorF]
sum01 <- summary(reg01 <- lm(y~x1+ x2+ x3+ x4))    # モデルL
sum02 <- summary(reg02 <- lm(y~x1+ x2+ x3))    # モデルS
(sum01$r.squared-sum02$r.squared)/((1-sum01$r.squared)/sum01$df
    [2])    # F 統計量
sum01$coefficients[5, 3]^2    # x4 の偏回帰係数のt 統計量の二乗
```

ヴェクトル TorF は，各ケースについて，complete.cases( ) 関数のカッコ内に列挙した変数が欠損値 NA を含まないかどうかを識別する変数であり，すべてが有効であるケースでは TRUE，1つでも欠損値を含むケースでは FALSE の値をとる。このヴェクトルの中身を知りたければ，コンソール画面で TorF とすれば一目瞭然である。y, x_1, x_2, x_3, x_4 は元の変数について，TorF が TRUE であるケース（すなわち，すべての変数が有効であるケース）のみに限定した変数となっている。

モデル L の reg01 は説明変数4つを含むモデル，モデル S の reg02 は説明変数を3つのみ含むモデルであり，それぞれの summary( ) の結果を格納した sum01 と sum02 から，分散説明率 r.squared や残差の自由度 df[2]，偏回帰係数 coefficients などの情報を取り出して計算し，F 統計量と t 統計量の二乗が一致することを確認している。

モデル全体の検定と個別の偏回帰係数の検定，あるいは部分モデルの検定はこのように包括的に F 検定として考えられ，個別の偏回帰係数についての t 検定と F 検定の結果は必然的に一致する。ではなぜ，重回帰分析についての通常の解説は偏回帰係数の t 検定とモデルの F 検定を別々に説明するのか。F 検定からは母偏回帰係数の区間推定を行うことができず，信頼区間の計算を考えると，個々の偏回帰係数については t 検定で行う方が都合が良い。

1-3　標準化偏回帰係数

独立変数と従属変数をすべて標準化してから重回帰分析を行ったときの偏回帰係数を**標準化偏回帰係数**という[3]。標準化しない偏回帰係数（非標準化係数）は独立変数の測定単位に応じてその値の大小が変化してしまうので，複数の独

立変数の非標準化係数を比較することによって従属変数への影響力の大きさを比較することはできない。しかし，標準化係数においてはすべての変数のバラつき具合は等しく（分散が1），単位を持たない**無名数**となっているので，それぞれの独立変数が従属変数に及ぼす相対的な影響力を比較できるとされている。

　Rで標準化係数を出力させるには自分で変数を処理してから回帰分析を行う必要があり，その際，分析で使用される有効ケースだけに絞って標準化を行わなければならないことはすでに単回帰分析の説明において述べた。本章では基礎 1-2でこの処理を行っているので，そのヴェクトル TorF によってケースを限定した結果を利用して，標準化の関数 scale( ) を適用すればよい。

```
(sum03 <- summary(reg03 <- lm (scale(y)~scale(x1)+scale(x2)
    +scale(x3)+scale(x4))))
```

```
lm(formula=scale(y)~scale(x1)+scale(x2)+scale(x3)+scale(x4))
...
Coefficients:
              Estimate   Std.Error   t value   Pr(>|t|)
(Intercept)  -1.870e-16  5.377e-02    0.000    1.000000
scale(x1)    -6.657e-02  5.557e-02   -1.198    0.231929
scale(x2)     7.194e-02  5.765e-02    1.248    0.213064
scale(x3)    -2.748e-01  5.503e-02   -4.993    1.03e-06***
scale(x4)     2.232e-01  5.824e-02    3.832    0.000156***
---
...
Multiple R-squared:0.1673,   Adjusted R-squared:0.1557
F-statistic:14.41 on 4 and 287 DF, p-value:9.796e-11
```

　偏回帰係数の t 検定やモデルの F 検定の結果，分散説明率（決定係数）などは，先の標準化していない重回帰分析の結果とまったく一致している。異なるのは切片や偏回帰係数の値である。すべての変数を標準化すると定数項は必然的に0となる（出力結果では計算誤差の範囲で0と言える）。標準化偏回帰係数の値を比較すると，そもそも t 検定の結果が有意になっていない x_1（年齢），x_2

3）この標準化偏回帰係数を「β，ベータ」とよぶ慣習があるが，本書では β の記号は（偏）回帰係数（や定数項）の母数を表すために使用し，標準化偏回帰係数には使わない。

(教育年数)と1%水準で有意になっているx_3(階層帰属意識),x_4(世帯年収)では小数の位が一桁異なる。階層帰属意識と世帯年収では絶対値はかなり近いが,階層帰属意識の方がやや大きい。よって幸福感に対する影響は,世帯収入より階層帰属意識の方がやや大きいと考えられる。幸福感という主観的変数に対する影響力を,同じく主観的変数である階層帰属意識と,客観的変数である世帯収入との間で比較しているので,同じ主観的変数である階層帰属意識の方が関連が強いというこの結果は想定の範囲内ではある。

非標準化偏回帰係数$\hat{\beta}=b$と標準化偏回帰係数$\hat{\beta}'=b'$の間には以下のような関係式がある。

$$b = \frac{s_y}{s_x} \cdot b'$$

被説明変数の標準偏差と当該の説明変数の標準偏差を用いるが,これももちろん分析に使用される有効ケースに限定して計算したものである。先の分析例の世帯年収の偏回帰係数に着目すると,非標準化係数が0.0008740,標準化係数が2.232e-01=0.2232であった。Rコンソール画面でsd(y); sd(x4)を計算するとそれぞれ1.835856と468.7633であり,sd(y)/sd(x4)*0.2232=0.0008741366となって四捨五入誤差の範囲で非標準化係数に一致することが確認できる。

1-4 分析結果の提示方法

多変量解析に関する実質科学的(内容的)な解説や論文の執筆方法,結果の表示方法などは,数理社会学会監修『計量社会学入門——社会をデータでよむ』(世界思想社,2015年)などの優れたテキストがあるのでそちらを参照して欲しいが,重回帰分析の分析結果の表示の仕方だけここで簡単に説明する。こうした重回帰分析の結果の表示法は,ロジスティック回帰分析やマルチレヴェル分析などの他の多変量解析の結果の示し方にも通ずる部分が多く,基本形とでも言えるものである。

先の幸福感に関する重回帰分析の結果を例にとって表に示してみる。

被説明変数が何であるかは表見出しまたは表下の注記に明記しておく。定数項には特に関心がない場合も少なくないが,それぞれの説明変数についての偏回帰係数とともに表記しておく。各説明変数については,偏回帰係数,標準誤

表 9-3　幸福感 q1700 の重回帰分析

	偏回帰係数	標準誤差 (s.e.)	標準化係数
(定数)	7.6627	1.0771	
年齢 age	−0.0155	0.0129	−0.0666
教育年数 edu	0.0667	0.0535	0.0719
階層帰属意識 q1502	−0.3029	0.0607	−0.2748***
世帯収入 fincome	0.0009	0.0002	0.2232***
R^2		0.1673***	
自由度調整済み R^2		0.1557	
ケース数 n		292	

有意水準 $*p<.05$　$**p<.01$　$***p<.001$

差，標準化偏回帰係数を数値で記載し，t 検定の結果の有意水準を表のように記号表記するのが通例である。係数や標準誤差のより正確な（桁数の多い）値を知りたい場合は，sum01$coefficients，sum03$coefficients として個別に情報を取り出して表示させる。有意水準を示す記号は，（非標準化）偏回帰係数の右につけても，**表 9-3** のように標準化係数の右につけてもどちらでもよい。分散説明率についている有意水準の記号は，モデル全体の F 検定の結果である。

有意水準については，表のように0.1％水準（$***p<.001$）まで区別して表示するのが慣例であるが，1％水準（$**p<.01$）まで区別すれば十分だとも思われる。逆に，＋や†などの記号によって10％水準で有意なものまでマークすることもある。標本サイズが小さいなど理由があればそれも意味があるかもしれないが，大標本の場合には弱い効果でも検出できることを考えると，5％水準で有意にならないものについては特に注目する必要はないとも言える。

標準誤差を記載していないものもしばしば見かけるが，標準誤差が示されていなければ信頼区間を計算することができない。ゼロ仮説の有意性検定だけでは不十分であり少なくとも区間推定の結果を示すべきであると考えるようになってきているため，標準誤差を明記するか（そうすれば読者は自分で信頼区間を計算できる），でなければ95％信頼区間を記載するのが望ましい。

ケース数 n は R の分析結果では明示されていないが，F 検定の結果における分子の自由度が p（独立変数の個数），分母の自由度が $n-p-1$ であることが分かっていれば，自分で簡単に計算できる。この分析例では分子の（モデル平方和の）自由度が4，分母の（残差平方和の）自由度が287と表示されているの

で，$n-4-1=287$ から $n=292$ であることが分かる。あるいは，R コンソール画面で length(y) と入力してもこの場合の分析対象ケース数は分かる。

1つの従属変数に対する複数の重回帰モデルを比較検討する場合は，この表が右方向に拡張され，モデル選択の1つの基準となる AIC（赤池情報量基準）などが表下部に記載されたりする。ロジスティック回帰分析においては，標準化係数の代わりにオッズ比が，分散説明率の代わりに疑似決定係数などが記載される。若干の相違はあるが，こうした結果の表示方法は多くの多変量解析に共通するので，一つひとつの情報の意味をきちんと理解しておこう。基本形の読み方がきちんと身に着けば，応用型や発展型の表を解読する基礎となる。

1-5 自由度調整済み分散説明率

通常の分散説明率は以下のように表現できる。

$$R^2 = 1 - \frac{SS_{residual}}{SS_{total}} = 1 - \frac{\frac{1}{n}SS_{residual}}{\frac{1}{n}SS_{total}} = \frac{\frac{1}{n}SS_{total} - \frac{1}{n}SS_{residual}}{\frac{1}{n}SS_{total}}$$

残差と従属変数の（標本における）分散比を1から引いたものに等しく，モデルによって従属変数の分散がどの程度減少したかを，元の従属変数の分散に対する割合で表した**誤差減少率**（Proportional Reduction in Error; PRE）でもある。

しかしこれらの分散は標本における統計量であり，母集団における分散の不偏推定量ではない。従属変数の分散を不偏分散に，残差分散を残差の平均平方に書き換えた統計量が**自由度調整済み分散説明率**である。

$$\text{adjusted } R^2 = 1 - \frac{SS_{residual}/n-p-1}{SS_{total}/n-1}$$

自由度調整済み分散説明率と無調整の分散説明率の関係は下記の通りになる。

$$\text{adjusted } R^2 = 1 - \frac{n-1}{n-p-1}(1-R^2)$$

自由度調整済み分散説明率は，定義上，無調整のものより値が小さくなる。また，無調整の分散説明率は決して負にならないが，自由度調整済み分散説明率は，よほど当てはまりが悪くて独立変数の数が多いと負になることもある。

発 展 Advanced

① 1要因分散分析とダミー変数を用いた重回帰分析

第7章 基礎 1-3 で1要因（説明変数が1つ）の分散分析の分析例を示した。回答者本人の従業上の地位（正規雇用，非正規雇用，自営，無職）によって世帯年収の平均が異なるかどうかというもので，F検定の結果は5％水準で有意であった。

分散分析と回帰分析は，それぞれが用いられてきた学問分野の違いなどから独自に発展してきた部分も大きいが，現在では数学的には同一の分析手法であると考えられ，共分散分析とともに包括して**一般線型モデル**，あるいは単に**線型モデル**と呼ばれる。[4] いずれも従属変数は等分散正規性を充たすとされる数量変数（間隔尺度または比尺度）であり，分散分析は独立変数がすべてカテゴリカル変数（名義尺度または順序尺度），回帰分析は独立変数が数量変数，そして共分散分析は，カテゴリカル変数の効果を正確に測定するために数量変数を共変量として投入する。ここではまず，分散分析と回帰分析の同値性を確認するために，第7章の1要因分散分析を回帰分析によって再現してみる。

回帰分析においてカテゴリカル変数を説明変数に用いるためには，**ダミー変数**を用いる。ダミー変数とは，ある性質に該当するか否かを0か1の2値のみで表現する変数であった。あるケースが男性か女性かを区別するには，男性なら1，女性なら0の値をとる男性ダミーを作るか，もしくは逆に女性1，男性0の値をとる女性ダミーを作る。いずれを用いても数学的には同値であり，結果の表示の仕方や読み方のしやすさを考えて便宜的に決める。いずれにせよ，男性と女性という2つのカテゴリを区別するためには，1つのダミー変数で足りる。他に例えば，初等学歴／中等学歴／高等学歴という3カテゴリのカテゴリカル変数をダミー変数を用いて表現するためには，初等ダミー（初等学歴者のみ1，それ以外は0）と中等ダミー（中等学歴者のみ1，それ以外は0）の2つのダミー変数 d_1 と d_2 を作成すれば，初等学歴者は $(d_1, d_2) = (1, 0)$，中等学歴者は $(d_1, d_2) = (0, 1)$，高等学歴者は $(d_1, d_2) = (0, 0)$ となって，3つのグループが識別されることになる。すべてのダミー変数で0の値をとるカテゴリが1つだけ生じるが，実はこのカテゴリが他のすべてのカテゴリとの比較の基準となる（**基準カテゴリ**または**参照カテゴリ**と呼ぶ）ので，最も該当人数の多いカテゴリや何らかの観点で典型または代表的

---

[4] 「線型」と書いても「線形」と書いてもよい。一般線型モデルは英語では General Linear Model であり，GLM と略されてきたが，最近ではロジスティック回帰分析などを含む「一般化線型モデル Generalized Linear Model」を GLM と略すことも多く，それと区別するために単に線型モデル（Linear Model; LM）と書くことが増えてきた。R の関数名もそうなっている。現状では GLM という略語は人によっていずれを指しているか異なるので注意が必要である。

と思われるようなカテゴリが参照カテゴリになるようにした方が良い。

4カテゴリの従業上の地位をダミー変数で識別するには3つのダミー変数が必要十分である。正規／非正規／自営／無職のうちデータ中最も多いのは正規雇用であるので，正規雇用が参照カテゴリになるように，非正規ダミー，自営ダミー，無職ダミーを作成することとする。元の変数 job の2番目，3番目，4番目の値のダミー変数であることが分かりやすいように，d_2, d_3, d_4 としておく。以下のようにすれば欲しいダミー変数が作成できる。

```
x1 <- c(0, 1, 0, 0)   # 非正規ダミー用ヴェクトル
x2 <- c(0, 0, 1, 0)   # 自営ダミー用ヴェクトル
x3 <- c(0, 0, 0, 1)   # 無職ダミー用ヴェクトル
d2 <- x1[data01$job];  d3 <- x2[data01$job];  d4 <- x3[data01$job]
```

第7章の分散分析の結果を確認しておくと，正規雇用者の平均世帯年収は804.3万円（145人），非正規は631.8万円（74人），自営630.4万円（28人），無職670.4万円（49人），1要因分散分析の結果は，$F_{(3, 292)}=3.0496$，有意確率 $p=0.02898$ で5％有意だった。

上の3つのダミー変数による重回帰の結果と比べてみよう。この予測式は以下の通りで，説明変数はすべて1か0の2値変数で，同時に1になることはない。

$$\hat{y}=\hat{\beta}_0+\hat{\beta}_2 d_2+\hat{\beta}_3 d_3+\hat{\beta}_4 d_4$$

ダミー変数を含む回帰式の場合，ダミー変数のおのおのの値によって式がどうなるか具体的に考えることが重要である。正規雇用者の場合はすべてのダミー変数が0となるので，予測式は結局 $\hat{y}=\hat{\beta}_0$ に単純化される。非正規雇用者は非正規ダミー d_2 だけが1となるので，予測式は $\hat{y}=\hat{\beta}_0+\hat{\beta}_2$ となる。同様に，自営業者は $\hat{y}=\hat{\beta}_0+\hat{\beta}_3$，無職者は $\hat{y}=\hat{\beta}_0+\hat{\beta}_4$ である。

```
summary(lm(data$fincome~d2+d3+d4))
```

```
lm(formula=data$fincome~d2+d3+d4)
...
Coefficients:
              Estimate  Std.Error  t value  Pr(>|t|)
(Intercept)     804.31      38.35   20.976   <2e-16***
d2             -172.55      65.97   -2.616   0.00936**
d3             -173.95      95.31   -1.825   0.06901.
d4             -133.90      76.30   -1.755   0.08031.
...
```

重回帰分析(I)

```
Multiple R-squared:0.03038, Adjusted R-squared:0.02042
F-statistic:3.05 on 3 and 292 DF, p-value:0.02898
```

最下行のF検定の結果は分散分析の結果と一致している。定数項は804.31（万円）となっているが，これが参照カテゴリである正規雇用者の世帯年収の平均と一致し，非正規雇用ダミーd_2の偏回帰係数は，非正規雇用の平均631.8と正規雇用の平均804.3との差を示している。言い換えれば，定数項（参照カテゴリである正規雇用者の平均）と非正規ダミーの偏回帰係数の合計が非正規雇用者の平均になっている。自営業者，無職者もすべて，定数項（参照カテゴリである正規雇用者の平均）とそれぞれのダミー変数の偏回帰係数の合計が被説明変数の平均になっていることが確認できる。

このように，分散分析の結果は，ダミー変数を用いた（重）回帰分析によって再現でき，両者は数学的にはより一般的な線型モデル（一般線型モデル）の下に包摂される。

分散分析と異なるのは，各ダミー変数の偏回帰係数についてのt検定の結果の部分である。この部分が分散分析の何と対応するのか分からないと思うだろうが，実はこれは，第7章 基礎 1-4 で説明した多重比較において，何の調整も行わない場合の結果の一部と一致している。

```
pairwise.t.test(data$fincome, data$job, p.adj="none")
```

多重比較の「一部」というのは，多重比較はすべてのペアの検定結果を表示するが，ここでのダミー変数重回帰の結果では，参照カテゴリとそれ以外のカテゴリのペアの比較しか検定されていないからである。上の偏回帰係数のt検定の結果から，正規雇用と非正規雇用の平均の差は1％水準で有意，正規雇用と自営，正規雇用と無職の平均の差は10％水準でようやく有意ということが分かるが，非正規雇用と無職の平均差など，参照カテゴリでない者同士の平均の差の検定はなされない[5]。また，無調整の多重比較の結果と一致することから分かる通り，このダミー変数の偏回帰係数のt検定では，検定の多重性はまったく配慮されていない[6]。

この部分を第7章と見比べて読んでいる人は気が付いたであろうが，このダミー変数を用いた重回帰分析は，元の従業上の地位の変数jobをカテゴリカル変数として（一般）線型モデルの関数lm( )に投入した結果とまったく同じである。

5） このダミー重回帰の偏回帰係数の検定に対応する多重比較の方法に，ダネット法がある。Rでは"multcomp"パッケージ中に入っている関数glht( )で実行可能である（→サポートウェブ）。結果は検定の多重性を調整したものであり，本文のダミー重回帰の検定結果とは異なったものとなる。

6） 複数の検定をセットで行う場合でも，検定の多重性への対処として組単位で有意水準の調整をすべきかどうかについては異なる考え方がありうる。多重比較が着目するのは主にαエラー（第一種の過誤）であり，検定力のことも考えると，少数の計画的対比においては有意水準の調整を行わないことにも理由があるという［南風原 2014：142-143］。

```
summary(lm(data$fincome~factor(data$job)))
```

その結果は第7章に示してあるので確認しよう。異なるのは，ダミー変数を自分で作成する場合には参照カテゴリを好きなように決められるが，カテゴリカル変数として単純に線型モデルに投入した場合には，一番先頭のカテゴリが自動的に参照カテゴリにされてしまう点である。先頭以外のカテゴリを参照カテゴリとしたい場合には，そのカテゴリの変数値を0に置換するなど，なんらかの一手間が必要になることを覚えておこう。

練習問題

① 演習用データ中の本人年収 income を従属変数，性別 sex から作成した男性ダミー変数 male，年齢 age，教育年数 edu を独立変数とした重回帰分析（オブジェクト名を glm01 とする）を実行し，結果を報告しよう。ただし，complete.cases(　) 関数を使用してあらかじめすべての変数に欠測がないようにしておく。

② 上の①において，すべての変数を標準化して同様の重回帰分析を行い，標準化偏回帰係数について解釈してみよう。

③ 上の①において，本人年収，年齢，教育年数だけを標準化して重回帰分析を行い，②とどう異なるか，どちらの方が適切か考えてみよう。

④ 本人年収を性別と年齢だけで説明する重回帰分析（オブジェクト名 glm01b）を行い，①の結果と比較してみよう。anova(glm01b, glm01) を実行すると，この2つのモデルの相違（すなわち，edu の効果）についての F 検定が行われる。この F 検定の結果と，glm01 の edu の偏回帰係数についての t 検定の結果をよく比較検討し，これが検定として同値であることを理解しよう。

⑤ ①のモデル glm01 の独立変数に，従業上の地位変数 job を factor(　) 関数を使って要因型変数として追加投入して重回帰分析を行い，結果を解釈せよ。

10 重回帰分析(Ⅱ)
モデルの複雑化と注意点

基　礎　*Basic*

　重回帰分析の基本はほぼ前章で説明した。本章ではその基盤の上に，いくつかもう少し複雑な，あるいは応用的な事項について簡単に説明しよう。

① 重回帰モデルの複雑化

　重回帰モデルを代表とする多変量解析には，しばしば外部から次のような批判がなされる。結果に対して複数の原因がそれぞれバラバラに加法的に，単純に比例関係的に影響を及ぼすという考え方は，社会現象の因果メカニズムを捉える上で単純すぎる，と。そうした単純な加法的・線型的な関係把握に対してレイガンの**多元結合因果**［Ragin 1987＝1993］の考えが対置されたりする。
　しかし，多変量解析は必ずしもそうした単純なものに留まるものではない。原因（独立変数，説明変数）同士の関係や直線的でない関係を取り込むことも可能であるし，カテゴリカル変数の分析手法は目覚ましく発展している［太郎丸 2005］。**マルチレヴェル**分析の普及によって文脈による効果も組み込まれるようになった。本章ではそうしたモデルの工夫のうちごく初歩的なものについて説明し，（一般）線型モデルについての理解を深めることとする。

1-1　二乗項

　線型回帰はその名前から，従属変数と独立変数の直線的な関係のみを分析すると考えられていることがある。ピアソンの積率相関係数も 2 変数の間の直線的関係を表現しうるのみなので，回帰分析もそうであると考えるのも無理はな

い。しかし，回帰分析（あるいは一般線型モデル）は，独立変数と従属変数の曲線的関係を扱うことも可能である。社会学でもしばしば見るのは，放物線的な（独立変数の二乗項を含んだ）関係である。仮に，独立変数と従属変数の間に下記のような放物線的関係があるとしよう（誤差項は省略）。これは，α_1 が正であれば下に凸な放物線，負であれば上に凸な放物線を意味する。放物線の頂点の座標は (γ, α_0) である。

$$y = \alpha_0 + \alpha_1(x_1 - \gamma)^2$$

この式を展開すると次のようになる。

$$y = \alpha_0 + \alpha_1 x_1^2 - 2\alpha_1 \gamma x_1 + \alpha_1 \gamma^2 = (\alpha_1 \gamma^2 + \alpha_0) - 2\alpha_1 \gamma x_1 + \alpha_1 x_1^2$$

これは，x_1 の二乗 x_1^2 を別の独立変数 x_2 として重回帰を行うことと数学的には変わりがない。$x_2 = x_1^2$ として，

$$y = \beta_0 + \beta_1 x_1 + \beta_2 x_1^2 = \beta_0 + \beta_1 x_1 + \beta_2 x_2$$

これは，統計ソフトにとっては通常の重回帰とまったく区別がつかないので，特に問題もなく定数項や（標本）偏回帰係数を計算して出力する。逆にたどれば，通常の重回帰のように計算させて結果を得た後，その偏回帰係数から次のようにして放物線の式を求めることができる（放物線の定数項は省略）。

$$\alpha_1 = \beta_2$$

$$\beta_1 = -2\alpha_1 \gamma \implies \gamma = -\frac{\beta_1}{2\alpha_1} = -\frac{\beta_1}{2\beta_2}$$

R の lm( ) 関数にて独立変数の二乗項を投入するのは簡単である。例題データ data の本人年収 income を，年齢 age と教育年数 edu，そして教育年数の二乗項に回帰させてみよう。教育年数の二乗を改めて別の変数名に格納しても良いが，以下のようにすればその手間を省くことができる。

```
summary(lm(income~age+edu+I(edu^2), data))
```

```
lm(formula=income~age+edu+I(edu^2), data=data)
…
Coefficients:
              Estimate  Std. Error  t value  Pr(>|t|)
(Intercept)   1466.440    631.237    2.323   0.020773*
age              5.053      2.243    2.252   0.024941*
```

重回帰分析(II)　*149*

edu	-258.732	92.445	-2.799	0.005428**
I(edu^2)	11.411	3.392	3.365	0.000856***
…				

```
Multiple R-squared:0.1173, Adjusted R-squared:0.1094
F-statistic:14.8 on 3 and 334 DF, p-value:4.537e-09
```

この結果では，教育年数とその二乗項はいずれも1％水準で有意となっている。二乗項の係数が11.411でプラスなので下に凸の放物線となっており，頂点のx座標（eduの値）を求めると，$258.732/(2*11.411) ≒ 11.337$（年）となる。回帰式に推定値を代入して整理すると以下のようになる（適宜四捨五入）。

$$y = 1466 + 5.05age - 258.7edu + 11.41edu^2$$
$$= -0.38 + 5.05age + 11.41(edu - 11.34)^2$$

教育年数約11年というのは中学卒業と高校卒業の間であり，そこで平均年収がいったん底をついてその後急激に上昇するという関係になる。単純に直線的に上昇しないのが不思議に思われるだろうが，データの中に専修学校高等課程（教育年数11年として計算）の回答者がわずかに含まれ，この人たちの平均年収が中卒や高卒以上の人達と比べてかなり低いためにこうした結果になっている。

このように，独立変数についての1次結合ではなくても線型回帰分析は支障なく行うことができる。よって現在では，「線型回帰」の「線型」とは，独立変数について線型であることを意味しているのではなく，パラメタ（定数や偏回帰係数）について線型であることを意味している。

1-2　交互作用項

2つの独立変数がそれぞれ無関係に従属変数に影響を及ぼすというのではなく，2つの独立変数が関連し合って従属変数に影響を及ぼすという関係（いわば結合因果）も，ある程度は線型回帰で扱うことができる。

基礎 1-1 では個人年収を説明するのに性差をまったく考慮しなかったが，現在の日本では収入やその規定要因に性差があることは十分予想される。単純に収入に性差があると考えるなら独立変数に性別を追加するだけで分析できる。以下は，男性ダミー変数を作成し，年齢と教育年数（ただし二乗項のみ）に男性ダミーを追加して個人収入を説明する重回帰分析である。

```
data$male <- c(1, 0) [data$sex]
summary(reg100102a <- lm(income~male+age+I(edu^2), data))
```

```
lm(formula=income~male+age+I(edu^2), data=data)
…
Coefficients:
              Estimate  Std. Error  t value  Pr(>|t|)
(Intercept)  -345.3163   115.2701   -2.996   0.00294**
male          347.8911    30.7684   11.307   <2e-16***
age             5.3980     1.9297    2.797   0.00545**
I(edu^2)        1.5503     0.2847    5.446   1e-07***
…
Multiple R-squared:0.3467, Adjusted R-squared:0.3408
```

　定数項も含めてすべての変数が統計的に有意であり，分散説明率も35％近くとかなり高い。男性ダミーの偏回帰係数から，女性より男性の方が平均して348万円年収が高いという予測になる。男性・45歳・高校卒の場合で予測値を計算すると約469万円，女性・40歳・四大卒では267万円である。

　これに対して，男性は加齢と共に平均年収が上昇するが，女性では必ずしもそうではないとの説を考慮してみよう。この考えによれば，男性では年齢が収入に大きく影響するが，女性では年齢が収入にあまり影響しないという可能性が考えられる。サンプルを男女に分けてそれぞれで重回帰を行うことも１つの方法ではあるが，年齢と性別の**交互作用項**を用いれば，サンプルを分割せずに分析でき，しかもその男女差が統計的に有意かどうかの検定も行える。線型モデルの方程式で male*age と指定すると，男性ダミーの主効果，年齢の主効果，そして男性ダミーと年齢の交互作用効果を投入することになる。

```
summary(reg100102b <- lm(income~male*age+I(edu^2), data))
```

```
lm(formula=income~male*age+I(edu^2), data=data)
…
Coefficients:
              Estimate  Std. Error  t value  Pr(>|t|)
(Intercept)  -207.4699   133.6383   -1.552    0.121
```

重回帰分析(II)　*151*

```
male          -2.4228    176.7552    -0.014    0.989
age            2.1679      2.5034     0.866    0.387
I(edu^2)       1.6095      0.2849     5.649    3.46e-08***
male:age       7.6551      3.8040     2.012    0.045*
...
Multiple R-squared:0.3545, Adjusted R-squared:0.3468
```

　分散説明率と自由度調整済み分散説明率はいずれも向上したが，統計的に有意な独立変数は教育年数（二乗項），そして男性ダミーと年齢の交互作用項のみとなった。つまり単純な性差は消え，加齢と共に収入が上昇するか否かという点に性差が現れたことになる。一方の独立変数（男性ダミー）の値によって，他方の独立変数（年齢）が従属変数（個人年収）に及ぼす影響が異なるというのが，交互作用項の意味である。この結果から統計的に有意な項だけで回帰モデルを書くと以下の通りである。

$$y = 1.6095 * edu^2 + 7.655 * male * age$$

男性・45歳・高校卒の場合で予測値を計算すると約576万円，女性・40歳・四大卒では412万円である（女性の年齢は予測式では無意味だが）。

　交互作用項は常に主効果と共に投入する必要はなく，交互作用項のみで投入することもできる。上の結果では男性ダミーの主効果はまったく統計的に有意にならなかったので，この効果を除外してモデルを作成してみる。male:ageとすると交互作用項だけを指定することができる。

```
summary(reg100102c <- lm(income~age+male:age+I(edu^2), data))
```

```
lm(formula=income~age+male:age+I(edu^2), data=data)
...
Coefficients:
              Estimate   Std. Error   t value   Pr(>|t|)
(Intercept)  -208.4125    114.4184    -1.821    0.0694
age             2.1896      1.9319     1.133    0.2579
I(edu^2)        1.6090      0.2823     5.700    2.64e-08***
age:male        7.6037      0.6582    11.552    <2e-16***
...
Multiple R-squared:0.3545, Adjusted R-squared:0.3487
```

パラメタ（母偏回帰係数や母定数項）推定値はほとんど変化していないが，有意確率がやや変化したほか，自由度調整済み分散説明率が若干向上している。これは，あまり効果のない余分な説明変数が除去されたことによる。[1]

上の個人年収の分析例では，男性ダミーも年齢も主効果が有意にならず交互作用項のみが有意になるという，やや極端な結果であったので，もう1つ別の分析例を示そう。

世帯年収を，年齢，男性ダミー，教育年数，男性ダミーと教育年数の交互作用項の4つの説明変数に回帰させてみたところ，次のような結果となった。

summary(reg100102d <- lm(fincome~age+male*edu, data))

```
lm(formula=fincome~age+male*edu, data=data)
…
Coefficients:
             Estimate  Std. Error  t value  Pr(>|t|)
(Intercept) -1272.063    336.570   -3.779   0.000191 ***
age             9.573      3.312    2.891   0.004137 **
male          790.292    375.726    2.103   0.036297 *
edu           114.381     21.157    5.406   1.35e-07 ***
male:edu      -61.381     26.874   -2.284   0.023096 *
…
Multiple R-squared:0.1314, Adjusted R-squared:0.1194
F-statistic:10.93 on 4 and 289 DF, p-value:2.893e-08
```

すべての効果が5％水準で有意になり，回帰式を書くと以下のようになる。

$$fincome = -1272.063 + 9.573 age + 790.292 male + 114.381 edu$$
$$- 61.381 male*edu$$

ダミー変数を含んだ重回帰式，特にダミー変数との交互作用を含んだ重回帰式の結果を理解するには，ダミー変数の値で場合分けして書き直すのがよい。男性の場合は，$male=1$ を代入して，

---

[1] ここからさらに年齢の主効果を除外することも考えられるが，分散説明率・自由度調整済み分散説明率ともに低下していたのでここでは省略する。ただしモデル選択に用いられるAIC（赤池情報量基準）やBIC（ベイズ情報量基準）を見ると，年齢主効果も除いたモデルが最も良い値（低いAICやBIC）を示す。モデル選択については 発展 2-2 を参照。

$$fincome = -1272.063 + 9.573age + 790.292 + 114.381edu - 61.381edu$$
$$= -482 + 9.57age + 53edu$$

45歳・高校卒の場合，約585万円となる。四大卒では797万円である。

女性の場合には $male = 0$ であるから単純で，

$$fincome = -1272 + 9.57age + 114edu$$

40歳・四大卒の場合，約941万円となる。高卒では483万円である。

男女で年齢の効果は等しいとしており，学歴（教育年数）の効果が異なっている。男性では高卒と四大卒の差（教育年数で4年）は，世帯年収の212万円の差となって表れるが，女性では教育年数4年の差は世帯年収456万円もの差になって表れるのである。「本人教育年数（独立変数）が世帯収入（従属変数）に与える影響が，性別（もう1つの独立変数）の値によって変わってくる」という交互作用効果の例である。第11章の 発展 1-2 では媒介変数を紹介するが，この交互作用効果は**調整変数**とも呼ばれる。本人教育年数が世帯収入に与える影響に主な関心があるが，これが性別という第3変数によって変化するという場合，性別を調整変数という。

ここでは性差という分かりやすい例で解説したが，興味深い交互作用効果の発見は，社会的要因の関連について深い理解をもたらしてくれるだろう。

1-3　多重共線性

重回帰分析における注意事項としてよく耳にするのが**多重共線性**の問題である。よく聞く問題のわりには，専門書で説明されている内容と一般に流布している理解が食い違っていることがあるので，ここでは浅野・中村［2000］の説明に従って，簡単に要点を解説することにする。

一般に考えられている多重共線性（「マルチコ」と呼ばれたりする）の問題は，独立変数間に強い線型関係が存在する時，偏回帰係数の推定が不安定になり，偏回帰係数の値自体は小さくないのに統計的に有意になりにくくなるというものである。個々の独立変数の偏回帰係数が不安定化して統計的に有意にならないということは，その独立変数が従属変数に影響を有しているのかどうかさえ分からないということであり，困ったことであるのは間違いない。独立変数間の線型関係の検討には，かつては独立変数のペアの積率相関係数をすべて調べ

ることで対応していたが，必ずしも2変数の相関関係を調べることでは十分ではなく，現在では**分散拡大要因 VIF** や**トレランス**（寛容度・許容度）tolerance といった指標を見るのが一般的である。下記の重回帰モデルを考え，独立変数の個数が p 個であるとするとき，

$$y = \beta_0 + \beta_1 x_1 + \beta_2 x_2 + \cdots + \beta_j x_j + \cdots + \beta_p x_p + \varepsilon$$

下のように，x_j を他の $p-1$ 個の独立変数に回帰させたときの分散説明率を R^2_j とする。

$$x_j = \alpha_0 + \alpha_1 x_1 + \cdots + \alpha_{j-1} x_{j-1} + \alpha_{j+1} x_{j+1} + \cdots + \alpha_p x_p + \varepsilon$$

トレランスとは，1からこの分散説明率を引いた値をいい，値が0に近いほど，ある独立変数が他の独立変数の線型結合によって表現できる度合いが高い，すなわち独立変数の間に強い線型関係があるということを意味する。

$$tolerance = 1 - R^2_j$$

分散拡大要因はトレランスの逆数であり，値が大きいほど独立変数間に強い線型関係があることになる。

$$VIF = \frac{1}{tolerance} = \frac{1}{1 - R^2_j}$$

トレランスが小さい（VIFが大きい）と，元の y についての重回帰モデルには多重共線性が存在することになる。注意すべき目安としては，トレランスが0.1以下（VIFが10以上）という説や，トレランスが0.25以下（VIFが4以上）という説がある。トレランスが.25（VIFが4）というのは，ある独立変数の分散の75%が他の独立変数群の線型回帰によって説明されることを意味する。

第9章で偏回帰係数の t 検定について説明したときに，標本偏回帰係数の標準誤差についても紹介した。

$$\widehat{\sigma}_{b_j} = \frac{\widehat{\sigma}_{\varepsilon}}{\sqrt{SS_j}\sqrt{1-R^2_j}} = \frac{\sqrt{MS_{residual}}}{\sqrt{SS_j}\sqrt{1-R^2_j}}$$

標本偏回帰係数を b_j とすると，「母偏回帰係数＝0」のゼロ仮説の検定統計量 t は次のようになる。

$$t = \frac{b_j}{\widehat{\sigma}_{b_j}}$$

したがって，標準誤差が大きければ t 統計量の絶対値はなかなか大きくなら

重回帰分析(II) 155

ず，結果として検定結果は有意になりにくくなる。上の標準誤差がどういう条件のときに大きくなるかというと，誤差分散推定値（残差の平均平方）が大きいときか，当該独立変数の偏差平方和 SS が小さいとき（つまりその独立変数にあまりバラツキがないとき）か，もしくは R^2_j が大きいときである。

上の標準誤差の式をよく見ると，トレランスもしくは VIF が含まれていることが分かる。トレランスが小さければ，あるいは VIF が大きければ標準誤差が大きく，偏回帰係数の検定結果はそれだけ有意になりにくくなる。

$$\hat{\sigma}_{b_j} = \frac{\sqrt{MS_{residual}}}{\sqrt{SS_j}\sqrt{1-R^2_j}} = \frac{\sqrt{MS_{residual}}}{\sqrt{SS_j}\sqrt{tolerance}} = \frac{\sqrt{MS_{residual}}}{\sqrt{SS_j}} \cdot \sqrt{VIF}$$

多重共線性が存在するとき，独立変数を減らす，変数を変換する，階差や平均をとるなどの対処法が推奨されることがあるが，浅野・中村［2000：114-119］によればこれらはいずれも間違った「おまじない」である。多重共線性の問題は「データが弱い」ことであり，推定の精度が低い（推定の誤差が大きい）こと以上に問題があるわけではない。データの弱さを改善するには，新たなデータを追加するか，あるいはモデルについての新たな情報を推定に反映させることで対処すべきであり，それ以外の「おまじない」はむしろ事態を悪化させかねないとしている。[2] 独立変数間に規定関係があるならそれもモデル化したパス解析をすればよいという考え方もある（パス解析は→第 11 章 発展 参照）。

R で簡単に VIF を計算するには car パッケイジが必要となる。car パッケイジのインストールは済んでいるものとして下記に一例を示す。トレランスは VIF の逆数なので，出力させたければ 1/vif(reg100103a) とすればよい。

```
library(car)
summary(reg100103a <- lm(income~age+male+edu, data))
vif(reg100103a)
1/vif(reg100103a)   # これがトレランスの値
```

```
> summary(reg100103a <- lm(income~age+male+edu, data))
…
Coefficients:
```

2）小島［2003：86-89］も，「本来のマルチコ」と「マルチコモドキ」を区別しつつ，対処法について詳しく説明している。

```
              Estimate   Std. Error   t value   Pr(>|t|)
(Intercept)   -624.486     153.254     -4.075   5.76e-05***
age              5.366       1.929      2.782   0.00571**
male           352.892      30.670     11.506   <2e-16***
edu             42.031       7.735      5.434   1.06e-07***
...
> vif(reg100103a)
     age       male        edu
1.051380   1.012674    1.060861
>
> 1/vif(reg100103a)     # これがトレランスの値
      age        male         edu
0.9511306   0.9874847   0.9426309
```

この結果では，VIF はいずれも 1 余りであって，4 以上もしくは10以上が要注意とする基準からすればまったく問題ない。しかし以下のように，交互作用項や二乗項を投入した場合は，明らかに独立変数間に強い関係があり，その結果 VIF は高くなる。

```
summary(reg100103b <- lm(income~age+edu+I(edu^2), data))
summary(reg100103c <- lm(income~age*male+edu, data))
vif(reg100103b)
vif(reg100103c)
```

```
> summary(reg100103b <- lm(income~age+edu+I(edu^2), data))
...
Coefficients:
              Estimate   Std. Error   t value   Pr(>|t|)
(Intercept)   1466.440     631.237      2.323   0.020773*
age              5.053       2.243      2.252   0.024941*
edu           -258.732      92.445     -2.799   0.005428**
I(edu^2)        11.411       3.392      3.365   0.000856***
...
> summary(reg100103c <- lm(income~age*male+edu, data))
...
Coefficients:
              Estimate   Std. Error   t value   Pr(>|t|)
```

重回帰分析(II)

```
  (Intercept)   -497.0488      164.9765     -3.013    0.00279**
  age              2.1105        2.5026      0.843    0.39965
  male            -0.1679      176.7227     -0.001    0.99924
  edu             43.6989        7.7425      5.644    3.56e-08***
  age:male         7.7188        3.8055      2.028    0.04332*
...
> vif(reg100103b)
       age         edu       I(edu^2)
  1.052632  112.211490   112.378552
> vif(reg100103c)
       age        male          edu     age:male
  1.786086   33.935555     1.072961    34.059939
```

二乗項を投入したモデル reg100103b,交互作用項を投入したモデル reg100103c ともに,関係する独立変数の VIF が10を超えている。しかし,reg100103c の male を除いては標準誤差が偏回帰係数推定値に対して著しく大きいということはなく,t 検定で有意になっているものもいくつかある[3](続きは→サポートウェブ)。

なお,car パッケイジをインストールせずに VIF やトレランスを求めることも不可能ではない。complete.cases( ) 関数を使ってすべての変数に欠損値をふくまないケースに限定した上で,lm( ) 関数でそれぞれの独立変数を他の独立変数群に回帰させる(重)回帰分析を行い,その分散説明率から VIF やトレランスを求めればよい(→サポートウェブ)。

1-4 変数のコントロールとは

重回帰分析の偏回帰係数の解釈においてしばしば注意を促されるのは,それが「他の独立変数をコントロール(統制)した結果を意味している」ということである。言い換えれば,「他の独立変数が従属変数に与える影響を取り除いた上で,当該の独立変数が従属変数に与える影響」を表しているとされる。影響を取り除くというのは,「他の条件が等しければ」ということでもあるので,

---

3) 小島 [2003:87] は,「標本サイズが十分ならば,少々高相関の説明変数があっても偏回帰係数の標準誤差は小さくなるので,偏回帰係数が実感に合わないのを統計的なばらつきのせいにすることはできない場合が多いはずなのです。」と述べている。

さらに言い換えると「他の独立変数がすべて等しい場合に，当該の独立変数が従属変数に与える影響」を表していると言える。

例えば本章 基礎 1-3 の最初のモデル reg100103a の計算結果を予測式になおすと以下のようになる。

$$income = -624 + 5.366 age + 352.892 male + 42.031 edu$$

ここから，男性は女性より平均して約353万円年収が高いということになる。この結果を，「（従来）男性は女性よりも学歴が高かったので，男性であれば学歴が高く，学歴が高いために収入が高くなるのである」と解釈することはできない。学歴が高いことの効果は edu の偏回帰係数に示されているので，353万円の性差は，学歴による収入への影響を取り除いた上での，性別による収入への効果，言い換えれば，学歴が等しい男女の間での収入の平均的な差である。同じことは edu の偏回帰係数の解釈についてもいえる。「学歴が収入に影響するのは，高学歴者には男性が多く，男性は労働市場で優遇されているからである」とは解釈できない。性差については male の偏回帰係数で示されており，edu の偏回帰係数は，male の値が同じであれば，つまり女性同士の間あるいは男性同士の間で，学歴によって収入がどの程度変わるかを示している。

具体的に回帰式に値を代入して理解しよう。いずれも40歳の対象者だと仮定して，短大卒女性，四大卒女性，四大卒男性の収入推定値を計算してみる。

$income$（短大卒女性）$= -624 + 5.37 \times 40 + 353 \times 0 + 42 \times 14 = 179$（万円）

$income$（四大卒女性）$= -624 + 5.37 \times 40 + 353 \times 0 + 42 \times 16 = 263$（万円）

$income$（四大卒男性）$= -624 + 5.37 \times 40 + 353 \times 1 + 42 \times 16 = 616$（万円）

この数値例を通しても簡単に理解できる通り，男性でかつ学歴も高い場合は，353万円よりもさらに平均年収は高くなるし，教育年数の効果は，同じ性別内での（教育年数の差1年当たりの）年収の差を表している。

ちなみに，この結果はあくまで回帰式による予測値であって，実際の差とは必ずしも一致しない。35歳以上44歳以下で，女性短大卒，女性四大卒，男性四大卒の観測値平均を求めると，それぞれ約149万円，約433万円，約628万円となり，四捨五入して40歳・四大卒のデータ上の男女差は195万円程度である。

発 展 *Advanced*

① 一般線型モデル

　第9章 発展 １でも述べたように，現在では分散分析，回帰分析，共分散分析はともに一括して**一般線型モデル**あるいは**線型モデル**と呼ばれる。(一般) 線型モデルは，従属変数が等分散正規性を充たす数量変数（間隔尺度または比尺度）であり，独立変数には，カテゴリカル変数（名義尺度または順序尺度），数量変数を混在させて構わない。

　注意すべきは，Rなどの統計ソフトは数量変数（変量と呼ばれる）とカテゴリカル変数（要因と呼ばれる）を区別しているので，一般線型モデルにカテゴリカル変数を投入する場合は，ダミー変数化するか，もしくはカテゴリカル変数であることを明示的に指定しなければならない。特に3値以上のカテゴリカル変数の場合は，変量扱いで分析に投入すると不適切な分析結果となる（にもかかわらず初心者はしばしばそれに気づかない）ので十分に注意が必要である。2値変数の場合には，ダミー変数化しないと結果の読み取りに注意が必要になりはするが，カテゴリカル変数として投入しても数量変数と同じように投入しても結果に本質的な違いは生じない。本来はカテゴリカル変数として明示的に指定した上で投入するのが良いだろう。

　演習用データの中の sex は2値のカテゴリカル変数（男性=1, 女性=2）である。lm(income~age+sex+edu, data) としても分析は可能だが，より正しくは lm(income~age+factor(sex)+edu, data) とすべきである。factor( ) で指定すると，値の小さいカテゴリ（sexの場合は男性=1）を参照カテゴリとして，値の大きいカテゴリ（女性=2）の効果を表示するので，この場合は，女性ダミー変数（data$female <- c(0, 1)[data$sex]）を投入した結果と同じになる。0か1の値しかとらないダミー変数であれば，特にカテゴリカル変数として factor( ) で指定しなくても違いがなく見やすい結果が出力されるので，2値のカテゴリカル変数はなるべくダミー変数化して投入するとよい。

　lm(income~age+sex+edu, data) と lm(income~ge+factor(sex)+edu, data) の結果を summary( ) で見比べて，どこが違っているか，そしてそれが本質的には同じであるとはどういうことかを理解することは，重回帰分析の定数項と偏回帰係数，つまり重回帰分析の予測式を正確に理解することに役立つだろう。lm(income~age*sex+edu, data) と lm (income~age*factor(sex)+edu, data)，lm(income~age+edu+age:sex, data) と lm(income~age+edu+age:factor(sex), data) についても結果を比較して解読するとよい。カテゴリカル変数のそれぞれの場合について，予測式を具体的に書き分けて考えることがポイントである。

② '良い' モデルの検討

2-1 変数選択

　独立変数の候補がたくさん存在する重回帰分析の場合，統計ソフトに半自動で変数選択（もしくはモデル選択）を行わせることがある。変数増加法，変数減少法，変数増減法，ステップワイズ法などと呼ばれる方法があるが，個々の独立変数の偏回帰係数の t 検定の結果に着目して，有意確率が15％以下ならモデルに残す，15％を超えるならモデルから除外する，などのように独立変数を選んでいく。切片のみの最小モデルから始めて，追加投入した独立変数の有意確率が基準より小さければ残していくのが変数増加法，独立変数の候補をすべて投入した最大モデルから始めて，有意確率が基準を上回って大きいものから順に除外していくのが変数減少法。変数増加法と同じように変数を追加投入して残すか省くかを判断すると同時に，先にモデルに含まれていた独立変数の有意確率が基準を上回れば除外するのが変数増減法である（他に変数減増法と呼ばれるものもある）。

　しかし最近では，統計的検定についての再考や統計改革の風潮のなか，偏回帰係数の検定結果に基づく変数選択よりも，情報量基準などに基づいたモデル選択の方を多く目にするようになってきた。すでに触れたが，赤池情報量基準 AIC やベイズ情報量基準 BIC は，その値が小さい方が優れたモデルであると考えられている。複数のモデルについて AIC や BIC を算出して比較し，その値が小さい方を採用するのが，情報量に基づいたモデル選択の基本である。R のモデル選択関数 step(　) は，（オプションをすべて省略した場合は）与えられたモデルを最大モデルとして，変数減少法のように一つずつ変数を取り除きながら，AIC が最小になるモデルを探し出す関数である。AIC は，そのモデルの最大対数尤度 Log(Likelihood) と推定する対象の数 k（重回帰分析の場合は独立変数の個数 $p+2$）から以下のように定義される。単純化して言えば，より少ない独立変数でより高い尤もらしさ（尤度）を達成するモデルの場合に AIC は小さくなる。

$$AIC = -2\mathrm{Log}(Likelihood) + 2k = -2LL + 2k$$

　尤度（Likelihood）とは，0以上1以下の値をとるという点で確率と共通しており，母数（パラメタ）がある値であると仮定したときに，実際に得られたデータが偶然出現する確率を意味する。これがある条件の下でのデータの尤もらしさであり，仮定する母数の値によって尤度も変化するが，そのうちの最大値を最大尤度（尤もらしさの最大値）として考慮する。異なったモデルは異なる最大尤度を持つが，当然，最大尤度が大きい方が良いモデルと考えられる。（最大）尤度は0以上1以下であるが，計算の都合上その自然対数を取る。尤度は自然対数の底2.71828…よりも小さいので，対数尤度 LL は必ずマイナスになるが，尤度が大きいほど対数尤度も大きい（マイナスで絶対値が小さい）という関係がある。よって対数尤度に -2 をかけると，尤度が大きい程 $-2LL$ はプラスで小さくなり，尤度が1のときに $-2LL$ は最小値0をとる。AIC はその $-2LL$ に推定するパラメタの個数の2倍を加えており，（最大）尤度を高める（$-2LL$ を低める）のにあまり

貢献しない独立変数を追加すると，かえって AIC の値が高くなってしまうように定義されている[4]。あまり効果のない独立変数を加えると指標が悪化する点で自由度調整済み分散説明率と類似している。

以下に R の step( ) 関数の使用例を示す。世帯年収 fincome を性別，教育年数，年齢で説明するモデルで例示する。step( ) 関数には 3 次の交互作用まで含んだ最大モデルを与え，結果の出力が長大なので最初と最後だけ示す（全体は→サポートウェブ）。

```
step(lm(fincome~age*edu*factor(sex), data))
```

```
Start:AIC=3585.14
fincome~age*edu*factor(sex)
                    Df  Sum of Sq      RSS      AIC
-age:edu:factor(sex) 1     147674 55184080   3583.9
<none>                             55036407   3585.1
… (省略) …
Step:AIC=3582.02
fincome~age+edu+factor(sex)+edu:factor(sex)
                    Df  Sum of Sq      RSS      AIC
<none>                             55578768   3582.0
-edu:factor(sex)    1    1003253  56582021   3585.3
-age                1    1606902  57185670   3588.4
… (省略) …
Coefficients:
(Intercept)      age      edu    factor(sex)2   edu:factor(sex)2
 -481.771      9.573   53.000      -790.292             61.381
```

与えられたモデルを最大モデルとして，そこから独立変数を 1 つずつ除外しながら，AIC が下がる（改善する）モデルがあればそれを採用してさらに独立変数を 1 つずつ除外していくステップが表示されている。最終的に，どの独立変数を除外しても AIC が改善しなくなったところでストップして，その段階でのモデルを採用する。この場合は，年齢，教育年数，性別の主効果に，性別と教育年数の交互作用効果を加えたモデルが最終的に採用されており，その係数の推定値が末尾に表示されている。最終的に採用されたモデルの詳細を表示させたい場合は，step( ) 関数の結果を一旦オブジェクトに格納し，その summary( ) を表示させるとよい[5]。

---

4) 久保 [2012:85] によると，$LL-k$ は（あてはまりではなく）「予測の良さ」を意味するので，それに -2 をかけた AIC は「予測の悪さ」として解釈できる。

```
st1 <- step(lm(fincome~age*edu*factor(sex), data)); summary(st1)
```

なお，以上では step( ) 関数に何のオプションも指定せず，変数減少法を実行する方法を示したが，object=lm( ), scope=list(upper=~., lower=~1), direction="forward/backward/both" といったオプションを使用するともっと自由な変数選択法を行うこともできる。

2-2　誤差減少率

重回帰分析のモデルの望ましさの1つである分散説明率（決定係数）は，より一般的な誤差減少率（PRE）の一例として考えることができる。誤差減少率は，モデルについて何の情報もない場合の誤差 E_{max} を基準として，あるモデルを用いて予測・推定した場合の誤差 E_{model} がどれだけ小さいかを表すものである［Menard［2001］2002：18-20］。

$$\text{PRE} = \frac{E_{max} - E_{model}}{E_{max}}$$

重回帰分析の場合，何の情報もなく（＝独立変数を1つも利用せずに）従属変数を予測するということは，すべてのケースの予測に一律に従属変数自身の全体平均を用いるということである。その場合の誤差の指標には，平均からのバラツキの指標，すなわち分散もしくは総偏差平方和（＝誤差平方和）を用いることができる（分散が誤差の平均平方とみなせる点については第1章 発展 4-2 を参照）。それに対して，モデルを用いて予測した場合の予測の誤差は，予測の誤差分散つまり残差分散，もしくは残差平方和によって表すことができる。これらを上の PRE の式に代入すると，下記のように分散を用いても平方和を用いても，（無調整の）分散説明率に一致する。つまり，決定係数は，従属変数の分散・バラつきのうちモデルによってどの程度の分散・バラつきが説明（再現）できるかという分散説明率でもあるし，言い方を変えれば，モデルの情報を活用することによって予測誤差がどれくらい減少するかという誤差減少率でもある。

$$\text{PRE} = \frac{E_{max} - E_{model}}{E_{max}} = \frac{s^2_y - s^2_r}{s^2_y} = \frac{\frac{1}{n}SS_{Total} - \frac{1}{n}SS_{residual}}{\frac{1}{n}SS_{Total}} = \frac{SS_{Total} - SS_{residual}}{SS_{Total}}$$

$$= \frac{SS_{model}}{SS_{Total}} = 1 - \frac{SS_{residual}}{SS_{Total}}$$

---

5) AIC(st1) とするとこの最終モデルの AIC が，logLik(st1) とすると最大対数尤度が出力されるが，これらは，step( ) の過程で表示される AIC や，別の関数 extractAIC( ) で表示される AIC とは一致しない。AIC の具体的な計算の仕方が異なるためだが，それぞれの関数の内部では一貫しており，モデル選択の結果がそれによって変わってしまうことはないので気にしなくてよい。

練習問題

① 良い例ではないが，演習用データから，従属変数を教育年数 edu として，性別（なるべく sex から男性ダミー male にする），年齢 age および年齢の二乗項によって説明するモデルを実行してみよう。age および age の二乗の偏回帰係数がいずれも5％で有意になるはずなので，どのような放物線的関係を意味しているのかを理解しよう。

また，このモデルで vif( ) 関数を用いて各独立変数の VIF を確認してみよう。

② これも良い例ではないが，教育年数を従属変数とし，男性ダミー male，年齢 age，年齢の二乗 age^2，男性ダミーと年齢の交互作用項 male:age をこの順番で独立変数として投入した重回帰分析の結果を reg10a2 という名前のオブジェクトに格納し，summary( ) と vif( ) を見てみよう。

次に，以下のようにして回帰式による予測値を確認してみよう。

```
names(reg10a2)    # lm( ) 関数の結果に含まれる情報の名前を確認
coef10a2 <- reg10a2$coefficients    # 定数項と偏回帰係数の行列を取り出す
p.age <- 50    # 予測式で求める年齢を，調査対象の30～59歳から自由に指定
p.male <- 1    # 男性なら1，女性なら0とする
profile <- c(1, p.male, p.age, p.age^2, p.male*p.age)
                                    # 女性の場合の独立変数行列
p.male; p.age
sum(coef10a2*profile)
```

なぜこれで予測値が計算されるかよく考えてみよう（演習の例題なので予測値の計算結果はあまり気にしなくてよい）。

③ **発展** 1のモデル lm(income~age+sex+edu, data) と lm(income~age+factor(sex)+edu, data) の結果から，2つのモデルが実質的に同じであることを，予測式を用いて具体的に説明してみよう。

11 主成分分析と因子分析

非観測変数を含む線型モデル

基礎 *Basic*

この章では，重回帰分析と類似しているがやや異なった多変量解析の手法として主成分分析（PCA）と因子分析（FA）を紹介する。本章 基礎 で述べる因子分析は現在では正確には**探索的因子分析**（EFA）と呼ばれるが，日本語で表記する際には煩雑さを避けて単に因子分析と略記する。

主成分分析と因子分析はともに，以下の点でここまで説明してきた多変量解析とは異なる。第一に，いずれも調査によっては直接観測されていない変数が登場する。ここまでの多変量解析においては，誤差変数を除いては独立変数（説明変数）も従属変数（被説明変数）もすべて調査で観測されたものであった。しかし主成分分析では従属変数にあたるものが，因子分析では独立変数にあたるものが，観測されたデータには含まれていない。直接観測されていないこれらの変数を推定することが1つの目的となる。

もう1つの違いは，いずれも従属変数に当たるものが複数登場する点である。実際には複数の従属変数は分散分析や重回帰分析でも扱うことができ，分散分析であれば多変量分散分析（MANOVA）と呼ばれ，重回帰分析であれば**構造方程式モデリング**（SEM）を利用すれば実行できる。

これまでの多変量解析（一般線型モデル）との共通点は，非観測変数が含まれはするが，基本的に変数群の線型結合モデルを考える点である。

主成分分析と（探索的）因子分析は，共通性が強調されることもあれば相違が重視されることもある。本書では，数学的な細部については触れず，基本的なモデルの考え方の上で異なるものとして扱う。

① 主成分分析

　主成分分析は，調査によって得られた多くの情報を，より少ない次元で表現するのが目的である。次元とは変数の個数と言ってもよい。多くの観測変数が持っている情報をより少ない新たな変数のセットでできるかぎりよく再現することを目指す。これを情報の縮約，次元の縮小などと呼ぶ。例えば，10個の変数があるとき，それらによって得られる情報が新たに合成した3つの変数でほぼ再現できるならば，それだけ情報処理が効率的になる，つまりデータが単純明快に理解できる。

1-1　データが有する情報量の次元の縮約

　調査によって観測された情報を変数 $x_1, x_2, \cdots, x_j, \cdots, x_p$ としよう。まずはこれを1つの新しい変数 X_1 に合成することを考える。

$$X_1 = h_{11}x_1 + h_{12}x_2 + \cdots + h_{1j}x_j + \cdots + h_{1p}x_p$$

定数 $h_{11}, h_{12}, \cdots, h_{1j}, \cdots, h_{1p}$ の値に応じて合成変数は異なるものになるので，これらの h_{1j} の値をどのように決めるかが問題となる（添え字が2つずつついている理由はすぐ後で分かる）。多くの変数を合成した結果，新変数の値がどのケース（対象者）についてもあまり変わらない値となるとしたら，元々のデータが有していた情報（人々の間での相違・多様性）がそれだけ失われてしまうことになる。逆に言えば，合成した新変数の値が人によって異なるほど，元のデータの情報がいかされる。よって，新変数 X_1 の分散が最大になるように h_{1j} の値を決める。

　しかし，いくら分散が最大になるように，つまり人々の相違・多様性という情報がより多く保存されるように決めたとしても，多くの変数の持つ情報を1つの変数だけで再現するには限界があるだろう。そこで，新変数 X_1 からこぼれ落ちた残りの情報を，もう1つの新変数 X_2 でできる限りすくい上げる。新変数 X_2 の分散が最大になるように h_{2j} の値を決める点は上と共通であるが，あくまで X_1 には含まれない情報を縮約するのが X_2 の目的であるから，X_1 と X_2 は独立＝無相関であるという条件をつける。相関があるということは，そ

の分それぞれの有する情報に重複があるということを意味するからである。
$$X_2 = h_{21}x_1 + h_{22}x_2 + \cdots + h_{2j}x_j + \cdots + h_{2p}x_p$$

こうした合成変数は数学的には元の変数と同じ個数の p 個だけ求めることができるが，それらをすべて求めては情報の縮約にならないので，最も分散の大きなものから順にいくつかを選び出す。

詳細は割愛するが，このような主成分分析を行うということは，数学的には，分散共分散行列もしくは相関係数行列の固有値と固有ヴェクトルを求めるという問題に帰着する。観測変数を合成して新たに変数を作るときの (h_{11}, …, h_{1p}) を**主成分**または**主成分ヴェクトル**とよび，各ケース（人）がそれぞれの主成分（という新変数）についてとる値を**主成分得点**または**主成分スコア**という。主成分は複数合成しうるが，主成分得点の分散（＝固有値）が大きいものから順に，第1主成分，第2主成分，……とする。本書では数学的な解説は省略し，Rでの実行方法と結果の読み取り方を説明するにとどめる。

演習用データには，問1から問4までの質問で，インターネット利用や読書，ボランティア，喫煙などさまざまな活動の回答が含まれている。これら9項目の変数をより少ない変数（主成分）に縮約することを考えよう。一部欠損値指定が必要なのでそれを処理し，使用する変数だけを取り出してまとめる。

```
data$q0103[data$q0103==9] <- NA; data$q0200[data$q0200==7] <- NA
vars0 <- cbind(data$q0101, data$q0102, data$q0103, data$q0200,
               data$q0301, data$q0302, data$q0401, data$q0402,
               data$q0403)
vars <- vars0[complete.cases(vars0),]
```

この下準備が終われば，主成分分析の実行は簡単である。使用する変数を有効ケースのみについて束ねた行列 vars を prcomp( ) 関数に与えればよいのであるが，通常は scale=T というオプションをつける方が良いとされている。

```
(pr1 <- prcomp(vars, scale=T))
```

9項目を主成分分析しているので，合成される主成分は最大9個となる。最初に表示されている "Standard deviations" は標準偏差，つまり分散（＝固有値）の平方根である。"Rotation" はそれぞれの固有値に対応する固有ヴェクト

ル（主成分ヴェクトル）を縦に並べて表示している。標準偏差ではなく分散，すなわち固有値の値を表示させたければ，names(pr1)で情報が格納されている名前を調べた上で，標準偏差を二乗すればよい。pr1$sdev^2 とすれば9つの分散（固有値）が表示される。これでとりあえず主成分分析の基本部分は済んだことになる。

```
Standard deviations:
[1]  1.3480341  1.2762922  1.0299375  0.9838979  0.9363329  0.8974959
[7]  0.8434077  0.7614977  0.7427129

Rotation:
            PC1         PC2         PC3         PC4         PC5
[1,] -0.49802484 -0.05594720  0.04395227 -0.24386147  0.10064407
[2,]  0.55462152 -0.11620220 -0.06292039 -0.13546901  0.04559114
[3,] -0.51380170  0.14901883  0.37208178 -0.02327602 -0.09483285
[4,]  0.19839061  0.50629241  0.12871992  0.15505025  0.37457317
[5,] -0.15476394 -0.45689311 -0.30059386 -0.17007928  0.44947710
[6,] -0.25179900  0.09923688 -0.72421757 -0.28591804 -0.14384478
[7,] -0.14936189  0.45042646 -0.10294634 -0.20288696  0.64220223
[8,] -0.15650630 -0.37518387  0.45674402 -0.52435071  0.24006680
[9,] -0.08280943 -0.37760050 -0.07095590  0.68615925  0.38172915
            PC6         PC7         PC8         PC9
[1,] -0.60884535  0.01426529  0.5295311033 -0.16128354
[2,]  0.33674794  0.18406205 -0.0005812592  0.71219681
…（省略）…
```

ちなみに，主成分分析は数学的には固有値分解であると述べた。Rで分散共分散行列，もしくは相関係数行列の固有値分解を簡単に行うことができる。ここでは scale=T として標準化しているので，相関係数行列の固有値分解に対応する。Rの固有値分解の関数 eigen( ) を使用して，eigen(cor(vars)) とすれば，上の主成分分析の結果とほぼ同じ結果が出力される。

1-2 主成分の選出

基本的な分析結果では主成分は最大個数（この場合は9個）すべてが表示されている。次元を減らして情報を縮約するためには，ここから重要なものをいく

つか選び出す必要がある。

主成分分析の結果 pr1 を summary( ) 関数に与えると，標準偏差（固有値の平方根）に加えて，分散（固有値）の総計においてその分散（固有値）が占める割合とその累積割合を表示する。前者を**寄与率**，後者を**累積寄与率**という。

```
summary(pr1)
```

```
Importance of components:
                          PC1     PC2     PC3     PC4     PC5
Standard deviation     1.3480  1.2763  1.0299  0.9839 0.93633
Proportion of Variance 0.2019  0.1810  0.1179  0.1076 0.09741
Cumulative Proportion  0.2019  0.3829  0.5008  0.6083 0.70574
                          PC6     PC7     PC8     PC9
Standard deviation     0.8975 0.84341 0.76150 0.74271
Proportion of Variance 0.0895 0.07904 0.06443 0.06129
Cumulative Proportion  0.7952 0.87428 0.93871 1.00000
```

オプション scale=T で元の変数をすべて標準化している場合は元の変数の分散はすべて1になっており，分散の総計は項目数と同じ9となる。主成分の分散（＝固有値）が1以上であるということは，元の変数群が持つ情報の1個当たり平均以上の情報を持っていると考えればよい。よって主成分を選ぶ1つの目安は分散が1以上であることである。上の例では第3主成分までがそれに該当する。分散の全体に占める割合（寄与率）がその主成分の重要度を表していると考えて，寄与率の高い主成分を採用すると言っても同じである。最初の2つの主成分の分散が20％と18％で大きく，第3主成分はそれに比べると12％足らずで分散割合の落ち込みが大きい。このパーセンテイジは各分散を項目数9で割った値に一致するので，分散の大きさに着目するのと分散割合の大きさに着目するのは同じことである。

また，分散の累積割合（累積寄与率）がある程度大きくなるまで主成分を採用する考え方もある。この例では第3主成分までで50％に達する，つまり元々の9つの変数に含まれている情報の半分を，3つの主成分に縮約できている。

主成分の個数の決定は機械的に判断するのは難しく，上の基準のほか，固有値の減少が大きいところで切るなどの目安も考慮して総合的に判断することに

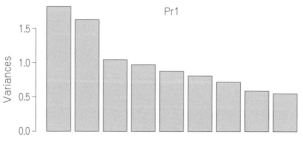

図11-1　主成分の固有値プロット

なる。主成分分析の結果を格納したオブジェクト pr1 を plot(　) 関数にそのまま与えると，大きい固有値から順に棒グラフで表示するので，どこで大きく固有値が減少するかが視覚的にも判断しやすい（**図11-1**）。この分析例の場合は総合的に判断して，第2主成分までにとどめておこう。

```
plot(pr1)
```

1-3　主成分と元の変数の関係の解釈

ここまでで，主成分得点 pr1$x を合成するための主成分ヴェクトル pr1$rotation，その主成分の情報量を表す固有値（分散）pr1$sdev^2 が求められ，主成分をいくつまで採用するかの目安も得られた。残るのは，採用した主成分がそれぞれいったいどのような情報を縮約しているのかについての理解である。

主成分が縮約している情報を理解するには，**主成分負荷量**という指標に着目する。これは，各主成分得点と元の変数との積率相関係数に等しい。元の変数群との相関関係から，どの変数の情報をより多く反映しているかを読み取るのである。元のデータ行列とすべての主成分の相関係数行列は次のように求めることができる。採用する主成分の個数が2個だとすると，PC1 と PC2 の2列のみを見ればよい。

```
cor(scale(vars), pr1$x)
        # もしくは cor(scale(vars), pr1$x[, 1:2]) として限定
```

```
> cor(scale(vars), pr1$x[, 1:2])
            PC1          PC2
 [1,]   0.6713545  -0.07140497
 [2,]   0.7476487  -0.14830796
 [3,]  -0.6926222   0.19019156
 [4,]   0.2674373   0.64617703
 [5,]  -0.2086271  -0.58312909
 [6,]  -0.3394336   0.12665525
 [7,]  -0.2013449   0.57487576
 [8,]  -0.2109758  -0.47884423
 [9,]  -0.1116299  -0.48192855
```

　これを見ると，第1主成分は，特にq0101とq0102がプラスに反映され，q0103は同程度にマイナスに反映されている（相関の大きさとして絶対値.4以上を目安とした）。順に，「インターネットショッピングをする」，「スマートフォンやタブレットを使う」，「ブログやSNSに書き込まない」（変数値の大小の方向に注意）という変数であるから，変数値の順番や符号に気を付けて解釈すると，インターネットやデジタル機器に慣れ親しんでいるという情報を主に縮約している主成分と言える。6番目の変数のq0302「マンガを読まない」が負の相関なので，マンガを読むという情報もいくらか反映している。

　第2主成分は，4番目のq0200（蔵書が多い），7番目のq0401（新聞を読む）と正の相関，5番目のq0301（図書館に行かない），8番目のq0402（ボランティアをしない）と9番目のq0403（タバコを吸う）と負の相関であるから，新聞や書物をよく読み，ボランティアをし，タバコは吸わないという，"健全な市民的活動"（というと語弊があるが）に従事しているという情報を縮約している。

　主成分負荷量は，固有値の平方根pr1$sdevと固有ヴェクトルpr1$rotationから計算するのが通例で，t(pr1$rotation)*pr1$sdevとして最初の2行だけに着目すれば上の結果とまったく一致している（t( )は転置行列を与える関数）。必要なところだけを取り出したければ(t(pr1$rotation)*pr1$sdev)[1:2,]，上と同じような表示にしたければt((t(pr1$rotation)*pr1$sdev)[1:2,])とすればよいが，最初のように素直に相関係数行列を求める方が分かりやすいだろう。

　2つの主成分について，各ケースの位置関係と，元々の各変数の位置関係を

同時に図示するのが，biplot( )関数である．第1主成分と第2主成分の関係を図示するには，biplot(pr1)だけでよい（作図例は→サポートウェブ）．

② 探索的因子分析

因子分析は，従属変数と独立変数の位置関係が主成分分析とは正反対であり，調査で観測された変数が従属変数に位置づけられ，それがいくつかの観測されない潜在変数（因子）によって規定されている．それぞれの観測変数が，潜在因子の線型結合で表現できると考えるのである．

2-1 潜在変数から観測変数への影響

観測された変数を $x_1, x_2, \cdots, x_k, \cdots, x_p$ とし，それらを規定している潜在変数を $f_1, f_2, \cdots, f_j, \cdots, f_m$ とする．このとき線型結合の方程式は以下のようになる．

$$x_1 = a_{11}f_1 + a_{12}f_2 + \cdots + a_{1j}f_j + \cdots + a_{1m}f_m + e_1$$
$$\vdots$$
$$x_k = a_{k1}f_1 + a_{k2}f_2 + \cdots + a_{kj}f_j + \cdots + a_{km}f_m + e_k$$
$$\vdots$$
$$x_p = a_{p1}f_1 + a_{p2}f_2 + \cdots + a_{pj}f_j + \cdots + a_{pm}f_m + e_p$$

主成分分析は観測変数のセットから新変数の主成分を合成したが，（探索的）因子分析では未知の潜在因子（と誤差）から観測変数が規定されると考える．また主成分は単に縮約された情報を意味しており，何か実体的な存在を意味するわけではないが，因子は目に見える現象の背後にある不可視の実在的な要因であり，実体的に想定・理解・解釈できるものである必要がある．

因子分析は，観測された変数から，それらの観測変数を規定していると考えらえる潜在因子を推定し，同時にそれらの因子の線型結合の方程式の係数 a_{kj} を推定する．各ケースはそれぞれの因子という潜在変数について，他の観測変数と同様に何らかの値を取ると想定され，その値も推定される．これを**因子得点**と呼ぶ．因子の線型結合の係数を**因子負荷量**という．誤差は，どの因子にも帰せられないその観測変数固有の成分と理解できるので**独自因子**とも呼ばれ

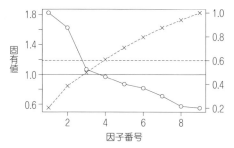

図11-2　9変数の固有値分解

る。その場合は他の因子は**共通因子**と呼ばれる。ただし初学者にとってはややこしいと思われるので，本書では因子と誤差と呼ぶこととする。

2-2　因子の選出

　有効ケースのみの変数列を作成するところまでは主成分分析の手続きと同じなので，[基礎] 1 の主成分分析で使用した vars について，逆転項目を反転させた変数行列の vars1 を利用する（→サポートウェブ）。因子分析を行う標準的な関数は factanal( ) であるが，R のこの関数で1つ注意すべき点は，最初に因子の個数を指定しなければならない点である。よって先に主成分分析（あるいは固有値分解）を行って何次元くらいに情報が縮約できるかの見当をつけるか，いくつか因子数をかえて分析した結果を見比べるかする必要がある。主成分分析を行っていない場合でも plot(eigen(cor(vars1))$values, type="b") とすれば固有値のグラフ（**スクリープロット**）が描画されるので，大きさが1以上の固有値がいくつあるか（**カイザー・ガットマン基準**）や，固有値の値がどこで大きく低下するか（**スクリー基準**）などを参考にすることができる。また，固有値の累積割合が一定の水準に達するところまで採用するという方法もある。**図11-2**に少しカスタマイズしたスクリープロットを示す。ここでは，先の主成分分析の結果などを参考に因子数3で分析してみよう。[1)]

---

1)　グラフより1以上の固有値は3つである。累積割合（累積寄与率）は50％であり，次の[基礎] 2-3 で示す因子数の検定結果からも4つまで採用する可能性もあるが，より専門的な「乱数にもとづく平行分析」を行うと，因子数3ないし4が適切であるとの結果になる。平行分析を行う関数は，psych パッケージに含まれる fa.parallel( ) がある。

2-3　因子負荷量と寄与率

変数を格納した行列 vars1 を，標準の因子分析の関数 factanal(　) で分析してみる。

```
factanal(vars1, factors=3)
```

出力結果の最初の Uniqueness は独自因子（誤差）の分散で，観測変数の数だけある。これを1から引いたものは**共通性**（推定値）と呼ばれる。9番目の項目（喫煙）は独自性が最も高く，この3つの因子によって規定される度合いが最も小さいということになる。つまり，共通性が最も低い。

Loadings の部分は**因子負荷量**を表している。行が測定項目（観測変数）を表し，列が Factor という名前の通り因子を表している。因子負荷量は，因子の線型結合で観測変数を表現する方程式の係数 a_{kj} である。ただし一点気をつけなければならないことがある。factanal(　) 関数は，デフォルトでは**ヴァリマックス回転**という変換を行った結果を表示する。まず**最尤法**という方法で複数の因子の因子負荷量や因子得点を推定した後，因子と観測変数の関係がより単純になるように，軸の回転という操作を行う。因子と観測変数の関係が単純であるというのは，1つの観測変数が1つの因子からのみ強く規定されているという関係をいう（**単純構造**）。因子の推定は，主成分同士の関係に似て，複数の因子が互いに無相関（独立）であるという条件で行われる。この**初期解**を，因子同士が直交する（無相関である）という条件を保ちつつ単純構造に近づけるのが**直交回転**であり，ヴァリマックス回転あるいはヴァリマックス解というのは直交回転の代表的なものである。回転前の初期解を求めたい場合には，factanal(　) 関数の中で明示的に rotation="none" と指定する必要がある。このオプション指定を省略すると自動的に rotation="varimax" が指定される。

```
Uniquenesses:
NetShop  Devices    SNS    Books  Library   Comic
  0.723    0.621  0.376    0.648    0.799   0.866
  NewsP  Volunteer  Smoking
  0.825    0.802    0.912
```

```
Loadings:
            Factor1  Factor2  Factor3
NetShop      0.364            0.367
Devices      0.516            0.335
SNS          0.787
Books                 0.588
Library               0.438
Comic                          0.359
NewsP       -0.120    0.338   -0.216
Volunteer    0.188    0.345   -0.210
Smoking              -0.295

            Factor1  Factor2  Factor3
SS loadings   1.077    0.871    0.480
Proportion Var 0.120   0.097    0.053
Cumulative Var 0.120   0.216    0.270

Test of the hypothesis that 3 factors are sufficient.
The chi square statistic is 22.35 on 12 degrees of freedom.
The p-value is 0.0338
```

　かつては因子の回転といえばヴァリマックス回転が使われていたが，現在では因子同士が無相関でなくてもよいという条件で単純構造に近づける**斜交回転**が一般的である．実際にも潜在変数（**構成概念**ともいう）同士が無相関であると想定するのは社会科学や人間科学ではむしろ非現実的であるし，もし構成概念同士が独立ならば斜交回転によっても相関は弱いままだと考えられるので，回転の際に「因子同士が直交する」という条件をわざわざ付ける必要はない．斜交回転にもいくつかの種類があるが，最も知られているのは**プロマックス回転**であり，rotation="promax" と指定すればプロマックス回転後の因子負荷量（斜交解の場合は因子パタンという）が出力されるが，factanal( ) 関数のrotation="promax" オプションでは因子間相関係数行列が正しく求められないという不具合がある[2]．先にいったん初期解を計算した後でプロマックス回転を行うのがよい．まず初期解の因子負荷量の結果をオブジェクトに保存したのち，promax( ) 関数に与える．

2） 2016年10月31日のR version 3.3.2の時点で確認．詳細は→サポートウェブ．

```
fa_n <- factanal(vars, factors=3, rotation="none"); promax(fa_n$loadings)
```

何らかの理由で初期解をヴァリマックス回転したい場合には varimax( ) 関数に因子負荷量の情報を与える。

　因子負荷量 loadings の後の SS loadings は因子負荷量の二乗和であり，**因子寄与**や**寄与度**と呼ばれる。これは（標準化された）観測変数の分散の合計のうちどれだけがその因子によって説明されるかを示している。標準化された観測変数の分散の合計は項目数9に等しい。因子は因子寄与の大きさによって順序付けられ，因子寄与が最大のものを第1因子，次に因子寄与が大きいものを第2因子と呼ぶ。Proportion Var は因子寄与，すなわちその因子で説明される分散を割合で表示したものであり，**寄与率**という。Cumulative Var は**累積寄与率**であり，そこまでの因子で観測変数の総分散のどれくらいの割合が説明されるかを表している。

　結果の最後には，指定した因子数が十分かどうかの検定結果が示されている。ゼロ仮説は「指定した因子数で十分」であり，そのモデルと観測データのズレがカイ二乗値で示されている。ゼロ仮説が正しいと仮定した場合にこのカイ二乗値（ズレの指標）が偶然に生じる確率が有意確率 p-value として表示されている。設定した有意水準よりも有意確率が小さければ，偶然にそんなことが起こるとは考えにくいとしてゼロ仮説を棄却する。この辺りは統計的検定の基本ロジックと同じである。この例では有意確率3.38％で5％有意となってしまう（因子数を factors=4 として計算するとこの有意確率は5.2％となって5％水準でも有意ではなくなる）。

　以上で，誤差については分散（独自性）が推定され，係数は因子負荷量として計算された。しかし肝心の因子それ自体については何の情報も表示されていない。因子は潜在変数であり，各ケースはその因子について何らかの値，つまり因子得点（因子スコア）を持つと想定される。その因子得点は，factanal( ) 関数では score= オプションを指定しないと計算されない。指定できるのは score="regression" または score="Bartlett" である。とりあえず前者を使っておけばよいだろう。因子スコアは，因子分析の結果のオブジェクトの中に scores という名前で保存されている。

2-4　因子の解釈

最後に，抽出された因子がどのような構成概念であるのか，その概念にどのような名前をつけるのが相応しいかを，因子負荷量を見て考えよう。上ではデフォルトのヴァリマックス解が表示されていたが，ここではプロマックス解にして示そう。基礎 2-3 の出力結果では因子負荷量は一部分しか表示されていない。これは，絶対値の小さな因子負荷量を省略して見やすくするデフォルト設定になっているからであるが，すべての因子負荷量（因子パタン）を表示したい場合には，プロマックス回転の結果をいったんオブジェクトに保存した後，print( ) 関数で cutoff= オプションを使用する。3 行目の solve( ) は因子間相関係数行列を求める計算式である。

```
pro1 <-  promax(fa_n$loadings)
                           # 初期解のプロマックス回転の結果を pro1 に保存
print(pro1$loadings, cutoff=0)
                           # pro1 の中の loadings の情報を，省略せず表示
solve(t(pro1$rotmat)%*%pro1$rotmat)
                           # 正しい因子間相関係数行列の計算
```

```
> print(pro1$loadings, cutoff=0)
Loadings:
           Factor1   Factor2   Factor3
NetShop     0.166     0.138     0.427
Devices     0.339     0.053     0.398
SNS         0.769    -0.078     0.065
Books      -0.040     0.603     0.091
Library    -0.111     0.458     0.126
Comic      -0.111     0.064     0.398
NewsP      -0.055     0.318    -0.227
Volunteer   0.243     0.318    -0.201
Smoking     0.061    -0.303    -0.046

                Factor1   Factor2   Factor3
SS loadings      0.825     0.899     0.621
Proportion Var   0.092     0.100     0.069
```

```
Cumulative Var      0.092      0.192      0.261
> solve(t(pro1$rotmat)%*% pro1$rotmat)
          [,1]        [,2]        [,3]
[1,] 1.0000000   0.1388985   0.3780262
[2,] 0.1388985   1.0000000  -0.1050634
[3,] 0.3780262  -0.1050634   1.0000000
```

通常は因子パタンの絶対値0.4程度を基準として解釈するが，ここでは0.3以上のものを解釈に含めることにしよう。

第1因子の因子パタンの値は，SNSへの書き込みが突出して高く，他にはスマホ・タブレットの私的使用（Devices）がやや大きい程度であるので，ICT親和性因子としておこう。第2因子は蔵書数（Books）と図書館利用（Library）の因子パタンの値が高い。新聞を読む（NewsP）もやや高いので，書物・活字文化への親和性と呼ぼうと思うが，ボランティア活動（Volunteer）の促進と喫煙（Smoking）の抑制にも若干影響しており，活字文化志向が他の生活態度とも関連していることをうかがわせる。第3因子はネット通販を利用する（NetShop），スマホ・タブレットを使用する，マンガを読む（Comic），という変数に比較的強く影響している。この因子をうまく命名するのは難しいが，あまり適合していないのを承知でとりあえず大衆的消費活動因子とでも呼ぼう。

因子間相関を見ると，第1因子（ICT親和性）と第3因子（大衆的消費活動）が.38弱と中程度の正の相関である。いずれもスマホ・タブレットの因子パタンの値が高い点で共通している。第1因子（ICT親和性）と第2因子（書物親和性）は弱い正の相関，第2因子（書物親和性）と第3因子（大衆的消費活動）はさらに弱い負の相関となっている。

また，各観測変数に対する因子パタンの情報をグラフにすると，それぞれの観測変数の関係が視覚的に把握できる。主成分分析のグラフでも登場したbiplot( )関数を使用することも多いが，ケース数が多いと全ケースを描画してもあまり意味がない。ここでは，ケースの描画を省略して，観測変数の因子パタンのプロットだけをもっと見やすく描くことにする。次のようにplot( )関数とtext( )関数を利用して自分で描いてみるとよい[3]。横軸の範囲xlim=と縦軸の範囲ylim=は因子パタンの結果を見て適当に指定する。

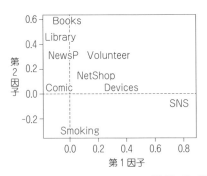
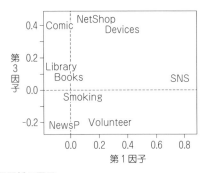

図11-3 因子間関係の図示

```
plot(NULL, xlim=c(-.15, .85), ylim=c(-.32, .6), xlab="第1因子",
    ylab="第2因子")
abline(h=0, v=0, lty=2)   # 原点を通る座標を追加
text(pro1$loadings[, c(1, 2)], colnames(vars1), family="serif")
```

　3つの因子があれば3通りの組み合わせが作図できるが，そのうち第1因子と第2因子，第1因子と第3因子の組み合わせを作図したのが**図11-3**のグラフである。

　探索的因子分析を行うには，他にも psych パッケージの fa( ) 関数などが使える。上記の斜交解とほぼ同じ分析を行うには以下のようにする。

```
library(psych)
fa(vars1, nfactors=3, rotate="promax", scores="regression", fm="ml")
```

標準の factanal( ) 関数よりは，psych パッケージの fa( ) 関数の方がより自由度が高く情報量も多い。またプロマックス解の因子間相関も正しく計算するので，factanal( ) である程度因子分析に慣れてきたら，psych パッケージをインストールして fa( ) 関数を使用するようにした方がよいだろう。

　また，複数の観測変数を合計（または平均）して合成得点を作成する場合に，それらの観測変数の内的整合性の1つの指標として**クロンバックの α** という係数を示すことがあるが，これも psych パッケージの alpha( ) 関数で計算す

3）奥村晴彦氏のサイト http://oku.edu.mie-u.ac.jp/~okumura/stat/pca.html を参考にした（2016年3月16日閲覧）。

ることができる。例えば変数行列 vars1 の1列目から3列目の NetShop, Devices, SNS を足し合わせて1つの変数にして良いかどうかの目安を得るためには，次のようにすればよい。

```
alpha(vars1[, 1:3])
```

```
Reliability analysis
Call:alpha(x=vars1[, c(1:3)])

  raw_alpha  std.alpha  G6(smc)  average_r  S/N   ase    mean  sd
     0.54       0.61      0.51      0.34    1.5  0.061   3.2  1.4
...
Reliability if an item is dropped:
         raw_alpha  std.alpha  G6(smc)  average_r   S/N   alpha se
NetShop    0.54       0.58      0.41      0.41    1.40    0.085
Devices    0.30       0.45      0.29      0.29    0.81    0.079
SNS        0.41       0.48      0.32      0.32    0.94    0.087
...
```

出力の一部だけを抜粋して掲載しているが，変数値そのものを用いて計算した α 係数（raw_alpha）が 0.54，標準化得点を用いて計算した α 係数（std.alpha）が 0.61 であり，この3項目を加算尺度にして使用するにはやや低めの値である。目安としては 0.7 以上はあるとよいと言われる。ただし項目数が少ないと α 係数は高くなりにくい。Reliability if an item is dropped は，いずれか1項目を除外した場合に各種 α 係数がどのように変化するかを表示しており，この場合はどの項目を除外しても α 係数は低下する。もっと多くの項目を使用している場合は，α 係数を低下させている項目を見つけ出して除外することも可能である。

発　展　*Advanced*

① 構造方程式モデリング

1-1　確証的因子分析と構造方程式モデリング

基礎で説明した因子分析は正確には探索的因子分析であると述べた。どんな因子が，

いくつあるかという基本的な線型モデルを探りながら推定するという意味である。それに対して，いくつの因子が存在し，それがどの観測変数に影響しているかという線型モデルを研究者が設定して，それがデータに適合するかどうか，因子負荷量はどの程度かを計算する因子分析を，**確証的因子分析**（もしくは確認的因子分析）と呼ぶ。この確証的因子分析は，**共分散構造分析**，もしくは**構造方程式モデリング**（SEM）と呼ばれる分析手法に包含されており，絵を描くような感覚でモデルを指定する SEM 専用のソフトウェアなどが有名である。R で SEM を行うには sem パッケイジが必要となり，しかも因果関係を表現する**構造方程式**（重回帰分析に似ている），潜在的な構成概念と観測変数の関係を表現する**測定方程式**（因子分析はここに相当する）をすべて文字式で指定しなければならないので，初心者にはかなり面倒に，難しく感じられる。sem パッケイジでモデルを記述する方法には，もともとからある記述法の specifyModel(　)，その後追加された specifyEquations(　) や cfa(　) などが存在する。また，R で sem を実行するパッケイジには他に lavaan なども存在するが，入門の域を超えるのでここでは割愛する。

　基礎 2-4 の探索的因子分析の斜交解の結果を参考にして，変数行列 vars1 の相関係数行列 cor1 を用いて確証的因子分析を試しに行ってみるが，スクリプトと出力ともにスペースを多く必要とするので，以下にはほんの一部を表示し，全体はサポートウェブにて紹介する。

```
library(sem)    # パッケイジの読み込み
# 下の行は SEM の代表的な適合度指標を表示させるためのオプション
opt <- options(fit.indices=c("GFI", "AGFI", "RMSEA", "AIC", "BIC"))
model01 <- specifyModel(　)
Fac1 -> Devices, NA, 1    # 第1因子から "Devices" 変数へのパスを固定
Fac1 -> SNS, b13, NA      # 第1因子から "SNS" 変数へのパスは値を推定
Fac1 -> Volunteer, b16, NA
Fac2 -> Books, NA, 1
                          # それぞれの因子につき，どれか1つのパスは固定する
Fac2 -> Library, b25, NA
…（省略）…
NetShop <-> NetShop, e01, NA    # "NetShop" 変数の分散
Devices <-> Devices, e02, NA
…（省略）…
Fac1 <-> Fac1, d01, NA    # 第1因子の分散
Fac2 <-> Fac2, d02, NA
Fac3 <-> Fac3, d03, NA

result01 <- sem(model01, cor1<-cor(vars1), N=nrow(vars1))
```

主成分分析と因子分析

```
                                              # モデル，相関係数行列などを指定
summary(result01)
```

```
Model Chisquare=102.9626 Df=26 Pr(>Chisq)=4.107161e-11
 Goodness-of-fit index=0.9442905
 Adjusted goodness-of-fit index=0.9035798
 RMSEA index=0.08920345 90% CI:(0.07151387, 0.1076236)
 AIC=140.9626
 BIC=-50.99846
...
R-square for Endogenous Variables
  Devices       SNS  Volunteer   Books   Library   NewsP
   0.5579    0.6711     0.0230  0.2981    0.1747  0.1254
  Smoking   NetShop      Comic
   0.1061    0.1368     0.0703

Parameter Estimates
       Estimate   Std Error    z value    Pr(>|z|)
  b13  1.9587682  1.42925458  1.3704824  1.705364e-01
  b16  0.3626587  0.15657332  2.3162231  2.054609e-02
  b25  0.7654931  0.22887455  3.3445967  8.240229e-04
```

　最初にモデルとデータのズレのカイ二乗検定の結果が有意になっているが，この検定はケース数が多いと有意になりやすいので，他の適合度指標を重視する。GFI (Goodness-of-Fit Index) や AGFI は適合度がよければ1に近くなり，0.95以上ならば良好であるとされる（上の結果は良好ではない）。RMSEA（近似誤差の平均平方の平方根）は0に近いほどよく，0.05未満であれば良好だとされる（これもよくない）。"Parameter Estimates"には，方程式の中で名前をつけた，因子から変数への**パス係数**（偏回帰係数のようなもの）の推定値が示されている。第1因子から SNS 変数へのパス b13 は，推定値も大きいが標準誤差も大きく，推定が不安定であることがうかがえる。sem には，どこにパスや相関関係を追加すればモデルの適合度が改善するかのヒントをくれる機能がある。上の結果 result01 を modIndices( ) 関数に与えると，第1因子から NetShop へのパスと，第1因子と第3因子の相関関係を追加するとよいことが分かる。update( ) 関数を利用するとモデルを更新することができる。

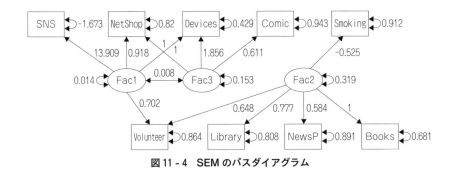

図 11 - 4　SEM のパスダイアグラム

```
model02 <- update(model01)
add, Fac1 -> NetShop, b11, NA
add, Fac1 <-> Fac3, r13, NA
result02 <- sem(model02, cor1, N=nrow(vars1)) ; summary(result02)
```

　この結果，GFI=0.962，AGFI=0.9296，RMSEA=0.072 と多少改善した。modIndices（result02）によってさらに改善の余地がないか調べると，第 2 因子から Volunteer へのパスの追加が示唆されたのでそのように update した result03 を検討すると，GFI=0.975，AGFI=0.951，RMSEA=0.051 となり，満足のいく適合度となったが，SNS の誤差分散がマイナスの値になっており，**不適解**と呼ばれるものになってしまう。不適解は基本的に最終結果とすることはできないが，ここでは例示のため目をつむる。
　summary（result03）の出力には，たくさんのパス係数や分散，相関係数の推定値などが表示されるので読み取るのが非常に面倒に思えるが，これを自動で図にしてくれる機能がある。pathDiagram（result03, edge.labels="values"）とすると，必要最低限のパスダイアグラムが表示される。いくつかオプションを指定して .dot ファイルという形式でファイル出力したあと，GVedit というソフトで多少調整したグラフを**図11 - 4**に示す。四角が観測変数，楕円が潜在変数であり，単方向または双方向のパスで結ばれていない変数には関連がないことになる。なお，すべての変数の分散を 1 に標準化した上で求められる標準解は，stdCoef（result03）として求める。

1 - 2　構造方程式モデリングとパス解析

　構造方程式モデリングは，確証的因子分析以外にもさまざまな関係を分析することができ，確証的因子分析はむしろその中の 1 つのパーツに過ぎない。ここでは**パス解析**の初歩を紹介する。説明のために極度に単純化した例を述べると，年齢が教育変数を規定し，年齢と教育年数が年収を規定しているとする。この関係には従属変数（被説明変数）が 2 つ含まれており，単純な回帰分析（一般線型モデル）では実行することができない。

こうした場合**古典的パス解析**では，まず教育年数を年齢で説明する回帰分析を行い，次に年齢と教育年数で年収を説明する重回帰分析を行う。以下では男性に限定してこのパス解析をやってみよう。分析上の都合から，あらかじめ3つの変数がすべて有効な男性サンプルに限定する。

```
# 各変数を男性に限定し，完備ケース分析とする
complete <- complete.cases(data01$age, data01$edu, data01$income)
            & data01$sex==1
ageM <- data01$age[complete]; eduM<-data01$edu[complete];
    incomeM <- data01$income[complete]
```

パス解析は通常，すべての変数を標準化して行うので，教育年数を説明する回帰分析，年収を説明する回帰分析を以下のように実行する。

```
OLS1 <- lm(scale(eduM)~scale(ageM))
OLS2 <- lm(scale(incomeM)~scale(ageM)+scale(eduM))
summary(OLS1); summary(OLS2)
```

```
lm(formula=scale(eduM)~scale(ageM))
…
Coefficients:
              Estimate   Std. Error  t value  Pr(>|t|)
(Intercept)   2.757e-16  8.160e-02    0.000   1.00000
scale(ageM)  -2.851e-01  8.189e-02   -3.481   0.00067***
---
…
Multiple R-squared:0.08127, Adjusted R-squared:0.07456
…
lm(formula=scale(incomeM)~scale(ageM)+scale(eduM))
…
Coefficients:
              Estimate   Std. Error  t value  Pr(>|t|)
(Intercept)  -1.625e-16  8.016e-02    0.000   1.000000
scale(ageM)   2.444e-01  8.394e-02    2.912   0.004204**
scale(eduM)   3.242e-01  8.394e-02    3.863   0.000173***
…
Multiple R-squared:0.1197, Adjusted R-squared:0.1067
```

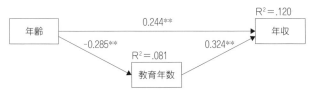

図11-5 lm( ) 関数による古典的パス解析

表11-1 sem( ) の2つの記法

specifyModel( ) による記述	specifyEquations( ) による記述
pathM <- specifyModel( ) ageM -> eduM, b12, NA ageM -> incomeM, b13, NA eduM -> incomeM, b23, NA ageM <-> ageM, e1, NA eduM <-> eduM, e2, NA incomeM <-> incomeM, e3, NA	pathE <- specifyEquations( ) eduM=b12*ageM incomeM=b13*ageM+b23*eduM V(ageM)=e1 V(eduM)=e2 V(incomeM)=e3

　年齢が高いほど教育年数が短い効果は1％水準で有意であり分散説明率は8％余りである。そして，年収に対する年齢の効果も教育年数の効果もプラスで1％有意，分散説明率は12％近くになっている。結果は**図11-5**のようなパスダイアグラムで表示する。

　ここで年齢から年収への効果を見ると，年齢と年収を直接つないでいる矢印を**直接効果**と呼び，年齢から教育年数を経て年収につながっている経路（パス）を**間接効果**と呼ぶ。直接効果の大きさはパス係数そのままの.244であるが，間接効果の大きさは，−.285×.324＝−.092 と計算される。直接効果と間接効果を足したもの（この例では.152）を，年収に対する年収の**総合効果**と呼ぶ。またこの場合，教育年数は年齢の影響を年収へと媒介しているので**媒介変数**と呼ばれる。この例では直接効果と間接効果が異符号であるが，双方が同符号の場合に，ある独立変数から従属変数に対する直接効果／間接効果／総合効果を検討することが多い。

　このように，古典的パス解析では，従属変数の異なる重回帰を複数実行してその結果を組み合わせて示した。しかし現在では，SEM を使ってこうした全体構造を一気に分析できる。SEM の2つの記法（2つの関数）で同一のモデルを記述してみる（**表11-1**）。

　両者が同一内容であることは，print(pathM) と print(pathE) が一致することで確認できる。いずれかを sem( ) 関数に与えることでパス解析が実行できる。

```
resultE <- sem(pathE, cor2, N = n1); summary(resultE)
```

```
R-square for Endogenous Variables
 eduM   incomeM
0.0813   0.1197

Parameter Estimates
     Estimate    Std Error   z value      Pr(>|z|)
b12  -0.2850766  0.08159334  -3.493871    4.760707e-04
b13   0.2443898  0.08332705   2.932899    3.358133e-03
b23   0.3242468  0.08332705   3.891255    9.972694e-05
e1    1.0000000  0.12038585   8.306624    9.846344e-17
e2    0.9187313  0.11060225   8.306624    9.846344e-17
e3    0.8803181  0.10597784   8.306624    9.846344e-17
```

b12, b13, b23 はパス係数であり，先の古典的パス解析の結果とぴったり一致している。e2 と e3 は**内生変数**である教育年数と年収の誤差分散であり，1 からこれを引いたものが分散説明率になる。このモデル中唯一の**外生変数**である年齢の誤差分散は 1 に固定される[4]。重回帰分析は**飽和モデル**であり，自由度がないので適合度は計算されない。

構造方程式モデリングは，単純化していえば 発展 1-1 の確証的因子分析と 発展 1-2 のパス解析を組み合わせたようなものであり，複雑で大きなモデルの全体を一度に推定し，さまざまな適合度指標や AIC などの情報量基準によってモデルのよしあしを判断する。

---

4) 内生変数とは，モデルの中で他の変数に規定される変数，言い換えれば従属変数になる変数であり，パスの矢印が向いてくることで分かる。外生変数とはモデルの中でパスが向かってこない，つまり従属変数にならずに独立変数にしかならない変数のことである。

12 ロジスティック回帰分析

―― 一般化線型モデル

> **基　礎** *Basic*

　第10章までで，分散分析，回帰分析，共分散分析を包含する一般線型モデルについて扱ってきた。この章では，一般線型モデルをさらに拡張した，**一般化線型モデル**について，ロジスティック回帰分析を例として簡単に紹介する。

　一般化線形モデル（GLM）が一般線型モデル（LM）と異なる点をあらかじめ列挙すると，従属変数が正規分布に従うことを必要としない，従属変数に**リンク関数**という細工をする，最小二乗和法（最小二乗法）ではなく**最尤法**という推定方法を用いる，というものになるだろう。[1]

① 一般化線型モデル

　第8章の 発展 1で，2群の母平均の差の t 検定がダミー変数を用いた単回帰分析と同値であることを説明したが，この t 検定は従属変数の等分散正規性を前提としていた。等分散性を仮定しない検定はウェルチ検定と呼ばれていたが，これは回帰分析の結果とは一致しなかった。このように LM はいくつか重要な前提条件をもっており，等分散正規性はその1つである。GLM では，

---

1) この第12章では，一般線型モデルを LM，一般化線型モデルを GLM と略記する。一般線型モデルは英語で General Linear Model で，これを GLM と略すことが多いが，一般化線型モデルも Generalized Linear Model であり GLM と略すのが自然である。一般化線型モデルの方を GLZ や GLIM，あるいは GzLM や GdLM と略することも可能だが，最近は一般線型モデルの方を LM と略記することで区別することが増えてきた。久保［2012］など，一般線型モデルを単に線型（線形）モデルと呼ぶものも少なくない。ここでは R の関数名に従って上述のように区別する。

従属変数が正規分布とは異なる確率分布に従う場合に使えるように拡張される。正規性の要件を外す，言い替えれば，より前提を少なくして自由度を高め，適用範囲を広げるということである。

従属変数と独立変数群の線型結合についても，LMはそのまま等号で結びつけるのに対し，GLMではその間にワンクッションはさむ。以下では，社会学でよく見かけるGLMであるロジスティック回帰分析を例にとって説明する。

1-1 ロジスティック関数

未婚化・晩婚化が進む中，どのような人が未婚であるのかを分析することとしよう。区別されるのは未婚か既婚かであり，既婚には有配偶者と離別・死別者を含む（未婚と無配偶は異なる概念である）。性別（男性ダミー変数 d_1）, 年齢 x_2, 教育年数 x_3, 本人年収 x_4 を独立変数として，未婚か既婚かを従属変数（未婚ダミー d_y）とする。これを単純な重回帰式で表現すると以下のようになる。

$$d_y = \beta_0 + \beta_1 d_1 + \beta_2 x_2 + \beta_3 x_3 + \beta_4 x_4$$

しかし，重回帰分析を初めとする一般線型モデルの従属変数の取りうる値の範囲には制約はなく，マイナスにもなれば1より大きくもなる間隔尺度である。しかしここでの従属変数は0か1の2値しかとらないダミー変数であり，一般線型モデルの従属変数にするのは問題がある。

ここで，未婚か既婚かを区別するダミー変数ではなく，あるケースが未婚である確率 p_y を考えると，0以上1以下の連続変数にはなるが，いぜんとして取りうる値の範囲に明確な制約がある。この範囲制約を取り去るために，次のようにする。

未婚である確率 p_y と，その反対の既婚である確率 $1-p_y$ の比，すなわち未婚オッズを求める。p_y が小さく0に近いほどオッズは0に近づき，p_y が大きく1に近いほどオッズはプラスで値は大きくなっていく。仮に $p_y=0.99$ とすると未婚オッズは 0.99/(1-0.99)=99, $p_y=0.999$ とすると未婚オッズは999のように，論理的には無限に大きくなりうる。オッズはマイナスの値はとりえないが，このオッズの自然対数をとると，オッズ=1（つまり $p_y=0.5$）のとき，log1=0 となり，オッズ=0（つまり $p_y=0$）のとき log0=－∞，オッズ=＋∞のとき log(＋∞)=＋∞ となる。このオッズの対数を，**対数オッズ**と呼ぶ。

この対数オッズであれば，上の重回帰モデルの式の左辺に置くことができる。確率から対数オッズに変換する関数を**ロジット関数**という。

$$\log\left(\frac{p_y}{1-p_y}\right) = \beta_0 + \beta_1 d_1 + \beta_2 x_2 + \beta_3 x_3 + \beta_4 x_4$$

以下のように2つの式に分けて書くと，通常の一般線型モデル LM との異同が明らかになる。1行目の，ロジット関数を用いて確率 p_y を y に変換し，その y を一般線型モデルの従属変数の位置（左辺）に置くと考えると分かりやすい。

$$y = \log\left(\frac{p_y}{1-p_y}\right)$$

$$y = \beta_0 + \beta_1 d_1 + \beta_2 x_2 + \beta_3 x_3 + \beta_4 x_4$$

1行目の式は，本来の関心の対象の変数を，2行目の線型結合式（**線形予測子**）の従属変数とするための変換式であり，変換の関数を一般に**リンク関数**と呼ぶ。ロジスティック関数ではこのリンク関数が対数オッズになっている。

未婚である確率 p_y を基準に式を変形すると，以下のようになる。

$$\frac{p_y}{1-p_y} = e^y = e^{\beta_0 + \beta_1 d_1 + \beta_2 x_2 + \beta_3 x_3 + \beta_4 x_4} = e^{\beta_0} e^{\beta_1 d_1} e^{\beta_2 x_2} e^{\beta_3 x_3} e^{\beta_4 x_4}$$

$$p_y = \frac{e^y}{e^y + 1} = \frac{1}{1 + e^{-y}} = \frac{1}{1 + e^{-(\beta_0 + \beta_1 d_1 + \beta_2 x_2 + \beta_3 x_3 + \beta_4 x_4)}}$$

1行目の式は，オッズを，独立変数による効果の指数の積として予測するということを表している。2行目はそれを元々の確率を基準にして変形したものであり，ロジット関数の逆関数である。このロジット関数の逆関数を**ロジスティック関数**というところから，リンク関数にロジット関数（ロジットリンク）を用いた線型モデルを，ロジスティック回帰分析と呼ぶ。

こうして，2値変数である従属変数を確率で置き換え，その確率を対数オッズ変換というリンク関数によって，独立変数の線型結合式とつなぐのが2項ロジスティック回帰分析である。こうした上で，線型結合式中の係数を推定することが次の課題である。

1-2 最尤法

一般線型モデル LM では最小二乗和法（最小二乗法）という方法によって係

数（偏回帰係数など）を求めたが，一般化線型モデル GLM では通常，**最尤法**という方法を用いる。詳細な解説をする紙幅はないが，**尤度**という条件付き確率を求め，その尤度が最大になるように推定値を計算する方法であり，尤度の最大化による推定法，最大尤度法とでもいうべき方法である。

例えば，男性10人・女性8人の標本における内閣支持者数が，男性では10人中5人，女性では8人中2人だったとする。母集団における内閣支持率（母比率 π）は性別にかかわらないと仮定する。仮に母比率 $\pi=0.40$ だとすると，このような標本が偶然に得られる確率を求めることはできる。

$$_{10}C_5 \times 0.40^5 \times (1-0.40)^5 \times {_8}C_2 \times 0.40^2 (1-0.40)^6 = .04194134$$

これが，母比率0.40の尤度 $L(\pi=0.40)$ である。同様に母比率0.35の尤度 $L(\pi=0.35)$ は .03972664 となり，$L(\pi=0.35)$ であるよりは $L(\pi=0.40)$ である方がこのような標本が実現する確率が高い，すなわち，$\pi=0.35$ よりも $\pi=0.40$ の方が尤もらしい，と言われる。このようにして，尤度が最大になるような（最も尤もらしい）母数を推定するのが最尤推定法である。この例のように単純な場合は結論も単純であり，標本全体における比率（2値変数の平均）である $\pi=7/18$ のときに尤度が最大値 .04213658 となる。推定すべき母数が少ない場合にはこのように単純に求められるが，推定すべき母数の数が多くなると，最尤推定法によってそれらの母数をすべて推定するのは急に困難になる。ニュートン・ラプソン法やEMアルゴリズムなど種々の計算方法が考案されてきたが，ここでは詳述しない。コンピュータによる繰り返し計算が必要になるということだけ述べておく。

尤度は，母数の値を仮定した場合にこのような標本が偶然に得られる条件付き確率であるから，0以上1以下の実数である。この尤度の自然対数をとった**対数尤度** LL は，$LL(0)=\log 0 = -\infty$，$LL(1)=\log 1 = 0$ となる単調増加関数であり，符号はマイナスになるものの，尤度が大きくなれば対数尤度も大きくなる（0に近付く）。よって，尤度を最大化するためには対数尤度を最大化すればよい。

ロジスティック回帰分析などの一般化線型モデルにおいてある特定のモデルを考えた場合，そのモデルの最大対数尤度とその場合の母数（パラメタ）推定値を求めることができる。（最大）尤度が小さければ（最大）対数尤度はマイナ

スで絶対値が大きくなる。この対数尤度にマイナス2をかけるとプラスの数値になり，尤度が大きいと−2対数尤度は小さくなる。これを**逸脱度**と呼ぶ。

異なるモデル2つ（例えば独立変数の組が一部異なるモデルなど）を考えた場合には，それぞれに最大対数尤度が求められるので，どちらの最大対数尤度がより大きいかを比較することもできる。モデル0の最大尤度をL_0，最大対数尤度をLL_0，逸脱度をD_0，モデル1の最大尤度をL_1，最大対数尤度をLL_1，逸脱度をD_1とする。ただしモデル1の方が独立変数が多い"大きな"モデルだとする。モデル1とモデル0の最大対数尤度の差はLL_1-LL_0となる。モデル1の方が最大対数尤度がより大きければこれがプラスになる。逸脱度の差，対数尤度の差と尤度比（2つの尤度の比）には次のような関係がある。対数尤度の差がプラスであれば，尤度比は1より大きくなる。

$$D_0-D_1=-2LL_0+2LL_1=2(\log L_1-\log L_0)=2\log\frac{L_1}{L_0}$$

この逸脱度の差はカイ二乗分布に近似的に従うことが分かっており，カイ二乗分布の自由度は，2つのモデルのパラメタの数の差p_1-p_0になる。この逸脱度の差がカイ二乗分布に従うことを利用した検定が存在しており，**尤度比検定**と呼ばれている。

$$\Delta D=D_0-D_1\sim\chi^2_{(p_1-p_0)}$$

線型結合式（線形予測子）に定数だけを含むモデルは最小モデルであり，逸脱度は最大になると考えられるので，この時の逸脱度を最大逸脱度と呼ぶ。逆に，最大モデル（飽和モデル）で予測すると逸脱度は最小になると考えられ，この時の逸脱度を最小逸脱度と呼ぶ。関心のあるモデルの逸脱度は，最大逸脱度よりも有意に小さいか，あるいは最小逸脱度よりも有意に大きくないか，といった観点から統計的検定を行うことができる。また，2つの異なるモデルがあったとき，その逸脱度の差が有意か否かをカイ二乗検定し，有意であれば逸脱度の小さいモデルを採用し，有意でなければより単純なモデルを採用するといった使い方ができる。

1-3 対数オッズ比と2項ロジットモデル

モデルのパラメタの推定が最尤推定によって行われたとして，次にそのパラ

メタ推定値の意味について説明しよう。

基礎 1-1 のモデル例で，性別の男性ダミー変数以外の年齢，教育年数，本人年収が等しい2つのケースがどうなるかを比較してみよう。

$$\log\left(\frac{p_m}{1-p_m}\right) = \log(male\_odds) = \beta_0 + \beta_1 \cdot 1 + \beta_2 x_2 + \beta_3 x_3 + \beta_4 x_4$$

$$\log\left(\frac{p_f}{1-p_f}\right) = \log(female\_odds) = \beta_0 + \beta_1 \cdot 0 + \beta_2 x_2 + \beta_3 x_3 + \beta_4 x_4$$

上の男性ケースの式から下の女性ケースの式を引くと，右辺では男性ダミーの係数だけが残る。そして左辺は対数同士の差なので，比の対数となる。

$$\log(male\_odds) - \log(female\_odds) = \log\frac{male\_odds}{female\_odds} = \beta_1$$

真ん中の式の対数の中の真数は，男性の未婚オッズと女性の未婚オッズの比であり，オッズ比となっている。変形すると，自然対数の底 e（ネイピア数，約2.71828）の係数乗がオッズ比に等しい。係数が正であればオッズ比は1より大きく，男性の未婚オッズの方が大きいことになる。係数が負であればオッズ比は1より小さく，女性の未婚オッズの方が大きいことになる。

$$\frac{male\_odds}{female\_odds} = e^{\beta_1}$$

ダミー変数以外の説明変数の係数についても見てみよう。上と同じように，年齢が1歳異なる以外はすべて同じ2ケースの式を引き算する。

$$\log(elder\_odds) - \log(younger\_odds) = \log\frac{elder\_odds}{younger\_odds} = \beta_2$$

$$\frac{elder\_odds}{younger\_odds} = e^{\beta_2}$$

他の変数値はすべて等しいとき，e の β_2 乗が，年齢が1歳上であると未婚オッズが何倍になるかを表しており，係数が負であればオッズ比は1より小さくなる。このように，独立変数の係数は，独立変数が1単位変化したときにオッズ比がどう変化するかを表す。結果は，正負の係数値のまま表示することもあるし，オッズ比に換算して表示することもある。

係数の計算結果は，母数（パラメタ）の推定値であり，母数と一致している保証はない。重回帰分析における偏回帰係数の t 検定同様に，ロジスティック

回帰分析の係数の検定を行うことができる．詳細は省略するが，標本係数値は母数を中心とした正規分布で近似できることを利用して，標本係数値と標準誤差推定値の比から標準正規変量の検定統計量を計算し，標準正規分布に照らし合わせて有意確率を求める．標準正規変量の二乗が自由度1のカイ二乗分布に従うことを利用して検定を行っても同値である．

ここで演習用データを用いて実際に2項ロジスティック回帰分析を行った結果を例示して以上のことを確認していこう．

男性ダミー変数と未婚ダミー変数は元の変数の加工が必要だが，それ以外の変数は加工せずに使用可能である．データフレイム data01 中の変数とそうでない変数を混在させているので注意してほしい．一般化線型モデルの関数 glm（ ）の中で，従属変数と線型結合式を重回帰分析などの lm( ) 関数と同じように記述し，その後で分布に（正規分布ではなく）2項分布を指定し，その中でリンク関数としてロジットを指定している．

```
male <- c(1, 0) [data01$sex]   # 男性ダミーの作成
single <- c(0, 0, 1, 0, 0) [data01$q2100]
                              # 婚姻上の地位変数から未婚ダミー作成
full <- complete.cases(single, male, data01$age, data01$edu,
       data01$income)   # 欠損値除外
male <- male[full] ; single <- single[full] ; age <- data01$age[full] ;
       edu <- data01$edu[full] ; income <- data01$income[full]
# glm( ) 関数を用いて2項分布 binomial，ロジットリンク logit を指定
result <- glm(single~male+age+edu+income, family=binomial(link="logit"))
summary(result)
```

```
Coefficients:
              Estimate  Std. Error  z value  Pr(>|z|)
(Intercept)   2.1605510  1.4740481   1.466   0.14272
male          1.7164462  0.3807364   4.508   6.54e-06 ***
age          -0.0623619  0.0190020  -3.282   0.00103 **
edu          -0.0569334  0.0730136  -0.780   0.43553
income       -0.0023085  0.0007374  -3.130   0.00175 **
…
Null deviance: 344.82 on 337 degrees of freedom
```

```
Residual deviance:306.77 on 333 degrees of freedom
AIC:316.77
```

　各独立変数の係数推定値，標準誤差推定値，その比（割り算）である z 検定統計量（標準正規変量），そしてその有意確率がそれぞれ表示されている。男性ダミーと年齢，本人年収はいずれも 1 ％水準で有意となっており，教育年数はまったく有意ではない。男性であると未婚オッズが大きくなり，年齢が高いと，あるいは年収が多いと，未婚オッズが小さくなる。その効果の大きさをオッズ比で表現したければ以下のようにすればよい。

```
exp(result$coefficients)
```

　この結果，男性は女性よりもオッズが約 5.6 倍にもなることがわかる。年齢が5 歳高いとオッズは 0.73 倍と低くなり，本人年収が 100 万円多いとオッズは 0.79 倍と低くなる[2]。

　そのほか，最大逸脱度と最小逸脱度の差である Null Deviance（ゼロ逸脱度），このモデルの逸脱度と最小逸脱度の差である Residual deviance（**残差逸脱度**）などが出力されている。

　係数の信頼区間を計算させたければ，重回帰分析の場合と同様に，以下の関数を使用すればよい。デフォルトでは 95％信頼区間を計算するので，それ以外の信頼係数で計算させたい場合は level=.90 などとオプションを指定する。

```
confint(result)    # 見方は重回帰分析の偏回帰係数の区間推定と同じ
```

　この信頼区間をオッズ比で表示するには exp(confint(result)) とする。

　また，重回帰分析における変数選択のステップワイズ法の step( ) 関数はここでも同じように使用できる。step(result) とすると，独立変数を 1 つ減らすことで AIC が改善（減少）するかどうかを見ながら，AIC を最小にする部分モデルを自動的に選択する。この場合，検定結果が有意でなかった教育年数 edu を除外すると AIC が改善する。選択されたモデルの結果が以下である。

---

2) それぞれ exp(result$coefficients)[3]^5，exp(result$coefficients)[5]^100 で計算できる。どういうことかよく考えてみよう。

```
              Estimate    Std. Error   z value   Pr(>|z|)
(Intercept)   1.2123898    0.8226985    1.474    0.140569
male          1.7371970    0.3802624    4.568    4.91e-06***
age          -0.0579554    0.0180082   -3.218    0.001290**
income       -0.0024352    0.0007207   -3.379    0.000728***
...
Null deviance:344.82 on 337 degrees of freedom
Residual deviance:307.38 on 334 degrees of freedom
AIC:315.38
```

先のモデルよりも AIC は1.39減少した。残差逸脱度は306.77（df=333）から307.38（df=334）に増加したが，増加量0.61は自由度1のカイ二乗分布においてまったく有意ではない。第10章 発展 2-1 で述べたように，AIC＝－2LL＋2p である。－2LL は逸脱度であるので，2つのモデルの AIC の差は，逸脱度の差と独立変数の個数の差からなる。上の AIC による変数選択の結果は，逸脱度が0.61増加（つまり悪化）したが，説明変数の個数は1個減少したのでその分 AIC は2減少し，差し引きで1.39の AIC の減少（つまり改善）につながったということである。

1-4　適合度検定と疑似決定係数

2項ロジスティック回帰分析においては，重回帰分析などの一般線型モデルにおけるモデルの F 検定に類似したモデル全体の検定として，Hosmer-Lemeshow 検定を行うことがある。また，一般線型モデルの分散説明率に類似した説明力の指標として，**疑似決定係数**という数値を計算することが多い。これはいずれも追加のパッケージをインストールしなければ R では簡単には計算できないが，市販の統計ソフトではよく利用されているので，ここでもその計算のためのパッケージを紹介する。

Hosmer-Lemeshow 検定はモデルの**適合度検定**であり，ゼロ仮説を平易に述べれば「モデルはデータに適合している」となる。検定結果が有意になるということは，モデルとデータのズレが偶然とは言えないほど大きいことを意味し，ゼロ仮説が棄却されて「適合度は偶然とは言えないほど悪い」ことになる。

自動でこの検定を実行するには，ResourceSelection というパッケージをイ

ンストールして読み込む必要がある。このパッケイジをインストールして読み込んであると仮定すると，先の glm( ) 関数の分析結果を格納したオブジェクトの result に格納されている観測値 result$y と予測値 result$fitted.values の情報を hoslem.test( ) 関数に与えればよい。

```
hoslem.test(result$y, result$fitted.values)
```

```
Hosmer and Lemeshow goodness of fit (GOF) test

data:result$y, result$fitted.values
X-squared=13.46, df=8, p-value=0.09698
```

検定結果は有意ではなく，「モデルはデータに適合している」とのゼロ仮説は棄却されなかった。

一般線型モデルの決定係数が，従属変数の分散の何％がモデルによって説明されたかを示す分散説明率であるのに対して，ロジスティック回帰分析の**疑似決定係数**は分散を元にして計算したものではなく，尤度や対数尤度から計算されるあくまで疑似的な決定係数であることに注意が必要である。分散説明率のように明確な意味があるわけではないので，疑似決定係数の計算の仕方にもいくつかの種類があって，それぞれで値が異なる。

R で疑似決定係数を計算するパッケイジは BaylorEdPsych である。これもインストールして読み込んであると仮定すると，ロジスティック回帰分析の結果を格納したオブジェクトの result を PseudoR2( ) 関数に与えるだけでよい。

```
PseudoR2(result)
```

```
> PseudoR2(result)
        McFadden       Adj.McFadden         Cox.Snell
      0.11034136         0.07554066        0.10646341
      Nagelkerke    McKelvey.Zavoina            Effron
      0.16648700         0.22674936        0.13461027
           Count          Adj.Count               AIC
      0.82840237         0.17142857      316.77268914
   Corrected.AIC
    316.95341203
```

さまざまな疑似決定係数などが出力されているが，このうち有名なものはMcFadden の疑似 R^2, Cox ＆ Snell の疑似 R^2, Nagelkerke の疑似 R^2 である。Nagelkerke は Cox ＆ Snell よりも必ず大きくなるように調整されている。どの指標が望ましいかは一概には言えないが，ゼロ逸脱度と残差逸脱度の比から計算されるので意味が解釈しやすい McFadden のの疑似 R^2 か，**一般化 R^2** とも呼ばれることのある Cox ＆ Snell の疑似 R^2 [Allison 2013] を薦める。

最後に一般線型モデルと一般化線型モデルの関係について一言述べておくと，一般線型モデルは，リンク関数として恒等リンク関数 identity を，分布に正規分布 gaussian を指定した，一般化線型モデルの中の一変種であると位置づけられる。

幸福感についの説明モデルである下記の lm( ) の結果と glm( ) の結果は，出力される情報の若干の違いを除いて一致している。

```
lm(q1700~age+edu+q1502+income, data)
glm(q1700~age+edu+q1502+income, data, family=gaussian
    (link="identity"))
```

② ロジットモデル

[基礎] 1 では従属変数が 2 値変数の場合の 2 項ロジスティック回帰分析を説明してきたが，従属変数が 3 値以上の名義尺度または順序尺度の場合にもロジットモデルによる分析が可能である。3 値以上の名義尺度のロジット分析を**多項ロジット**（多項ロジスティック）分析，順序尺度のロジット分析を**順序ロジット**（順序ロジスティック）分析と呼ぶ。いずれも追加パッケイジが必要である。

2-1 多項ロジット

R で多項ロジット分析を行うパッケイジも，nnet や mlogit など複数あるが，ここではより分かりやすいと思われる nnet を使用する。インストールは済んでいるものとし，婚姻上の地位（未婚，有配偶，離死別）を性別（男性ダミー），年齢，教育年数，本人年収で説明するモデルを例示しよう。

先に，婚姻上の地位の3分類の変数 marital（未婚1，有配偶2，離死別3）を作成し，完備ケースに限定したうえで，婚姻上の地位変数 marital を要因型（名義尺度）に変換する。

```
f_marital <- factor(marital, labels=c("single", "married", "separated"))
f_marital <- relevel(f_marital, ref="married")
```

1行目で marital を要因型の f_marital に変換し，値の順にラベルを付ける。2行目では，参照カテゴリ（基準カテゴリ）を2番目の有配偶 married に設定している。この設定をしない場合は，先頭のカテゴリが参照カテゴリになる。

これだけ準備すれば，nnet パッケイジでは簡単に分析ができる。

```
mres <- multinom(f_marital~male+age+edu+income)
msum <- summary(mres); msum
```

1行目の出力は省略し，msum の結果のみ表示する。summary( ) を直接表示させるのではなく summary( ) の結果をいったんオブジェクト msum に格納してその内容を表示させている。これは，後でこの summary( ) の情報を利用するためである。

```
multinom(formula=f_marital~male+age+edu+income)

Coefficients:
          (Intercept)       male          age          edu
single      2.4412663    1.613430   -0.06040284   -0.07458058
separated   0.2888858   -1.622626    0.03040193   -0.27997799
            income
single     -0.0022639438
separated   0.0007676302

Std. Errors:
          (Intercept)       male          age          edu
single      1.487860    0.3829433   0.01912616    0.07381108
separated   2.242688    0.6527114   0.02861986    0.12325084
            income
single      0.0007384139
separated   0.0007255432
```

```
Residual Deviance:467.3155
AIC:487.3155
```

参照カテゴリを married に指定したので，それ以外のカテゴリである single と separated についての情報のみ表示されている．また，係数 Coefficients（パラメタ推定値）と標準誤差 Std. Errors のみが表示されており，そこから計算される z 検定統計量や検定結果の p 値は表示されていない．そのほか，残差逸脱度と AIC が表示されている．

パラメタ推定値の z 検定結果（ゼロ仮説「パラメタ（母数）はゼロである」が正しい時に標準正規分布に近似的に従うことを利用）は，以下のようにできる．

```
z <- msum$coefficients/msum$standard.errors
p <- pnorm(abs(z), mean=0, sd=1, lower.tail=F)*2
z   # 検定統計量
p   # 有意確率
```

```
> z   # 検定統計量
            (Intercept)       male        age        edu     income
single         1.6407907   4.213234  -3.158127  -1.010425  -3.065955
separated      0.1288123  -2.485977   1.062267  -2.271611   1.058008
> p   # 有意確率
            (Intercept)         male         age        edu
single         0.1008409  2.517401e-05  0.001587862  0.3122916
separated      0.8975062  1.291962e-02  0.288114538  0.0231100
                income
single        0.002169759
separated     0.290052006
```

この検定結果を簡単に説明すると，男性であれば（女性に比べて）有配偶よりも未婚になりやすく，年齢が高ければ，また収入が多ければ未婚になりにくい．離死別に関しては，男性よりも女性の方が（有配偶よりも）離死別になりやすく，教育年数が長ければ離死別になりにくい．

z 検定では未婚―有配偶，離死別―有配偶のそれぞれの比較における独立変数の効果の z 検定が行われるが，第 7 章 基礎 2-1 で使用した car パッケージの Anova( ) 関数を用いると，各独立変数について全体的な尤度比検定が

行われる。

```
library(car); Anova(mres)
```

```
Response:f_marital
        LR Chisq Df  Pr(>Chisq)
male     30.0442  2  2.992e-07***
age      12.6903  2  0.001755**
edu       5.8516  2  0.053622.
income   12.9513  2  0.001540**
```

カイ二乗分布に近似的に従う尤度比検定統計量（LR Chisq）は，その独立変数だけをモデルから取り除いたときの残差逸脱度の増加量であり，1つ独立変数を取り除くと，二対の比較から1つずつ推定されるパラメタがなくなるので，自由度（Df）は2となる。maleで言えば，自由度が2減るかわりに残差逸脱度が30余り増え，自由度の減少に比して逸脱度の増加が有意に大きいということを示している。

最初の分析結果出力ではAICが表示されているが，これは残差逸脱度に，推定されるパラメタの数の2倍が加算されている。ここでもstep(　)関数を用いて変数選択を行うことができる。step(mres)として試してみると，このモデルからはさらに除外される独立変数はない。独立変数を除去すると，先のAnova(mres)のLR Chisqに示されている分だけ逸脱度・AICが悪化するが，推定されるパラメタ数2の2倍だけAICは改善する。差し引きでAICが改善するには，逸脱度の悪化が4未満であることが必要だが，Anova(mres)の結果から，そうした独立変数は存在していない。

nnetパッケイジのほか，mlogitパッケイジのmlogit(　)関数でも多項ロジット分析ができ，出力される情報量がやや多い。しかし，mlogit.data(　)関数によってデータの形式を変換する必要があり，nnetパッケイジのmultinom(　)関数よりは初心者にはやや難しいかもしれない。multinom(　)関数の結果から自分で疑似R^2やモデルの尤度比検定統計量を求めることができるので，mlogit(　)関数が出力する情報のかなりの部分はmultinom(　)関数でも求めることができる（詳細は→サポートウェブ）。

2-2　順序ロジット

3値以上の名義尺度が従属変数の場合には多項ロジットを行うが，順序尺度である場合には順序ロジットモデルを使う。Rで順序ロジット分析を行うにはまた別のパッケイジと関数が必要になる。有名なのは，MASSパッケイジのpolr（　）関数である。ここでは，5段階階層帰属意識q1501を，性別male，年齢age，教育年数edu，従業上の地位employ，世帯年収fincomeで説明してみよう。変数の準備ができているとすると，以下のように実行できる。

```
ordinal <- polr(strata~male+age+edu+employ+fincome,
        method="logistic")
summary(ordinal)
```

```
polr(formula=strata~male+age+edu+employ+fincome,
     method="logistic")
Coefficients:
             Value   Std. Error   t value
male     -0.049246    0.2864927   -0.1719
age      -0.017448    0.0121184   -1.4398
edu      -0.093405    0.0454226   -2.0564
employ2   0.246037    0.3354193    0.7335
employ3  -0.377189    0.4371922   -0.8628
employ4  -0.341319    0.3684744   -0.9263
fincome  -0.002183    0.0003194   -6.8356

Intercepts:
     Value    Std. Error   t value
1|2  -8.8186    0.0482    -182.9028
2|3  -4.3653    0.5058      -8.6313
3|4  -2.0985    0.5242      -4.0033
4|5   0.2750    0.6235       0.4411

Residual Deviance:621.2733
AIC:643.2733
```

順序ロジットでは，観測された順序尺度の従属変数の背後に潜在的な間隔尺度の変量が存在すると想定しており，Interceptsはその連続変量がどこで区切

られて順序尺度として観測されているかというカットポイントを意味している。カテゴリ4と5の差は有意ではない。これはこの2つのカテゴリの該当ケース数が少ないことにもよると思われる（53人と8人）。順序尺度は1が「上」，2が「中の上」となっており，値が小さいほうが階層帰属意識は高い。独立変数で有意になっているのは教育年数と世帯年収であり，教育年数が長いほうが，また世帯年収が多いほうが，階層帰属意識の値は小さくなる，すなわち階層帰属意識は高くなる。ちなみに step(ordinal) で AIC にもとづく変数選択を行うと世帯年収だけが残る。Anova(ordinal) でも有意になるのは世帯年収だけである。また，切片だけのモデルを計算して残差逸脱度を求めると，McFadden の R^2 などの疑似決定係数を計算することができる（詳しくは→サポートウェブ）。なお，R で順序ロジットモデルの分析を行うには，ほかに ordinal パッケイジの clm(　) 関数もある。

発展　Advanced

① ログリニアモデル

ロジスティック回帰分析とならぶ代表的なカテゴリカルデータ分析手法に**ログリニアモデル（対数線型モデル）**がある。これは分割表の分析を拡張したもので，それぞれのセルに何ケース該当するかを，要因の組み合わせで説明するものである。単純な例として，婚姻上の地位（未婚，有配偶，離死別）と性別（男性ダミー）の分割表を考える。

```
t01 <- table(marital, male); t02 <- addmargins(t01); t02
```

```
          male
marital     0    1  Sum
      1    32   47   79
      2   161  111  272
      3    24    5   29
    Sum   217  163  380
```

紙幅の都合上説明は省略するが，ログリニアモデルでは，各セルの度数（の期待値）の対数をとり，その対数度数を要因の効果の線型結合で表現する。

$$\log \pi_{ij} = \lambda + \lambda_{i \cdot} + \lambda_{\cdot j} + \lambda_{ij}$$

上の式は，i 行 j 列のセルの度数の対数が，全体平均を表すパラメタ λ，i 行に共通の効果を表す $\lambda_{i\cdot}$，j 行に共通の効果を表す $\lambda_{\cdot j}$，(i, j) セルの固有の効果を表す λ_{ij} の和で表現されている．変数は 2 つしかなく，そのすべての交互作用項が含まれているので，この式による推定値は，観測度数に必ず一致する．一つひとつのセルそれぞれに専用の調整項目 λ_{ij} があるので乖離しようがないのである．よって，p 個の変数からなる p 次元分割表にて，p 次の交互作用まで含んでいるモデルを**飽和モデル**と呼ぶ．久保［2012］の表現を借りれば，飽和モデルは「データを読み上げているだけ」であるので，複雑な現象の説明という観点からは意味がない．一言でいえば，飽和モデルからどれだけ簡単なモデルにしても大丈夫か，ということを検討するのがモデル選択の役割であり，説明力に大した違いがなければ簡単なモデル（単純な説明）の方が優れていると考えるのが，モデルの節約性・理論の**倹約性**の考え方である．

　上の例の飽和モデルを簡単にするために交互作用項を取り除くと以下の式になる．

$$\log \pi_{ij} = \lambda + \lambda_{i\cdot} + \lambda_{\cdot j}$$

これは，第 2 章や第 5 章で述べた**独立状態**を意味する．行変数と列変数はそれぞれ単独で頻度に影響するが，行と列の組み合わせ λ_{ij} は頻度に影響しないというモデルだからである．この独立モデルは飽和モデルよりも当然データへの当てはまりが悪くなるが，当てはまりの悪化が偶然の範囲内ならより単純な独立モデルを採用する．偶然とはいえないほど当てはまりが悪化すれば，飽和モデルはこれ以上単純化できないと考える．

　R の loglin( ) 関数でこの 2 つのモデルを分析するには，以下のようにする．

```
logF <- loglin(t01, margin=list(c(1, 2)), fit=T, param=T)
logM <- loglin(t01, margin=list(1, 2), fit=T, param=T)
```

異なるのは margin=list( ) の部分だけであり，ここでどの要因まで含むかを指定する．結果を表示するにはそのまま logF などとすればよい．出力される情報量が多いので，logF の出力の一部を抜粋して紹介する．この後 \$param\$marital, \$param\$male, \$param\$marital.male と続く．オプションの fit=T（推定度数の出力），param=T（各パラメタの出力）は，必要な場合にのみ指定すればよい．

```
$lrt
[1] 0
…
$df
[1] 0
…
$fit
    male
```

```
marital    0    1
1         32   47
2        161  111
3         24    5

$param
$param$`(Intercept)`
[1] 3.649052

...
```

　$fit がこのモデルによって推定された度数であり，飽和モデルでは観測度数に完全に一致している．つまり，データと観測度数の間に乖離がなく，逸脱度 $lrt は 0，自由度 $df も 0 となる．独立モデルの分析結果 logM の結果を見ると，自由度が 2，逸脱度が 17.94974 となっている．$fit は，第 2 章や第 5 章で説明した，2 変数が独立だとした場合の期待度数の表と同じになる．すでに述べたように逸脱度はカイ二乗分布に近似的に従うので，この結果をカイ二乗検定すると，pchisq(logM$lrt, df=logM$df, lower.tail=F) より 0.0001265505 となり，高度に有意となる．つまり，「飽和モデルと独立モデルの適合度は母集団では等しい」というゼロ仮説は棄却され，この独立モデルは飽和モデル（言い換えれば観測データ）から偶然とはいえないくらい乖離してしまっていることになる．

　ここで，さらに変数を追加して，最終学歴（高校，短大・高専，四大以上）と性別と婚姻上の地位の 3 次元分割表を検討してみよう[3]．

　飽和モデルは loglin(tm, margin=list(c(1, 2, 3)), param=T) と書く．もちろんこれは実際に分析する意味はない．この飽和モデルを簡単にするには，まず最初に 3 次の交互作用項を除外する．その指定の仕方は，log12.23.13 <- loglin(tm, margin=list(c(1, 2), c(2, 3), c(1, 3))) である．逸脱度，自由度，その有意確率を計算する．

```
log12.23.13$lrt; log12.23.13$df; pchisq(log12.23.13$lrt, log12.23.13$df,
    lower.tail=F)
```

　その結果は，自由度が 4（飽和モデルからの自由度の増加），逸脱度が 4.941315，有意確率が 0.2933721 となり，この逸脱度の増加は偶然の範囲内であるというゼロ仮説が棄却されない．言い換えれば，データへの当てはまりの程度は飽和モデルとこのモデルで異なるとは言い切れないということであり，であればより単純なこのモデルの方を採用しようという結論になる．婚姻上の地位と性別には関連があり，性別と学歴には関連があり，婚姻上の地位と学歴にも関連があるが，その上さらに性別と学歴の関係によって婚姻上の地位が変わるとまでは言えない，ということである．

---

[3] 最終学歴の変数 data$edu2 は，便宜上 school <- data$edu2 とする．3 次元分割表は，性別（男性ダミー）を層別変数として tm <- table(marital, school, male) としておく．

表 12 - 1 尤度比検定と情報量規準

モデルに含まれる交互作用項			尤度比	自由度	有意確率	AIC
［婚姻，性別，学歴］			0	0		36
［婚姻，性別］［性別，学歴］［婚姻，学歴］			4.941315	4	0.2933721	32.94132
［婚姻，性別］		［婚姻，学歴］	35.29016	6	0.0000038	59.29016
［婚姻，性別］［性別，学歴］			11.84963	8	0.1580404	31.84963
	［性別，学歴］［婚姻，学歴］		20.05917	6	0.0027030	44.05917

　ではさらにこのモデルを単純化できるか検討しよう．結果は省略するが，c(2,3) を除外したモデルと c(1,3) を除外したモデルは，log12.23.13 からの逸脱度の増加分が偶然とはいえないくらいに大きく，採用されない．c(1,2) を除外したモデルは自由度の増加が 4 に対して逸脱度の増加が 6.908311 に留まり，カイ二乗検定の有意確率は 0.1408137 で有意にならなかった．このモデルの逸脱度は 11.84963，自由度は 8 であり，この数値で有意確率を求めても 0.1580404 で有意にならない．これは飽和モデルからの逸脱が偶然の範囲内であることが否定できないということを意味する．以上より，婚姻上の地位と最終学歴の関連はモデルから除外してもよいということになる．高次の項から除去するという階層性の原則を守る限りこれ以上はモデルが簡略化できなかったので，婚姻上の地位と性別，性別と最終学歴の関連を含んだモデルが最終的に採用された．

　これらの結果から AIC を計算することもできる．飽和モデルの推定パラメタの数が，$3 \times 2 \times 3 = 18$ であり，それ以外のモデルの推定パラメタの数はそこから \$df を引いた数になる．\$lrt にその推定パラメタ数の 2 倍を加えると AIC となる（**表12 - 1**）．

　尤度比検定の結果からも AIC からも，性別によって最終学歴は異なり，性別によって婚姻状況は異なるが，最終学歴によって婚姻状況は異ならないというモデルが採択される（もちろん，ここで検討した変数の範囲内では，という条件付きである）．

　基礎 2-2 でも登場した MASS パッケイジ中の loglm( ) 関数によってもログリニア分析が行える．この関数を使い，上で最終的に採択されたモデルについて例示する．

```
loglm2 <- loglm(~marital*male+school*male, data=tm)
                                # data= で先の分割表 tm を指定
loglm2; extractAIC(loglm2)
```

　そのままではパラメタ推定値などは表示されないので，names(loglm2) で格納されている情報を確認した上で，loglm2\$param などとして取り出す．loglm( ) の結果には，extractAIC( ) 関数以外に，変数選択の step( ) 関数や stepAIC( ) 関数なども使用することができる．AIC は上記のように手計算も不可能ではないが，step( ) が使えるのは便利である．

13 階層構造のあるデータの分析
マルチレヴェルとイヴェントヒストリー

> 基　礎　*Basic*

　ここまでの分析手法は，基本的に，各観測データがそれぞれ独立である（関連がない）ことを前提としている。しかし実際の社会調査データ分析では，しばしばその前提が充たされていないことがある。ここでは，各観測データが独立でない2つの代表的なパタンについて簡単に紹介する。関心のある人や必要が生じた人は，これを検索の手がかりとしてさらに学習を進めてほしい。

① マルチレヴェル分析

　観測データが独立ではない典型的な場合の1つは，いくつかの観測データが空間的なまとまりをもっているために相関する場合である。教育社会学の調査において，まず学校や学級を第1次抽出単位として抽出し，その学校や学級から個人を第2次抽出単位として抽出する場合，学校・学級の中でカリキュラムや校風など個々人に共通して影響する要因が存在すれば，その個々人は独立であるとは言えない。簡単に言えば，観測データがいくつかのグループに排他的に所属している場合，データは**ネスト**しているといい，そうしたデータを階層性のあるデータとか入れ子型のデータとよぶ。こうした階層性のあるデータは本来，通常の線形モデルで分析することはできず，データの階層性を考慮に入れた分析をしなければならない。それが，**マルチレヴェルモデル（階層線型モデル，線型混合モデル）** による分析である。

　演習用データに含まれている階層構造としては，調査地点（20地点）とその中での個人対象者のネストがある。多段抽出法を用いている社会調査のデータ

は通常少なくともこのタイプの階層性を有している。以下では，世帯年収 fincome が地点 site によってどの程度異なるかを例にして示そう。[1]

1-1 級内相関係数

マルチレヴェルモデルでは，分散分析と同様，まずはデータの全体の分散をグループの間でのバラツキ（級間分散）とグループの内部でのバラツキ（級内分散）に区別して考え，級間分散がある程度以上の割合があればマルチレヴェル分析を行うべきであるとされている。

まずは目的変数（従属変数，被説明変数）を何も独立変数（説明変数）を入れずに切片だけで説明する線型モデルを考えよう。

```
lm00 <- lm(fincome~1, data); summary(lm00)
```

これで分かるのは，fincome の単なる標本平均値であり，mean(data$fincome, na.rm=T) と同じ情報である。当然，ここではグループ要因は一切考慮されていない。

次に，調査地点を表す factor 型変数 site を独立変数として投入しよう。[2]

```
lm00b <- lm(fincome~site, data); summary(lm00b)
```

参照カテゴリととされる site 1 の世帯年収平均が切片として計算され，そこからの site 2〜20 のそれぞれの平均の差が偏回帰係数として出力される。こうして求められる効果を**固定効果**と呼ぶ。20のカテゴリーを19個のダミー変数で表現して従属変数をそれらに回帰させたモデルであり，19個のパラメタが推定される。

これに対して，site の個々の効果そのものは推定せず，site によるバラつきだけを推定する場合を**変量効果**（もしくは**ランダム効果**）と呼ぶ。

```
lme00 <- lme(fincome~1, data, random=~1|site, na.action="na.omit")
```

---

1) R でマルチレヴェル分析を行うパッケイジには，lme4，multilevel，nlme などがあるが，ここでは nlme パッケイジの lme( ) 関数を使用する。
2) 調査地点変数は次のようにして作成した。data$site <- factor(floor(data$id/100))

階層構造のあるデータの分析　*207*

この結果，全体平均の推定値以外に，切片の標準偏差（級間の標準偏差）と残差の標準偏差（級内の標準偏差）が出力される。これをそれぞれ二乗して分散とし，分散の和に占める級間分散の割合を計算すれば，**級内相関係数**が求められる。この例の場合は0.219余りとなり，地点内部での世帯年収の類似性は小さくないという結論となり，マルチレヴェル分析を行う必要が示唆される。

1-2 マルチレヴェルモデル

まずは階層性を考慮しない，個人単位の情報のみの線型モデルで分析する。

```
lm01 <- lm(fincome~male+age+edu+male:edu, data); summary(lm01)
```

このモデルは，すべての独立変数が5％水準で有意となっている。

```
Coefficients:
              Estimate   Std. Error   t value   Pr(>|t|)
(Intercept)  -1272.063    336.570     -3.779    0.000191***
male           790.292    375.726      2.103    0.036297*
age              9.573      3.312      2.891    0.004137**
edu            114.381     21.157      5.406    1.35e-07***
male:edu       -61.381     26.874     -2.284    0.023096*
...
Multiple R-squared:0.1314, Adjusted R-squared:0.1194
F-statistic:10.93 on 4 and 289 DF, p-value:2.893e-08
```

ここで，独立変数の効果は各地点で同一だが，各地点で世帯年収の平均（切片）が異なるという，**ランダム切片モデル**を検討する。

```
lme01 <- lme(fincome~male+age+edu+male:edu, data,
             random=~1|site, na.action="na.omit"); summary(lme01)
```

このモデルの結果，級内相関係数は約.174で，男性ダミー主効果と男性ダミー×教育年数の交互作用効果は5％水準で有意にならない。5％有意になるのは年齢の主効果と教育年数の主効果だけとなる。地点差を考慮に入れないと，各係数がやや過大に推定されていたことが分かる。

```
Random effects:
 Formula:~1|site
         (Intercept) Residual
StdDev:     184.5786  402.5675

Fixed effects:fincome~male+age+edu+male:edu
               Value  Std. Error  DF  t-value   p-value
(Intercept) -771.8413  328.1301  270  -2.352242  0.0194
male         591.5491  352.0903  270   1.680106  0.0941
age            8.5661    3.1295  270   2.737196  0.0066
edu           80.3813   20.4285  270   3.934764  0.0001
male:edu     -44.8864   25.1940  270  -1.781625  0.0759
```

このほか，独立変数の偏回帰係数が地点によって変動するというランダム係数モデル，切片と係数が地点によって変動するというランダム切片・ランダム係数モデルなどを検討することができる（この例では意味のあるランダム係数モデルが存在しなかったので結果は割愛する）。

```
lme(fincome~male+age+edu+male:edu, random=~0+edu|site, data,
    na.action="na.omit")   # ランダム係数モデル
```

```
lme(fincome~male+age+edu+male:edu, random=~edu|site, data,
    na.action="na.omit")   # ランダム切片・ランダム係数モデル
```

また，上の例では割愛したが，マルチレヴェル分析を行う場合には，独立変数に**センタリング**という処理を施すのが通例である。年齢や教育年数の分布が集団によって異なるかもしれないと考えるのだから，例えば教育年数の長さは，所属する集団（この場合は地点）の傾向と，その中での個人の特徴の両者が混在していることになる。教育年数の効果が有意になっても，2つの影響のどちらが検出されたのかわからない。この問題に対処するのがセンタリングであり，各ケースの独立変数の測定値からその全体平均を引いた「全体平均からの偏差」（CGM; Centering at Grand Mean）を使う方法と，各ケースの所属集団の平均を引いた「各集団平均からの偏差」（CWC; Centering Within Cluster）を使う方法がある。どのように使い分けるべきかについては村山［2010］などを参

照すると良い。個人レヴェルの効果に関心がある場合はCWC，集団レヴェルの効果に関心がある場合はCGMとしておこう（具体的なスクリプト例と分析結果例は→サポートウェブ）。

② イヴェントヒストリー分析

複数の観測データの空間的まとまり以外で，観測データ間の独立性が成り立っていない典型が，同じ観測単位から繰り返し測定を行う場合である。社会調査データではパネルデータがその代表である［筒井ほか 2016］。パネル調査では同一の個人から繰り返し情報をうる。例えば所得についての質問を毎年行うとか，婚姻や子どもの誕生，あるいは職業上の地位の変化について継続的に質問するなどである。これも，異なる時点での複数の観測値が個人というまとまりにネストしているデータである。

こうした個人単位の時系列データを分析する代表的な手法が**イヴェントヒストリー分析**である。最初に主に使用されていた分野が医学・疫学であったことに関連して生存時間分析ともよばれてきた。よく見かける分析は，結婚や離婚，出産，離職などの**イヴェント**がどのように発生するか，どんな要因がその発生を促進したり抑制したりするかを明らかにするものである。時間の経過は本来は連続的に考えられるものであるが，実際にデータを観測するのは1か月ごとや1年ごとといったように決まった時間間隔である場合が多く，そうした離散的時間で記録されたイヴェントの生起を分析する代表的な手法に，**離散時間ロジット**モデルがある。

2-1 パーソンピリオドデータ

離散時間ロジット分析は，個々人が1ケース（最小単位）として記録されているデータではなく，時点と時点の間隔が最小単位として記録されているデータを分析するという点を除いては，通常のロジットモデル（2項ロジスティック回帰分析）と大きな違いはない。前者のデータ形式を**パーソンレヴェルデータ**と呼ぶのに対し，後者を**パーソンピリオドデータ**と呼ぶ。時点と時点の間隔が1年であるものは特に**パーソンイヤーデータ**と呼ぶ。離散時間ロジットなどの

表 13-1　パーソンレヴェルのパネルデータ

pid	age01	edu	income01	income02	income03	income04	income05	t_event
1	39	14	360	460	420	380	460	3
2	43	12	640	590	580	580	600	4
3	28	12	720	740	780	750	730	4
4	49	12	720	680	710	690	680	5
5	50	9	340	410	410	410	440	2
6	42	18	760	720	740	730	790	NA
7	41	12	720	740	790	740	710	5
8	27	16	640	660	670	650	660	4
9	48	16	640	650	650	610	600	5
10	57	18	680	680	680	640	700	NA

イヴェントヒストリー分析を行う場合の最初の課題は，通常の社会調査データによく見られるパーソンレヴェルデータをパーソンピリオドデータに変換することである。

例えば**表13-1**のようなパネルデータがあったとする（これは架空データである）。5時点10人のデータで，pidは個人のケース番号，age01は時点1における年齢，eduは教育年数，income01からincome05は調査時点1〜5のそれぞれでの本人年収，t_eventはここでその生起に注目しているイヴェントを各個人がどの調査時点で経験していたがを表す変数で，3であれば調査時点3における回答でそのイヴェントを経験していたことを表し，NAは最後の調査時点5まで当該イヴェントを経験しなかったことを表す。こうした，観察期間中に当該イヴェントが生起しなかったケースを，**右打ち切り**（右センサリング）ケースとよぶ。観察期間より前にすでにそのイヴェントが生起していたケースは**左打ち切り**（左センサリング）ケースと呼ぶが，これは最初から分析データに含めないものとする。

変数の中には，時間に関して性質の異なるものが存在する。pidはもちろんだが，eduも（多くの場合は）調査時点にかかわらず一定の変数である。それに対して本人年収は毎年変化しうるので，**表13-1**のように明示的に毎回質問をしている。こうした変数を**時間依存変数**という。年齢も毎年の調査時点で1歳ずつ増えていくので時間依存変数である。イヴェントの生起も，ある年までは生起しなかったが，調査期間中のある年に生起したということが想定される時間依存変数である。

表 13-2　ワイド型パネルデータ

pid	edu	income01	…	income05	age01	…	age05	event01	…	event05
1	14	360	…	460	39	…	43	0	…	NA
2	12	640	…	600	43	…	47	0	…	NA
3	12	720	…	730	28	…	32	0	…	NA
…										
10	18	680	…	700	57	…	61	0	…	0

　このパーソンレヴェルデータをパーソンピリオドデータに変形するにあたって，すべての時間依存変数を，本人収入のようにすべての時点における値として展開しておくのが便利である（**表13-2**）。

　イヴェント発生の有無を表す event01〜event05 変数は，右センサリングを含め，イヴェントが発生していない年は 0，イヴェントが発生した年のみ 1，イヴェント発生の翌年以降は NA とした。こうした，個人が 1 ケース＝ 1 行となって各時点の情報が右横に連なっていく形式のデータを**ワイド型**という。離散時間ロジット分析では，このワイド型データを，各個人の各時間間隔における情報を 1 ケース＝ 1 行とした**ロング型**データに変換してから，通常の 2 項ロジスティック分析を行う。

　ただしその前に，時間依存変数に関して 1 つ考えなければならない。ある時点におけるイヴェント発生の有無を説明する場合に，その同じ時点での時間依存変数（例えば本人年収）を独立変数とした場合，独立変数がイヴェント発生に影響したのか，それともイヴェント発生が独立変数を変化させたのかが分からなくなることがある。**因果の方向性**が決められないのである。例えば注目しているイヴェントが子どもの誕生であるとすると，年収の高さがイヴェントを促進したのか，イヴェントの発生が年収を高めたのか，いずれも考えられる場合がある（子どもが生まれて支出が増えることを意識して，残業を増やしたり収入の高い仕事に変わったりすることはありうる）。こうした因果の方向性の問題に対処するために，原因と考える変数については 1 時点前の情報を分析に用いることがある。こうした処理を，**ラグをとる**などという。イヴェントの発生は前年の収入に影響することはありえず，逆に前年の収入は，「余裕ができたから子どもを作る」というようにイヴェントに影響することがありうる。上の例では，本人年収についてこのラグをとることとしよう。つまり，時点 2 のイヴェント発生

の説明には時点1の年収を使用し，…時点5のイヴェント発生には時点4の年収を使用するのである。そうした場合，時点1におけるイヴェント発生については前年の年収の情報がないのでモデルに含めることができない。また時点5の年収額は，この分析では用いられることがない。

さて，ラグのとり方は色々な方法が考えらえるが，例えば情報が存在していない時点0の年収変数 income00 を，欠損値 NA を入れて準備する。そうしておいて，以下のように reshape( ) 関数を使用して，ワイド型からロング型に変換することができる。idvar= は個人番号を示すのがどの変数であるかを指定し，varying=list( ) によって時間によって変化する変数（時間依存変数）を指定する。v.names= では varying= で指定した時間依存変数につける変数名を指定する。そのほか，不要な変数を削除する drop= がある。

```
data_long <- reshape(data_wide, direction="long", idvar="pid",
            varying=list(c("age01", "age02", "age03", "age04", "age05"),
            c("income00", "income01", "income02", "income03", "income04"),
            c("event01", "event02", "event03", "event04", "event05")),
            v.names=c("age", "income", "event"), drop=c("income05"))
data_long[order(data_long$pid),]
                    # 作成した long 型データを pid で並べ替えて表示
```

pid=1, 2, 6 の3名についてのみ結果を表示するので，最初のパーソンレヴェルデータと見比べて，どのように変換したのかを理解してほしい。時点を表す time 変数が自動的に追加されている。

pid	edu	time	age	income	event
1	14	1	39	NA	0
1	14	2	40	360	0
1	14	3	41	460	1
1	14	4	42	420	NA
1	14	5	43	380	NA
2	12	1	43	NA	0
2	12	2	44	640	0
2	12	3	45	590	0
2	12	4	46	580	1
2	12	5	47	580	NA

...					
6	18	1	42	NA	0
6	18	2	43	760	0
6	18	3	44	720	0
6	18	4	45	740	0
6	18	5	46	730	0
...					

2-2 離散時間ロジスティック回帰モデル

離散時間ロジット分析で最も大変なのは 基礎 2-1 のデータの変換であるともいえ，ロング型データが作成できれば，あとはそのデータに2項ロジスティック回帰分析を適用すればよい．以下では，30人分の架空データに対して，イヴェントを年齢，教育年数，収入で説明するモデルの分析結果を例示する．

```
dtlogit <- glm(event~age+edu+income, data_long, family=binomial(link="logit"))
summary(dtlogit)
```

```
glm(formula=event~age+edu+income,
    family=binomial(link="logit"), data=data_long)
...
Coefficients:
             Estimate  Std. Error  z value  Pr(>|z|)
(Intercept) 10.229286    3.241751    3.155  0.00160**
age         -0.016847    0.028528   -0.591  0.55483
edu         -0.444481    0.152176   -2.921  0.00349**
income      -0.005866    0.002642   -2.220  0.02641*
...
Null deviance:100.101 on 78 degrees of freedom
Residual deviance:79.613 on 75 degrees of freedom
(71 observations deleted due to missingness)
AIC:87.613
```

架空データを発生させる際に，年収が高いほど，教育年数が長いほど，年齢が高いほどイヴェント発生が遅れる傾向があるように設定したのだが，おおよそそのような分析結果となっている．ロジットモデルなので効果の大きさをオ

ッズ比でみると，検定で有意でない年齢の効果は当然小さく，高卒と大卒の差はかなり大きい，といったことが読み取れる。ただしこれは人工的データなので数字に意味はない。操作の仕方や結果の読み取り方だけ理解してほしい。

```
> exp(dtlogit$coefficients[2])^5    # 年齢差5歳の効果
     age
0.9192149
> exp(dtlogit$coefficients[3])^4    # 教育年数差4年の効果
     edu
0.1689888
> exp(dtlogit$coefficients[4])^100  # 年収差100万円の効果
  income
0.5562043
```

発 展　*Advanced*

① マルチレヴェルロジットモデル

第12章のロジットモデルと本章のマルチレヴェルモデルを組み合わせたマルチレヴェルロジットモデルも存在する。第12章 基礎 1-3 では，未婚であるかどうかsingleを性別（男性ダミーmale），年齢，教育年数，本人年収で説明する2項ロジットモデルを例示した。これを，調査地点（20地点）をグループレヴェル変数としてマルチレヴェル分析してみよう。ここでは，lme4パッケイジのglmer( )関数を使用する。

まずは，マルチレヴェルではない（ランダム効果を入れていない）2項ロジットの結果を再掲しておく。

```
no_random <- glm(single~male+age+edu+income, family=binomial("logit"))
summary(no_random)
```

```
Coefficients:
              Estimate  Std. Error  z value  Pr(>|z|)
(Intercept)   2.1605510  1.4740481    1.466   0.14272
male          1.7164462  0.3807364    4.508  6.54e-06 ***
age          -0.0623619  0.0190020   -3.282   0.00103 **
edu          -0.0569334  0.0730136   -0.780   0.43553
income       -0.0023085  0.0007374   -3.130   0.00175 **
```

...
```
Null deviance:344.82 on 337 degrees of freedom
Residual deviance:306.77 on 333 degrees of freedom
AIC:316.77
```

次に，このモデルに地点 site のランダム効果を投入したマルチレヴェルロジットモデルを実行する．違いは，glmer( ) 関数を使う以外は，+(1|site) が追加される点である．

```
random1 <- glmer(single~male+age+edu+income+(1|site), family=binomial("logit"))
summary(random1)
```

```
Random effects:
Groups Name        Variance Std. Dev.
site   (Intercept) 0.1037   0.322
Number of obs:338, groups:site, 20

Fixed effects:
              Estimate   Std. Error z value Pr(>|z|)
(Intercept)  2.1048650   1.4946882   1.408  0.15906
male         1.7339669   0.3856840   4.496  6.93e-06***
age         -0.0625901   0.0192207  -3.256  0.00113**
edu         -0.0547455   0.0741571  -0.738  0.46037
income      -0.0023355   0.0007459  -3.131  0.00174**
...
Correlation of Fixed Effects:
        (Intr)  male   age    edu
male    -0.062
age     -0.761 -0.019
edu     -0.829  0.056  0.303
income   0.091 -0.654 -0.028 -0.205
```

この例の場合はマルチレヴェル化しても結果はほぼ変わらず，モデルは改善されなかった．

② 統計的因果推論

本章までで説明したのはごく初歩的な多変量解析の手法であり，より複雑で，さまざまなデータやモデルを柔軟に分析できる手法が次々と開発され，普及している．一般線型モデル→一般化線型モデル→一般化線型混合モデル，構造方程式モデリング（SEM）

→マルチレヴェル SEM，あるいは階層ベイズモデルなど。より大きな変化としては，統計改革と呼ばれる動向の中で，頻度主義や統計的検定理論とベイジアン統計学の趨勢も，現時点ではどのようになるか予見できない。

Rについても，多くの専門家が日々新たな関数やパッケイジの開発に従事しており，高度な，先端的な分析手法については，次々に新しいパッケイジが開発され，本書で紹介したパッケイジや関数は廃れていくことも大いにありうる。であるから，アプリケイションの使い方を機械的に覚えるのではなく，少しずつでも，何を行っているのかを理解しようとする学習姿勢が重要である。そのために，PCさえあればどこでも自由に自学自習ができるRは，学生にとって有効な道具となることだろう。

向学心のある学生がこの先もっと本格的に学習する場合に，より高度な統計分析手法とRやSTATA，SAS，あるいはHLM，Mplus，HADなどによるその実行方法の学習に加えて，より理論的・原理的な学習の方向がある。調査データの多変量解析は，少なくともある科学観からすれば，究極的には社会現象・人間行動についての因果関係の解明のために行うものであり，学習者は，そもそも因果的探究とは何か，因果推論とは何かについて一度はきちんと考える必要がある。社会科学の役割が社会現象の因果的解明にあるという考え方に批判的な論者もいないとは言えないが，仮にその因果的解明という役割自体には同意したとしても，その方法が統計的なもの（いわゆる「量的なもの」）に限られるわけではないだろう。因果推論の2つの大きな潮流として，統計的因果推論と質的比較分析がある。しばしば対立的に捉えられる2つのアプローチであるが［Goertz and Mahoney 2012 = 2015］，**因果推論の根本問題**［『入門・社会調査法』第4章，King et. al 1994 = 2004，岩崎 2014，星野 2009］の理解はいずれにとっても本質的である。確率論的認識論と決定論的認識論という相違は小さくないかもしれないが（Goldthorpe［2000］2007），見方によっては根本問題についての対処方法の具体的な中身に相違があるだけともいえる。質的比較分析やその関連分野については，Ragin［1987 = 1993］，Rihoux and Ragin eds.［2009］，George and Bennett［2005］，Rihoux and Grimm eds.［2006］，Ragin and Amoroso［［1994］2011］，Brady and Collier eds.［2004 = 2008］が参考になる。

統計的因果推論については，星野［2009］や岩崎［2014］が，無作為割当のできる実験研究と比較した場合の観察データにおける因果推論の困難とその対処策，実験研究におけるノンコンプライアンスの問題，近年注目を集めている**傾向スコア**の考え方や**二重ロバストな推定量**などに関して日本語で分かりやすく説明している。英語でもImbens and Rubin［2015］，Morgan and Winship［［2007］2015］など最新刊が続々と出版されている。また，**非巡回有向グラフ**によって因果構造を考えるグラフィカルモデリングについては，小島［2003］が入門書としてとっつきやすいほか，宮川［2004］やPearl［2000 = 2009］など多くの良質な参考書がある。多くの文系学部生にはこれらは少々難しすぎるが，因果推論の根本問題の考え方，そしてそれが本質的に**欠測データ**の問題として考えられることは，科学一般に通ずる基本的な思考枠組みとして知っておくとよいだろう。

文献リスト

阿部貴行 2016『欠測データの統計解析』朝倉書店.
Allison, Paul 2013 "What's the Best R-Squared for Logistic Regression?," *Statistical Horizons*, http://statisticalhorizons.com/r2logistic (2016.03.26閲覧).
安藤正人 2011『マルチレベルモデル入門——実習:継時データ分析』ナカニシヤ出版.
青木繁伸 2009『R による統計処理』オーム社.
青木繁伸 2015「R による統計処理」, http://aoki2.si.gunma-u.ac.jp/R/ (2016年3月16日閲覧).
浅野哲・中村二朗 2000『計量経済学』有斐閣.
Brady, Henry E., and David Collier (eds) 2004 *Rethinking Social Inquiry: Diverse Tools, Shared Standards,* Rowman & Littlefield. (=2008 泉川泰博・宮下明聡 訳『社会科学の方法論争——多様な分析道具と共通の基準』勁草書房.)
Cumming, Geoff 2014 'The New Statistics: Why and How,' *Psychological Science* 25(1): 7-29.
Durlak, Joseph A. 2009 'How to Select, Calculate, and Interpret Effect Size,' *Journal of Pediatric Psychology* 34(9): 917-928.
舟尾暢男 [2005] 2009『The R Tips——データ解析環境 R の基本技・グラフィックス活用集〔第2版〕』オーム社.
舟尾暢男「統計解析フリーソフト R の備忘録頁 ver. 3.1」, http://cse.naro.affrc.go.jp/takezawa/r-tips/r.html (2016年6月3日閲覧).
George, Alexander L., and Andrew Bennett 2005 *Case Studies and Theory Development in the Social Sciences,* The MIT Press. (=2013 泉川泰博 訳『社会科学のケース・スタディ——理論形成のための定性的手法』勁草書房.)
Goertz, Gary, and James Mahoney 2012 *A Tale of Two Cultures: Qualitative and Quantitative Research in the Social Sciences,* Princeton University Press. (=2015 西川賢・今井真士 訳『社会科学のパラダイム論争——2つの文化の物語』勁草書房.)
Goldthorpe, John H. [2000] 2007 *On Sociology, Second Edition Volume One: Critique and Program,* Stanford University Press.
Goldthorpe, John H. [2000] 2007 *On Sociology, Second Edition Volume Two: Illustration and Retrospect,* Stanford University Press.
Groves, Robert M., Floyd J. Fowler, Jr., Mick P. Couper, James M. Lepkowski, Eleanor Singer, and Roger Tourangeau [2004] 2009 *Survey Methodology,* Second Edition, John Wiley & Sons.

Groves, Robert M., Don A. Dillman, John L. Eltinge, and Roderick J. A. Little eds. 2002 *Survey Nonresponse,* John Wiley & Sons.

Haberman, Shelby J. 1973 'The Analysis of Residuals in Cross-Classified Tables,' *Biometrics,* 29(1)：205-220.

南風原朝和 2002『心理統計学の基礎——統合的理解のために』有斐閣.

南風原朝和 2014『続・心理統計学の基礎——統合的理解を広げ深める』有斐閣.

堀内賢太郎・松田眞一 2006「FDRを制御する多重比較法の性能評価」『アカデミア・数理情報編』6：17-30.

星野崇弘 2009『調査観察データの統計科学——因果推論・選択バイアス・データ融合』岩波書店.

Imbens, Guido W., and Donald B. Rubin 2015 *Causal Inference for Statistics, Social, and Biomedical Sciences: An Introduction,* Cambridge University Press.

石田基広 2012『Rで学ぶデータ・プログラミング入門——R Studioを活用する』共立出版.

岩崎学 2015『統計的因果推論』朝倉書店.

神林博史 2016『1歩前からはじめる「統計」の読み方・考え方』ミネルヴァ書房.

神田善伸 2012『EZRでやさしく学ぶ統計学——EBMの実践から臨床研究まで』中外医学社.

King, Gary, Robert O. Keohane, and Sidney Verba 1994 *Designing Social Inquiry: Scientific Inference in Qualitative Research,* Princeton University Press.（=2004 真渕勝 監訳『社会科学のリサーチ・デザイン——定性的研究における科学的推論』勁草書房.）

小島隆矢 2003『EXCELで学ぶ共分散構造分析とグラフィカルモデリング』オーム社.

小杉考司・清水裕士 編 2014『M-plusとRによる構造方程式モデリング入門』北大路書房.

久保拓弥 2012『データ解析のための統計モデリング入門——一般化線形モデル・階層ベイズモデル・MCMC』岩波書店.

Lander, Jared P. 2014 *R for Everyone: Advanced Analytics and Graphics,* Pearson Education.（=2015 高柳慎一・牧山幸史・簑田高志 訳『みんなのR——データ分析と統計解析の新しい教科書』マイナビ.）

Little, Roderick J. A., and Donald B. Rubin［1987］2002 *Statistical Analysis with Missing Data,* 2nd Edition, John Wiley & Sons.

松浦健太郎 2016『StanとRでベイズ統計モデリング』共立出版.

三輪哲・林雄亮 編 2014『SPSSによる応用多変量解析』オーム社.

宮川雅巳 2004『統計的因果推論——回帰分析の新しい枠組み』朝倉書店.

Morgan, Stephen L., and Christopher Winship［2007］2015 *Counterfactuals and Causal Inference: Methods and Principles for Social Research,* Second Edition, Cambridge University Press.

村山航 2010「階層線形モデルのセンタリングについての覚書」http://koumurayama.com/koujapanese/centering.pdf（2016年4月3日閲覧）.

村山航 2011「欠損データ分析（missing data analysis）――完全情報最尤推定法と多重代入法」http://koumurayama.com/koujapanese/missing_data.pdf（2016年4月17日閲覧）.

永田靖 2003『サンプルサイズの決め方』朝倉書店.

永田靖・吉田道弘 1997『統計的多重比較法の基礎』サイエンティスト社.

永吉希久子 2016『行動科学の統計学――社会調査のデータ分析』共立出版.

中村永友 2009『多次元データ解析法』共立出版.

日本統計学会 編［2012］2015『統計学基礎〔改訂版　日本統計学会公式認定　統計検定2級対応〕』東京図書.

大久保街亜・岡田謙介 2012『伝えるための心理統計――効果量・信頼区間・検定力』勁草書房.

奥村晴彦 2016『Rで楽しむ統計』共立出版.

大森崇・阪田真己子・宿久洋［2011］2014『R Commanderによるデータ解析〔第2版〕』共立出版.

Pearl, Judea 2000 *Causality: Models, Reasoning, and Inference,* Cambridge University Press.（＝2009 黒木学 訳『統計的因果推論――モデル・推論・推測』共立出版.）

Ragin, Charles C. 1987 *The Comparative Method: Moving Beyond Qualitative and Quantitative Strategies,* University of California Press.（＝1993 鹿又伸夫 監訳『社会科学における比較研究――質的分析と計量的分析の統合にむけて』ミネルヴァ書房.）

Ragin, Charles C., and Lisa M. Amoroso［1994］2011 *Constructing Social Research: The Unity and Diversity of Method,* Second Edition, Sage.

Rihoux, Benoîx, and Charles C. Ragin eds. 2009 *Configulational Comparative Methods: Qualitative Comparative Analysis（QCA）and Related Techniques,* Sage.（＝2016 石田淳・齋藤圭介 監訳『質的比較分析（QCA）と関連手法入門』晃洋書房.）

Rihoux, Benoît, and Heike Grimm eds. 2006 *Innovative Comparative Methods for Policy Analysis: Beyond the Quantitative-Qualitative Divide,* Springer.

Rjp Wiki, http://www.okadajp.org/RWiki/?RjpWiki（2016年3月16日閲覧）.

繁桝算男・柳井晴夫・森敏昭 編［1999］2008『Q&Aで知る統計データ解析――DOs and DON'Ts〔第2版〕』サイエンス社.

高井啓二・星野崇宏・野間久史 2016『欠測データの統計科学――医学と社会科学への応用』岩波書店.

太郎丸博 2005『人文・社会科学のためのカテゴリカル・データ分析入門』ナカニシヤ出版.

鄭躍軍・金明哲 2011『社会調査データ解析』共立出版.

The R Foundation, *The R Project for Statistical Computing,* https://www.r-project.org/（2016年3月16日閲覧）.

豊田秀樹 編 2009『検定力分析入門——Rで学ぶ最新データ解析』東京図書.

豊田秀樹 編 2012a『回帰分析入門——Rで学ぶ最新データ解析』東京図書.

豊田秀樹 編 2012b『因子分析入門——Rで学ぶ最新データ解析』東京図書.

豊田秀樹 編 2014『共分散構造分析［R編］』東京図書.

豊田秀樹 編 2015『基礎からのベイズ統計学——ハミルトニアンモンテカルロ法による実践的入門』朝倉書店.

豊田秀樹 2016『はじめての統計データ分析——ベイズ的〈ポストp値時代〉の統計学』朝倉書店.

Trafimow, David, and Michael Marks 2015 "Editorial," *Basic and Applied Social Psychology,* 37(1): 1-2.

Treiman, Donald J. 2009 *Quantitative Data Analysis: Doing Social Research to Test Ideas,* Jossey-Bass.

筒井淳也・神林博史・長松奈美江・渡邉大輔・藤原翔 編 2015『計量社会学入門——社会をデータでよむ』世界思想社.

筒井淳也・水落正明・保田時男 編 2016『パネルデータの調査と分析・入門』ナカニシヤ出版.

内田治・西澤英子 2012『Rによる統計的検定と推定』オーム社.

上田拓治 2009『44の例題で学ぶ統計的検定と推定の解き方』オーム社.

Wasserstein, Ronald L., and Nicole A. Lazar 2016 "The ASA's Statement on *p*-values: Context, Process, and Purpose," *The American Statistician,* 70(2): 129-133.

山田剛史・杉澤武俊・村井潤一郎 2008『Rによるやさしい統計学』オーム社.

保田時男 2000「クロス集計表における欠損データの分析——学歴移動表を例として」『理論と方法』15(1): 165-180.

保田時男 2006「欠けたデータの補い方を探る——欠損データ分析」与謝野有紀・栗田宣義・高田洋・間淵領吾・安田雪 編『社会の見方，測り方——計量社会学への招待』勁草書房, 30-34.

［本文またはサポートウェブで紹介した R パッケイジの citation（ ）情報］
［psych］
Revelle, W. 2016 psych: Procedures for Personality and Psychological Research, Northwestern University, Evanston, Illinois, USA, https://CRAN.R-project.org/package=psych Version=1.6.9.
［pwr］
Stephane Champely 2016 pwr: Basic Functions for Power Analysis. R package version 1.2-0. https://CRAN.R-project.org/package=pwr
［MBESS］
Ken Kelley 2016 MBESS: The MBESS R Package. R package version 4.1.0. https://CRAN.R-project.org/package=MBESS
［car］
John Fox and Sanford Weisberg 2011 An |R| Companion to Applied Regression, Second Edition. Thousand Oaks CA: Sage. http://socserv.socsci.mcmaster.ca/jfox/Books/Companion
［Rcmdr］
Fox, J., and Bouchet-Valat, M. 2016 Rcmdr: R Commander. R package version 2.3-1.
Fox, J. 2017 Using the R Commander: A Point-and-Click Interface or R. Boca Raton FL: Chapman and Hall/CRC Press.
Fox, J. 2005 The R Commander: A Basic Statistics Graphical User Interface to R. Journal of Statistical Software, 14(9): 1-42.
［multcomp］
Torsten Hothorn, Frank Bretz and Peter Westfall 2008 Simultaneous Inference in General Parametric Models. Biometrical Journal 50(3)：346-363.
［sem］
John Fox, Zhenghua Nie and Jarrett Byrnes 2016 sem: Structural Equation Models. R package version 3.1-8. https://CRAN.R-project.org/package=sem
［DiagrammeR］
Knut Sveidqvist, Mike Bostock, Chris Pettitt, Mike Daines, Andrei Kashcha and Richard Iannone 2016 DiagrammeR: Create Graph Diagrams and Flowcharts Using R. R package version 0.8.4. https://CRAN.R-project.org/package=DiagrammeR
［ResourceSelection］
Subhash R. Lele, Jonah L. Keim and Peter Solymos 2016 ResourceSelection: Resource Selection (Probability) Functions for Use-Availability Data. R package version 0.3-0. https://CRAN.R-project.org/package=ResourceSelection
［BaylorEdPsych］
A. Alexander Beaujean 2012 BaylorEdPsych: R Package for Baylor University Educational Psychology Quantitative Courses. R package version 0.5. https://CRAN.R-project.org/package=BaylorEdPsych
［nnet］
Venables, W. N. & Ripley, B. D. 2002 Modern Applied Statistics with S. Fourth Edition. Springer, New York. ISBN 0-387-95457-0
［mlogit］

Yves Croissant 2013 mlogit: multinomial logit model. R package version 0.2-4. https://CRAN.R-project.org/package=mlogit

[MASS]
Venables, W. N. & Ripley, B. D. 2002 Modern Applied Statistics with S. Fourth Edition. Springer, New York. ISBN 0-387-95457-0

[ordinal]
Christensen, R. H. B. 2015. ordinal - Regression Models for Ordinal Data. R package version 2015.6-28. http://www.cran.r-project.org/package=ordinal/.

[nlme]
Pinheiro J, Bates D, DebRoy S, Sarkar D and R Core Team 2016 _nlme: Linear and Nonlinear Mixed Effects Models_. R package version 3.1-128. http://CRAN.R-project.org/package=nlme

[lme4]
Douglas Bates, Martin Maechler, Ben Bolker, Steve Walker 2015 Fitting Linear Mixed-Effects Models Using lme4. Journal of Statistical Software, 67(1): 1-48. doi:10.18637/jss.v067.i01.

索引

Rの関数

abs( ) ………… 005
addmargins( ) ………… 023
AIC( ) ………… 163
alpha( ) ………… 179
anova( ) ………… 103, 110, 122
Anova( ) ………… 110
aov( ) ………… 102, 109
barplot( ) ………… 025
bartlett.test( ) ………… 108
biplot( ) ………… 172, 178
boxplot( ) ………… 009, 086, 101
by( ) ………… 085, 095
cbind( ) ………… 129, 167
chisq.test( ) ………… xviii, 030, 079
choose( ) ………… 038, 047
complete.cases( ) ………… xvi, 113, 126, 138, 167
confint( ) ………… 121, 135
cor( ) ………… 020, 032, 034, 129
cor.test( ) ………… 020, 032, 034, 073
cov( ) ………… 020
cumsum( ) ………… 007
dnorm( ) ………… 012
exp( ) ………… 003, 194
fa( ) ………… 179
factanal( ) ………… 174
factor( ) ………… 102, 160, 207
fisher.test( ) ………… 082
glm( ) ………… 196, 214
glmer( ) ………… 215
hist( ) ………… 008
hoslem.test( ) ………… 196
install.packages( ) ………… 128
interaction.plot( ) ………… 113
is.na( ) ………… xvii, 111
ks.test( ) ………… 094
length( ) ………… 003, 013
library( ) ………… 128, 156
lm( ) ………… 103, 122, 207

lme( ) ………… 207
logLik( ) ………… 163
loglin( ) ………… 203
loglm( ) ………… 205
mean( ) ………… 003, 013, 015
mosaicplot( ) ………… 025, 080
multinom( ) ………… 198
names( ) ………… xvi, 003
oneway.test( ) ………… 108
pairwise.t.test( ) ………… 106, 146
partial.cor( ) ………… 128
pbinom( ) ………… 050
pchisq( ) ………… 076
pf( ) ………… 137
plot( ) ………… 022, 034, 170
pnorm( ) ………… 011
polr( ) ………… 201
power.t.test( ) ………… 067, 092
prcomp( ) ………… 167
print( ) ………… 177, 185
prod( ) ………… 003
promax( ) ………… 175
prop.table( ) ………… 007, 023
PseudoR2( ) ………… 196
pt( ) ………… 043, 071
pwr.t2n.test( ) ………… 092
qnorm( ) ………… 011
qt( ) ………… 043, 070
rnorm( ) ………… 012, 051
scale( ) ………… 126
sd( ) ………… 014
sem( ) ………… 181
shapiro.test( ) ………… 094
sqrt( ) ………… 014
step( ) ………… 161, 194
sum( ) ………… 003
summary( ) ………… xviii, 101, 120
t.test( ) ………… 086, 088, 108
table( ) ………… 003, 007, 023, 035
tapply( ) ………… 101, 112

TukeyHSD( ) ·· 107
var( ) ·· 005, 013
var.test( ) ··· 085
vif( ) ··· 156

あ行

赤池情報量基準 AIC, Akaike's Information
　　Criterion ································ 153, 161, 194
イヴェントヒストリー分析 Event History
　　Analysis ································· 210
イェーツの連続性修正 Yates' continuity
　　correction ································ 081
逸脱度 deviance ······································· 191
一般化線型モデル GLM, Generalized Linear
　　Model ···································· 144, 187
一般線型モデル LM, General Linear Model
　　··· 144, 160
因果関係 causal relationship ············· 024, 217
因子負荷量 factor loading ······················· 172
ヴァリマックス回転 varimax rotation ········· 174
ウェルチの t 検定 Welch's t test
　　··· 087, 107, 115
F 検定 F test ·································· 084, 100, 122, 137
オッズ比 odds ratio ·························· 027, 192
帯グラフ bar chart ·································· 025

か行

回帰係数 regression coefficient ··············· 117
カイ二乗検定 chi-square test ·················· 073
カイ二乗統計量 chi-square statistic ········ 029
カイ二乗分布 chi-square distribution ······· 074
外生変数 exogenous variable ················ 186
階層線型モデル hierarchical linear model
　　··· 206
回答率(回収率) response rate ················ 050
確証的因子分析 CFA, confirmatory factor
　　analysis ································· 181
片側検定 one-tailed test ················· 058, 064
カテゴリカル変数 categorical variable
　　··· 022, 144, 160
間隔尺度 interval scale ························· 002
頑健 robust ·· 094
完全連関 perfect association ················· 026
観測度数 observed frequency ········ 028, 075
完備ケース分析 complete case analysis ···· 051

幾何平均 geographical mean ·················· 003
棄却域 critical region, rejection region
　　··· 057, 070
危険率 critical rate ································ 059
疑似決定係数 pseudo R-squared ··········· 195
疑似相関 spurious correlation ·············· 128
記述統計 descriptive statistics ············· 001
期待度数 expected frequency ··············· 028
帰無仮説→ゼロ仮説
級間平方和 between sum of squares ······· 099
級内相関係数 intra-class correlation
　　coefficient ································ 208
級内平方和 within sum of squares ········· 099
共分散 covariance ································ 019
寄与率 contribution ························ 169, 176
区間推定 interval estimation
　　························ 036, 041, 065, 072, 119, 134
グッドマンとクラスカルのガンマ γ Goodman
　　and Kruscal's gamma ·················· 031
クロンバックの α Cronbach's aplha ········· 179
欠損値 missing value ····························· 015
限界値 critical value ······························ 057
検定→帰無仮説有意性検定
検定統計量 test statistics ············· 056, 070
検定の多重性 multiplicity ·············· 088, 105
検定力 power ································ 060, 066, 091
ケンドールのタウ τ Kendall's tau ············ 031
効果サイズ effect size ················· 062, 091
交互作用項 interaction ················· 111, 151
構造方程式モデリング SEM, structural
　　equation modelling ·················· 181
誤差減少率 PRE, proportional reduction in
　　error ································ 143, 163
固有値 Eigen value ······························· 167
コントロール→統制

さ行

最小二乗和法 least squares method
　　··· 015, 117, 133
最大連関 maximum association ············· 026
最頻値 mode ·· 003
最尤法 maximum likelihood estimation
　　··· 174, 190
残差 residual ································· 029, 117
残差分析 residual analysis ···················· 079

算術平均 arithmetic mean ……………… 003, 014
散布図 scatter plot …………………… 017
散布度 dispersion ……………………… 001, 004, 006
事後検定 post hoc test ………………… 105
質的変数 qualitative variable ………… 002
尺度水準 scale level …………………… 002
斜交回転 oblique rotation …………… 175
重回帰分析 MRA, multiple regression analysis ……………………………… 132
従属変数(被説明変数) dependent variable …………………………… 083, 160
自由度調整済み決定係数 ……………… 104, 123
自由度調整済み分散説明率 adjusted R-squared ………………………… 143
周辺度数 marginal distribution ……… 023
主成分分析 PCA, principal component analysis ……………………………… 166
順位相関係数 rank correlation coefficient ……………………………… 033
順序尺度 ordinal scale ………… 002, 031, 201
順序連関係数 rank order correlation …… 031
順序ロジット ordinal logit …………… 201
シンプソンのパラドクス Simpson's Paradox ……………………………… 033
信頼区間 confidence interval ……… 041, 073, 119
信頼係数, 信頼水準 confidence coefficient …………………………… 042
推測統計 inferential statistics ………… 001, 036
数量変数 numerical variable ………… 002
スチューデントの t 検定 Student's t-test …………………………… 086, 114, 127
正規性の検定 normality test ………… 094
正規分布 normal distribution ………… 010
生態学的誤謬 ecological fallacy ……… 032
ゼロ仮説(帰無仮説) H_0, null hypothesis … 053
ゼロ仮説有意性検定 NHST Null Hypothesis Significance Testing ……… 053, 065, 078
線型混合モデル Linear Mixed model …… 206
線型変換 linear transformation ……… 021
センタリング centering ……………… 209
センサリング censoring ……………… 211
相関係数行列 correlation matrix …… 022

た 行

第一種の過誤(α エラー) type 1 error ……… 059

第 3 変数 third variable ……………… 033
対数尤度 log-likelihood ……………… 161, 190
第二種の過誤(β エラー) type 2 error …… 060
代表値(中心傾向) central tendency ……… 002
タイプⅡ平方和 type 2 SS …………… 110
対立仮説 H_1 alternative hypothesis ……… 058
多項ロジット multinomial logit ……… 197
多重共線性 multi-collinearity ………… 154
多重比較 multiple comparison …… 105, 146
ダネット法 Dunnett test ……………… 146
ダミー変数 dummy variable ……… 127, 144
単回帰分析 SRA, simple regression anaysis …………………………… 116, 127
探索的因子分析 EFA, exploratory factor analysis ……………………………… 165, 172
中央値 median ………………………… 003
調整済み標準化残差 adjusted standardized residual ……………………… 079
調整平均(トリム平均) trimmed mean …… 003
直交回転 orthogonal rotation ………… 174
t 分布 t distribution …………………… 042, 070
適合度検定 Goodness-of-Fit test …… 078, 195
テューキー法 Tukey comparison …… 107
点推定 point estimation ……………… 036
統計的因果推論 statistical causal inference ……………………………… 217
統制 control ……………………… 033, 129, 158
等分散性 equal variance ……………… 085, 107
等分散正規性 normality and equality of variance …………………… 099, 144, 160, 187
独立状態 independence ……………… 027, 075, 203
独立変数(説明変数) independent variable …………………………… 083, 160
度数分布表 frequency table …………… 007
トレランス tolerance ………………… 155

な 行

内生変数 indogenous variable ……… 186
2 項分布 binomial distribution ……… 047
2 値変数 dichotomous variable ……… 046
ネスト nest …………………………… 206
ノンパラメトリック検定 non-parametric test …………………………… 081

は 行

パーソンピリオドデータ person-period data ……… 210
パス解析 path analysis ……… 183
パスダイアグラム path diagram ……… 183, 185
外れ値 outlier ……… 034
パネル調査 panel survey ……… 210
パラメトリック検定 parametric test ……… 081
ピアソンの積率相関係数 pearson's product-moment correlation coefficient ……… 017, 020
非心 t 分布 non-central t distribution ……… 066
ヒストグラム histogram ……… 008
標準化 standardization ……… 012
標準化残差 standardized residual ……… 029, 074
標準化偏回帰係数 standardized partial regression coefficient ……… 125, 139
標準誤差 standard error ……… 040, 062, 155
標準正規分布 standard normal distribution ……… 010
標準偏差 standard deviation ……… 006
標本 sample ……… 036
標本抽出分布 sampling distribution ……… 039
標本統計量 sample statistics ……… 038, 068
標本の大きさ sample size ……… 037
比率尺度 ratio scale ……… 002
頻度主義 frequentism ……… 041, 053
ファイ係数(φ 係数) phi coefficient ……… 026
フィッシャーの正確検定 Fisher's exact test ……… 081
不偏分散 unbiased variance ……… 013, 042
プロマックス回転 promax rotation ……… 175
分割表(クロス表，連関表) contingency table ……… 023
分散(標本分散) variance ……… 005, 013
分散拡大要因 VIF, variance inflation factor ……… 155
分散説明率 proportion of variance explained ……… 104, 123, 136
分散分析 ANOVA, analysis of variance ……… 097
平均平方 MS, mean square ……… 014, 100, 118
ベイズ情報量基準 BIC, Bayesian Information Criterion ……… 153, 161
ベイズ統計学 Bayesian statistics ……… 054
ベルヌーイ分布 Bernoulli distribution ……… 047
偏回帰係数 partial regression coefficient ……… 132
偏差 deviation ……… 004
偏差平方和 SS Sum of Squares ……… 005, 098
偏相関係数 partial correlation coefficient ……… 128
棒グラフ bar plot ……… 024
母集団 population ……… 036
母数 parameter ……… 013, 068
ポワソン分布 Poisson distribution ……… 076
ボンフェローニ法 Bonferroni test ……… 106

ま 行

マルチレヴェル分析 multilevel analysis ……… 206, 215
無回答バイアス nonresponse bias ……… 050
名義尺度 nominal scale ……… 002, 197
モザイクプロット mosaic plot ……… 025, 080
モデル選択 model selection ……… 161, 203

や 行

有意確率 p-value, significance probability ……… 058
有意水準 significance level ……… 055, 058, 088
有限母集団修正項 fpc finite population correction ……… 040
尤度 likelihood ……… 161, 190
尤度比検定 likelihood test ……… 191
ユールの Q 係数 Yule's Q ……… 026
要約統計量 summary statistics ……… 001

ら 行

離散時間ロジット discrete time logit ……… 210
離散分布 discrete distribution ……… 002, 047, 076
両側検定 two-tailed test ……… 058, 064
量的変数 quantitative variable ……… 002
リンク関数 link function ……… 189
連続分布 continuous distribution ……… 002
ロジスティック回帰 logistic regression ……… 187

■著者紹介

杉野　勇（すぎの・いさむ）
　　1997年　東京大学大学院人文社会系研究科社会文化研究専攻博士課程単位取得満期退学
　　現　在　お茶の水女子大学基幹研究院教授
〔主な業績〕
『社会調査事典』（丸善出版，2014年／編集協力・項目執筆）
『現代日本の紛争処理と民事司法1──法意識と紛争行動』（東京大学出版会，2010年／分担執筆）ほか

Horitsu Bunka Sha

入門・社会統計学
──2ステップで基礎から〔Rで〕学ぶ

2017年4月20日　初版第1刷発行
2022年9月30日　初版第2刷発行

著　者　　杉野　勇
発行者　　畑　　光
発行所　　株式会社 法律文化社

〒603-8053
京都市北区上賀茂岩ヶ垣内町71
電話 075(791)7131　FAX 075(721)8400
https://www.hou-bun.com/

印刷：共同印刷工業㈱／製本：㈱藤沢製本
装幀：白沢　正
ISBN978-4-589-03846-3

© 2017 Isamu Sugino Printed in Japan

乱丁など不良本がありましたら、ご連絡下さい。送料小社負担にてお取り替えいたします。
本書についてのご意見・ご感想は、小社ウェブサイト、トップページの「読者カード」にてお聞かせ下さい。

JCOPY　〈出版者著作権管理機構　委託出版物〉
本書の無断複写は著作権法上での例外を除き禁じられています。複写される場合は、そのつど事前に、出版者著作権管理機構（電話 03-5244-5088、FAX 03-5244-5089、e-mail: info@jcopy.or.jp）の許諾を得て下さい。

轟　亮・杉野　勇・平沢和司編　　　　　　　　　　●2750円
入門・社会調査法〔第4版〕▶2ステップで基礎から学ぶ

量的調査に焦点をあわせた定評書の最新版。インターネット調査の記述を整理し経験と成果を反映，研究倫理の拡充など，旧版刊行以降の動向を盛り込み，最新の研究を紹介する文献リストを更新。調査の基本原理をおさえ，社会調査士資格取得カリキュラムに対応。

工藤保則・寺岡伸悟・宮垣　元編　　　　　　　　　●2860円
質的調査の方法〔第3版〕▶都市・文化・メディアの感じ方

質的調査に焦点をあわせた定評書に，新たにSNSを駆使した調査の方法，分析・考察の手法をくわえてヴァージョンアップ。第一線で活躍する調査の達人たちがその「コツ」を披露する。社会調査士資格取得カリキュラムF・Gに対応。

津島昌寛・山口　洋・田邊　浩編　　　　　　　　　●2970円
数学嫌いのための社会統計学〔第2版〕

社会統計学の基本的な考え方を丁寧に解説した定評書がさらにわかりやすくヴァージョンアップ。関連する社会学の研究事例を紹介することで，嫌いな数学を学ぶ意義を示す。社会調査士資格取得カリキュラムC・Dに対応。

景山佳代子・白石真生編　　　　　　　　　　　　　●2750円
DIY（自分でする）社会学

はじめて社会学を学ぶ人のための実践的テキスト。考えながら学ぶことを目的に，「問い」→「考える」→「共有」→「発見」→「新たな問い」の3つのステップを設け，少しずつ学びを深められ，"社会学する"ことのおもしろさを実感できる。

池田太臣・木村至聖・小島伸之編著　　　　　　　　●2970円
巨大ロボットの社会学▶戦後日本が生んだ想像力のゆくえ

アニメ作品の世界と，玩具・ゲーム・観光といったアニメを超えて広がる巨大ロボットについて社会学のアプローチで分析。日本の文化における意味・位置づけ，そしてそれに託して何が描かれてきたのかを明らかにする。

岡本　健著　　　　　　　　　　　　　　　　　　　●3080円
アニメ聖地巡礼の観光社会学▶コンテンツツーリズムのメディア・コミュニケーション分析

聖地巡礼研究の第一人者が国内外で注目を集めるアニメ聖地巡礼の起源・実態・機能を分析。アニメ作品，文献・新聞・雑誌記事，質問紙調査，SNSやウェブサイトのアクセス解析等の分析を組み合わせ，関連資料も開示する。

―法律文化社―
表示価格は消費税10%を含んだ価格です